普通高等职业教育"十二五"规划教材

应用写作教程

YINGYONG XIEZUO JIAOCHENG

由亚萍 陈 宏 主 编
张聪敏 吴小英 杨秀洪 马素婷 副主编
祁 婷 吴 铃 何 斓 参 编

清华大学出版社
北 京

内 容 简 介

本教材紧密结合高等职业教育的特点，根据企业岗位的实际需求进行编写，具有较强的职业导向性。教材内容按照"认识应用写作—投身大学生活—召开专题会议—参与实践活动—了解公务文书—完成毕业准备"的顺序编排，每个部分为一个项目，每个项目包括若干文种，每个文种设置"任务描述"、"任务布置"、"写作提示"、"评估反思"、"任务演练"和"拓展阅读"六个栏目。在介绍各种文体写作知识的同时，辅以贴近时代的例文和简评，供学习者写作借鉴和参考。

本书可作为高等职业院校公共基础课及应用写作相关课程的教材，也可作为培训教材或供在职人员参考。

本书封面贴有清华大学出版社防伪标签，无标签者不得销售。
版权所有，侵权必究。举报：010-62782989，beiqinquan@tup.tsinghua.edu.cn。

图书在版编目（CIP）数据

应用写作教程 / 由亚萍，陈宏主编. --北京：清华大学出版社，2015（2022.8重印）
（普通高等职业教育"十二五"规划教材）
ISBN 978-7-302-40769-0

Ⅰ.①应… Ⅱ.①由… ②陈… Ⅲ.①汉语-应用文-写作-高等职业教育-教材 Ⅳ.①H152.3

中国版本图书馆 CIP 数据核字（2015）第 161812 号

责任编辑：刘志彬
封面设计：汉风唐韵
责任校对：王荣静
责任印制：刘海龙

出版发行：清华大学出版社
网　　址：http://www.tup.com.cn，http://www.wqbook.com
地　　址：北京清华大学学研大厦A座　　　　邮　编：100084
社 总 机：010-83470000　　　　　　　　　邮　购：010-62786544
投稿与读者服务：010-62776969，c-service@tup.tsinghua.edu.cn
质量反馈：010-62772015，zhiliang@tup.tsinghua.edu.cn

印 装 者：三河市国英印务有限公司
经　　销：全国新华书店
开　　本：185mm×260mm　　印　张：16　　字　数：376千字
版　　次：2015年8月第1版　　　　　　　印　次：2022年8月第9次印刷
定　　价：46.00元

产品编号：066250-02

Preface 前 言

在市场经济情况下，应用文的写作更多是面向企业，走向社会。基于高等职业院校公共基础课教学改革的需要，我们做了企业调研并综合了多种版本的应用写作教材的优点，结合多年来的教学经验和体会编写了这本《应用写作教程》。

教材编写理念

本教材从培养高素质技能型人才的目标出发，以学生成长需要为导向设计一系列相互联系的工作任务，为学生创设出一种完成任务的情境，让学生通过任务的完成增强相关知识的理解和运用，从而在掌握若干类工作的规律和技巧的同时也掌握了相关应用文的写作方法。

本教材紧密结合职业教育特点，遵循老师的教学思路进行编写，具有较强的职业导向性，要求学生掌握基本的写作技能，突出实际动口、动手能力的训练，培养学生基本的职业能力和拓展、迁移的能力。

教材编排结构

教材编排体系体现学生的职业生涯轨迹，结合学生学习程度安排内容，以应用能力作为贯穿主线。每个文种设置"任务描述"、"任务布置"、"写作提示"、"评估反思"、"任务演练"、"拓展阅读"六个栏目。

任务描述，包含两方面内容，一是文种的主要含义，二是学习要求。

任务布置，根据文种的特点，布置一个作业或一个活动。

写作提示，由"写作方法和写作重点"、"例文评析"、"答疑解惑"组成。答疑解惑，针对学生写作中的误区和实际生活文书写作误区进行辨别分析。在例文选择上，紧密结合实际，选择内容有新意、体式符合规范的文章，避免大而空的过时例文，为学生的写作实践提供有益的借鉴。

评估反思，从三个层面展开。认知层面主要指具体知识内容掌握情况；理解层面主要是学习收获，最出色的是什么，最容易出现的问题；发展层面指后期的练习和发展。

任务演练，结合文种特点，设计多样题型以巩固学习内容。

拓展阅读，选择和文种相关的有借鉴意义的文章，将应用写作技能与道德教化之功效相融合。

教材编写特点

教材结合学生学习程度安排顺序依照"投身大学生活—召开专题会议—参与实践活动—了解公务文书—完成毕业准备"顺序编排，体现学生的职业生涯轨迹。

任务布置，体现翻转课堂特征，课内外一起学习，打造高效课堂。

写作基础知识内容减少，主要是说明文种的写作方法和写作重点，摒弃僵化的传授基础知识的做法，提高学生学习兴趣。

评估反思，是一种将实际写作与反思性实践相结合的方法，强调"实践＋反思"，使学习处于一个不断改进提高的过程。

本书由由亚萍、陈宏任主编，张聪敏、吴小英、杨秀洪、马素婷任副主编，祁婷、吴铃、何斓参与编写。

本教材在编写过程中，参考了近年来正式出版的一些相关专著、教材，特别是借鉴、改编、使用了众多书籍、网络、报刊的例文和训练素材。由于种种原因，未能与原作者一一联系，在此谨向他们表示敬意和感谢。由于作者水平有限，难免出现错漏，诚恳期望使用本书的广大师生，提出宝贵意见。谢谢！

Contents 目 录

项目一 认识应用文写作

任务一 应用文写作基础 ·· 1
任务二 应用文的写作特征 ·· 6

项目二 投身大学生活

任务一 常用条据 ·· 15
任务二 自我介绍 ·· 20
任务三 演讲稿 ·· 24
任务四 倡议书 ·· 29
任务五 建议书 ·· 33
任务六 启事、海报 ·· 38
任务七 感谢信 ·· 46
任务八 计　划 ·· 50

项目三 召开专题会议

任务一 会议方案 ·· 64
任务二 请柬、邀请函 ·· 69
任务三 讲话稿 ·· 74
任务四 会议记录 ·· 80
任务五 纪要 ·· 85
任务六 会议简报 ·· 93
任务七 总　结 ·· 100

项目四　参与实践活动

任务一　产品说明书 …………………………………………………………… 107
任务二　申请书 ………………………………………………………………… 117
任务三　策划方案 ……………………………………………………………… 127
任务四　招标书和投标书 ……………………………………………………… 140
任务五　经济合同 ……………………………………………………………… 154

项目五　了解公务文书

任务一　通　知 ………………………………………………………………… 166
任务二　通　报 ………………………………………………………………… 174
任务三　报　告 ………………………………………………………………… 178
任务四　请示、批复 …………………………………………………………… 184
任务五　函 ……………………………………………………………………… 191

项目六　完成毕业准备

任务一　求职信 ………………………………………………………………… 197
任务二　个人简历 ……………………………………………………………… 203
任务三　实习报告 ……………………………………………………………… 209
任务四　毕业论文 ……………………………………………………………… 220
任务五　毕业设计 ……………………………………………………………… 234

参考文献 ……………………………………………………………………… 248

项目一 认识应用文写作
Chapter 1

任务一 应用文写作基础

任务描述

应用文是生活和工作中经常使用的一类文体，是各类企事业单位、机关团体和个人在工作、学习与日常生活等社会活动中，用于处理各种公私事务、传递交流信息、解决实际问题所使用的具有直接实用价值、格式规范、语言简约的多种文体的统称。本任务主要学习应用文的基本写作结构和语言要求。

任务布置

2014年的高考录取工作中，许多高校发挥本校特长，制作个性化的录取通知书，引起了热议。阅读下面的一段话，思考问题。

2014年7月，某高校录取通知书如下：

你被××专业录取，请于2014年9月7日凭本通知入学报到。祝贺你跻身百年高校的星空，日月光华中有你闪亮的眼睛。你计划的秋天已褪去童话的色彩，一个真实的现在可以开垦一万个美丽的未来。

在寄给新生的信函中，除《录取通知》、《新生入学报到手册》外，该高校还贴心地给考生们送上一本内容详尽、画风"萌系"的手绘版《新生生活指南》，帮助新生尽快熟悉高校生活的点点滴滴。除此之外，还有一套六张手绘明信片，这些明信片上写着"这把钥匙我们共同铸成"、"初次相见已分外亲切"等颇为感性、细腻的话语，向新生展示校园中"家的感觉"。

问题：

(1) 这则通知书是否属于应用文的范畴？

(2) 入学报到手册、生活指南、明信片是不是一个独立的文种？

(3)手绘的指南信息是否实现了发放目的？

(4)你认为该校的正式录取通知书明年是否会进一步"萌萌哒"？为什么？

写作提示

一、写作方法和写作重点

(一)应用文的主要结构要素

▶1. 标题

标题也就是应用文的"名字"，相当于机器的铭牌。标题需要准确概括应用文的关键核心信息，例如发文机关、主要内容、文种等。党政公文的标题一般由发文机关名称、事由和文体名称构成。其他应用文的标题可以根据需要采用更加灵活的方式。

▶2. 受文者

受文者也就是应用文主要送达的单位名称，俗称"抬头"。有些应用文(例如总结)是没有受文者的，有些(例如请示)则必须要写明受文者。

▶3. 开头

应用文开始需要进行简要的铺垫，也叫前言或导语。开头的内容一般是说明发文的背景、依据、目的或概括主要事项。开头段落的最后一句话往往以"……如下："过渡到主体内容。

▶4. 主体

主体是应用文的核心内容，是对事务、工作、信息的具体安排与说明，往往要根据需要分多项来进行全面介绍。

▶5. 结束语

主体内容表达完毕后，需要以简洁有力的语句进行小结，结束全文，使得文章前后圆满连贯。有的应用文结束语比较复杂，需要对全文进行回顾，指出重点所在，或者提出原则性的要求和号召；有的应用文结束语就非常简单，往往用惯用语(例如"特此通知")来结束；还有的应用文没有独立的结束语。

▶6. 署名

党政公文的署名也称"发文机关"，即应用文的发出者或发出单位名称。署名能够使人清楚了解应用文的来源，有利于促进工作进行，是必不可少的一个要素。

▶7. 成文日期

成文日期即应用文形成的具体日期，标明年月日。成文日期可以使人确切了解文章的写作或发布时间，能够判断文章的价值，尤其是能够对贯彻落实工作产生促进作用。

(二)应用文的主要结构模式

▶1. 合一式

合一式即篇、层、段三者合一，全文没有明确的层次，往往为一两个自然段。这种结构常用于证明信、留言条等文体。

▶2. 总分式

应用文的这种结构方式最为常见，主要特征是，在开头表述背景、目的或依据后，以"……如下："这一句式过渡到下文，在主体部分往往分为若干方面并以"一"、"二"等序号标注。

▶ 3. 条款式

法律法规、规章制度以及合同等文体主要采用条款式的结构方式,其主要特征是全部内容或主要内容均用序号标明形成条款,各条款不用深入地具体论述或说明,条款中还可以继续再划分条款,各个条款采用独立的自然段形式,全文结构严整。

▶ 4. 表格式

计划(方案)、招(投)标书、合同等文体,如果难以用文字表述清楚,可以采用表格构架全文。应用文中的表格一般为二维表,纵向和横向分别排列相关项目,表格主区域填充具体内容。表格式的结构可以使复杂信息得到直观的呈现,适当运用表格可以使内容表达高效、简洁。

▶ 5. 综合式

综合式指同时运用以上几种结构方式,可以提高文章表达的灵活性。

(三)应用文的语言与表达方式

应用文写作应当使用规范的现代汉语,对语言总的要求是准确、简洁。一般不宜采用语气词、感叹词、儿化词,这些词语口语化倾向比较明显,仅在演讲稿等有限的几种文体中使用,其他文体极少采用。应用文写作也不宜使用描绘性、形象性的词语,这些词语追求形象化和艺术性,与应用文庄重严肃的文体风格不协调。应用文写作尤其不要使用口语词和方言词,这些词汇不属于正式的普通话书面语词汇,会对不同地域的读者造成理解困难。当然,在某些特殊情况下,适当使用口语词可以给人更加深刻、生动的印象。应用文常用的词汇如下:

▶ 1. 开头用语

常用的开头用语:根据、按照、遵照、为了、关于、由于、随着、据了解、据调查、经研究、经查明等。

▶ 2. 承启用语

常用的承启用语:特报告(通报、通知等)如下、提出如下意见、上述、综上所述等。

▶ 3. 经办用语

常用的经办用语:业经研究、已经、现将、试行、执行、贯彻执行、参照执行等。

▶ 4. 引叙用语

常用的引叙用语:接、收悉、欣悉、惊悉等。

▶ 5. 期请用语

常用的期请用语:请、希、望、盼、拟请、恳请、切盼等。

▶ 6. 征询用语

常用的征询用语:当否、妥否、可否、是否同意、如无不妥、如无不当等。

▶ 7. 称谓用语

第一人称常用"本公司(本部门、本厂等)",第二人称常用"贵公司(贵厂、你厂等)",第三人称常用"该同志(该事件、该行为、该企业等)"。

▶ 8. 敬词

常用的敬词:请、贵、遵照、呈、报请、谨呈、为荷等。

▶ 9. 强调语

常用的强调语:要、必须、务必、坚决、严加、禁止、不准、严禁等。

▶ 10. 结尾用语

常用的结尾用语：特此通告（公告、通知、报告等）、特此函告（函达、函复）等。

二、例文评析

【例文1】

××县公安局关于整顿城区交通秩序的通告

为保障畅通工程的顺利实施，保护人民群众的生命财产安全，根据《中华人民共和国道路交通安全法》的有关规定，决定对城区交通秩序进行整顿。现将有关事项通告如下：

一、禁止机动车辆在城区公路上乱停乱靠。

二、禁止小商贩在城区公路占道经营。

三、禁止行人横穿城区公路。

凡违反上述规定，视情节轻重，联合有关执法部门依法给予相关处罚。

本通告自发布之日起生效。

××县公安局
2014年3月5日

【评析】这则通告标题规范，由发文机关、事由和文种构成。主体部分包含写作的缘由、事项和结束语，事项内容较多，采用小标题方式，条理清晰。落款注明发文机关名称和日期。

三、答疑解惑

▶ 1. 根据应用文语言的要求，评改例文2的开头部分

【例文2】

时间如白驹过隙，一转眼2015年将要过去了。在过去的一年中，我公司的经济效益犹如穿云燕子，飞向百尺竿头；职工收益犹如芝麻开花，节节攀升。公司上下兴高采烈，手舞足蹈，喜笑颜开。在新的一年到来之际，我们对本年度的工作总结如下：……

▶ 2. 修改病句

(1) 那时的电脑并不像现在的Windows有友好的界面。

(2) 由于超负荷的工作，可能会给健康带来麻烦。

(3) 其相对生产力一般至少应超过对照品种10%以上。

应用文写作基础学习评价表

项 目	自我评估	自我反思
认知层面	应用文结构你掌握了吗	
	能引起你特别注意的有哪些	
	语言表达方面你印象最深的是什么	
理解层面	上面的练习题你改得最好的是哪一道？有哪些困惑	
发展层面	你下一步有什么行动？需要什么帮助	

任务演练

▶ 1. 根据应用文语言的要求,评改例文3的开头部分

【例文3】
　　开学已经三个月了,我们金融保险专业的学子们,经过三个月的学习,现已胜利结束,也获得了丰收。我们带着丰收的喜悦,感谢专业老师,感谢辅导员。静思我们学习中有哪些收获,还存在哪些不足,该是认真总结的时候了。

▶ 2. 修改病句

(1)思想观点不同的人,都可以在交际活动中经过交流和磨砺,相互得到补偿。
(2)适当的批评和教育能及时打消男孩的歪念与错误行为。
(3)在传统的处事哲学中,"中庸之道"被奉为经典之道。
(4)为使叶片能紧压在定子内表面保证密封性,以减少冲击、噪声和磨损。
(5)足月新生儿平均身长为50cm,在1岁时增长1.5倍。
(6)数百亿元……上10亿元。

拓展阅读

　　殷墟出土的甲骨文证明,从有文字开始,就有了应用文写作。甲骨卜辞是我国应用文的原始雏形。周代的《尚书》就是我国第一部古老的应用文专集。记载了虞、夏、商、周四代的部分文件、训令、誓词及一些历史事迹。秦、汉两代是应用文发展、成熟的重要时期。秦统一中国后,规定了国家机关的文书制度,公文文体分类和公文格式已初步确立,有了上行文和下行文的区分。名篇有李斯《谏逐客书》。汉承制,把皇帝对臣下的文书定为制、诏、刺、策四种。臣对君的文书定为章、奏、表、议四种。如贾谊《论积贮疏》晁错的《论贵粟疏》。三国魏晋南北朝是应用文继续发展的时期。诸葛亮的《出师表》、李密的《陈情表》都是传世名篇。唐宋以后,文学创作日趋发展,不少文人致力于诗、词、曲、小说的创作,但应用文写作仍然处于"政事之先务"的主导地位。魏征《谏太宗十思疏》、韩愈的《祭十二郎文》、欧阳修的《答吴充秀才书》、王安石的《答司马谏议书》等,都是闻名的应用文作品。

　　明清时期,文体分类日趋详细、繁杂。据徐望之《公牍通论》所计,应用文已发展到六七十种。这也反映了统治者对公文的重视。辛亥革命以后,政府对文书进行了改革。1921年,颁布了《公文程式》,规定了"令"、"咨"、"呈"、"示"、"状"五种。

　　新中国成立后,1951年4月,中共中央办公厅、政务院秘书厅在北京召开了全国秘书长会议,讨论、通过并颁布了《公文处理暂行办法》。这个文件是新中国成立后第一个公文法规。2000年8月,中共中央办公厅、国务院办公厅又分别制定了《党的机关公文处理条例》和《国家行政机关公文处理办法》,对党政公文的文种、格式、处理等诸方面的事项作了明确的规定。2012年,中共中央办公厅国务院办公厅印发《党政机关公文处理工作条例》。

任务二　应用文的写作特征

任务描述

文学作品的基本特点是用形象反映社会生活。在文学作品的创作过程中，作家进行的始终是形象思维的活动，首先，作家运用各种艺术手段把从生活中得到的大量感性材料熔铸成活生生的艺术形象；其次，离不开想象（幻想、联想）和虚构；最后，伴随着强烈的感情活动。而应用文要求写作目的明确、内容材料真实、时间要素明确、语言表达规范、格式体例稳定等。通过本任务对比学习，正确理解应用文的写作特征。

任务布置

比较例文1和例文2，了解应用文的特点。

【例文1】

关于领导干部在公共场所带头禁烟的通知

我国《公共场所卫生管理条例实施细则》等对公共场所禁止吸烟作出了明确规定，一些部门和地方也制定了相关规章制度和地方性法规。近年来，通过各方共同努力，公共场所禁烟工作取得积极进展。但也要看到，在公共场所吸烟的现象仍较普遍，特别是少数领导干部在公共场所吸烟，不仅危害公共环境和公众健康，而且损害党政机关和领导干部形象，造成不良影响。为进一步做好公共场所禁烟控烟工作，现就领导干部在公共场所带头禁烟的有关事项通知如下：

一、各级领导干部要充分认识带头在公共场所禁烟的重要意义，模范遵守公共场所禁烟规定，以实际行动作出表率，自觉维护法规制度权威，自觉维护党政机关和领导干部形象。

二、各级领导干部不得在学校、医院、体育场馆、公共文化场馆、公共交通工具等禁止吸烟的公共场所吸烟，在其他有禁止吸烟标识的公共场所要带头不吸烟。同时，要积极做好禁烟控烟宣传教育和引导工作，督促公共场所经营者设置醒目的禁止吸烟警语和标志，及时劝阻和制止他人违规在公共场所吸烟。

三、各级党政机关公务活动中严禁吸烟。公务活动承办单位不得提供烟草制品，公务活动参加人员不得吸烟、敬烟、劝烟。要严格监督管理，严禁使用或变相使用公款支付烟草消费开支。

四、要把各级党政机关建成无烟机关。机关内部禁止销售或提供烟草制品，禁止烟草广告，公共办公场所禁止吸烟，传达室、会议室、楼道、食堂、洗手间等场所要张贴醒目的禁烟标识。各级党政机关要动员本单位职工控烟，鼓励吸烟职工戒烟。卫生、宣传等有关部门和单位要广泛动员各方力量，深入开展形式多样的禁烟控烟宣传教育活动，在全社会形成禁烟控烟的良好氛围。

五、各级领导干部要主动接受群众监督和舆论监督。各级党政机关要加强监督检查，对违反规定在公共场所吸烟的领导干部，要给予批评教育，造成恶劣影响的，要依纪依法严肃处理。

【例文2】

戒　烟

我今年三十三，见了烟就忘了吃饭，哪怕没饭都不敢没烟。特别是前几年，一年能抽十二个月，一个月能抽三十天，一次抽一根还不算，我一天抽二十次，把一盒都抽完，抽得喉咙发了炎，抽得眼黏嘴唇干，抽得耳聋听不见，抽得咳嗽又吐痰，张口出气像臭碱，门牙黑的不敢露，焦黄的指头不能看，把模样熏成个怪眉眼，腿困只觉得身子懒，脚手无力怕动弹，房子内外都污染，整得四邻都反感。抓紧治，抓紧看，总算逃出了死亡线。如今我习惯大改变，跟烟彻底把关系断，大家听我讲一遍，吸取教训总结经验，今后把抽烟要看淡，不能把抽烟当吃饭，谁要是不听我相劝，小心将来也要去医院。

【思考】 比较上述两个例文，它们的文体和语体是否相同？各有什么特点？

【评析】 上述两个例文中，例文1属于应用文，采用公文事务语体，主旨鲜明，材料概括，结构严谨；语言严密、简约、庄重，体现了公文的法定权威性，它使受文者明确事情的起因、为什么要这样办和怎样去办的道理。例文2是散文，运用文艺语体，形象性和情意性十分鲜明。两个例文针对的是同一事件，倡导的也都是"禁烟"，但其行文风格，写作样式则完全不一样了。

写作提示

一、写作方法和写作重点

(一)文章的分类

文章可分为文学艺术类、知识信息类和社会实用类等。

文学艺术类文章包括诗歌、散文、小说、戏曲、影视文学等。

知识信息类文章包括报纸、期刊、学术著作等。

社会实用类文章产要指应用文。应用文可分为三种：一是党政公文类，如通告、决定等15种；二是事务类，如计划、总结、规章制度等；三是专用类，如财经类、科技类、司法类、传播类等。

(二)应用文和文学作品的区别

应用文和文学作品以及知识信息类文章都是以文字符号作为主要表达手段的，但是存在着非常明显的界限。

▶ **1. 写作的主体不同**

文学作品的作者是本人，而应用文的作者可能是执笔者，也可能是集体作者、法定作者或代言作者。例如，机关单位的一个通知，作者应是某会议组织者或某部门，所以应用文的写作主体既可以是个体也可是群体，既可以是自然人，也可以是法人，具有法定性和群体性的特点。

▶ **2. 写作的客体(写作对象)不同**

文学作品是虚构的语言艺术，源于生活而又高于生活。文学源于生活是指文学的素材在现实中存在；文学高于生活的一个重要表现就是文学的内容可以根据艺术需要进行灵活自由地想象、虚构。文学作品的对象往往是虚构的形象，例如孔明不等于历史的孔明。应用文要求对象真实客观。应用文的内容材料必须真实可靠，不容许捏造虚构、歪曲拼凑，事例应当是客观发生的，理论应当是权威性的，数字必须准确可靠。

▶ 3. 写作的载体（文章）不同

（1）主旨。文学作品是一种艺术类型，创作目的和动机比较复杂。大量的文学作品没有明确的目的动机，相当多的文学作品的目的是非功利化的，还有的文学作品创作动机是多样化的。应用文写作的目的是为了解决某一具体问题，或实现特定目标，有事则写，无事则不写，目的和动机总是"先行一步"，先于写作行为而出现，具有直白性、旨意性和针对性。

（2）材料。文学作品的材料是作家从客观现实生活中经过集中、提炼和虚构而成的，也可引经据典。应用文的写作材料是为了阐明主旨所运用的事实和依据，要求准确、有针对性。例如写请示，要求购买大型生产设备，陈述购买理由，如果只是说设备如何先进、如何便宜等，显然不够，还应强调急需，可给企业带来效益。

（3）结构。文学作品的结构实质上是作者主观思路和事物客观逻辑的产物，不具有规定性和格式化。应用文结构的规定性和格式化是其重要特征之一，它便于写作，也便于受文者阅读，有利于公务、事务的及时准确处理，也体现了应用文的严肃性和客观性。

（4）语言表达。文学作品总是追求语言个性，不同的作家总是有自己的语言风格，进而形成自己独特的艺术特点。应用文的语言比较规范，词语准确，句式严谨，风格庄重。在应用文写作过程中，避免个性化、风格化的语言表达习惯，应准确、简洁、庄重地使用书面语。

▶ 4. 写作的受体（读者）

文学作品的写作受体不受限制。应用文除了广告、海报、公告等少数种类面向大众外，大多数应用文有特定性和针对性。同时，应用文的受体像主题一样，常有法定性和群体性的特点。

▶ 5. 体例与形式

文学作品追求的是打破常规，往往会在作品形式方面进行新的探索。应用文需要遵守特定文体的规范和写作思路，这样作者能够快速构思成文，读者也能迅速、准确地理解文章要点。因此，应用文的体例与形式一旦定型之后，很少发生变化和创新，而是保持较长时间的稳定。

应用文和文学作品除了以上主要差异外，还有诸多不同，例如传播渠道与公开方式不同、现实作用不同等。

二、例文评析

【例文 3】

邀 请 函

尊敬的×××教授：

我学会决定于 2014 年 8 月 10 日在×市×宾馆举办民间文学理论报告会。恭请您就有关民间文学的现状与发展发表高见。务请拨冗出席。

  顺祝

健康！

  联系人：×××

××省文学研究会
2014年7月10日

【例文4】

龙应台：我们为什么要学习文史哲？（节选）

  人文是什么呢？我们可以暂时接受一个非常粗略的分法，就是"文"、"史"、"哲"三个大方向。先谈谈文学，指的是最广义的文学，包括文学、艺术、美学，广义的美学。

  文学——白杨树的湖中倒影

  为什么需要文学？了解文学、接近文学，对我们形成价值判断有什么关系？如果说，文学有一百种所谓"功能"，而我必须选择一种最重要的，我的答案是：德文有一个很精确的说法，macht sichtbar，意思是"使看不见的东西被看见"。在我自己的体认中，这就是文学跟艺术的最重要、最实质、最核心的一个作用。……鲁迅的短篇《药》写的是一户人家的孩子生了痨病。民间的迷信是，馒头蘸了鲜血给孩子吃，他的病就会好。或者说《祝福》里的祥林嫂，祥林嫂是一个唠唠叨叨的近乎疯狂的女人，她的孩子给狼叼走了。让我们假想，如果你我是生活在鲁迅所描写的那个村子里头的人，那么我们看见的、理解的，会是什么呢？祥林嫂，不过就是一个让我们视而不见或者绕道而行的疯子。而在《药》里，我们本身可能就是那一大早去买馒头，等看人砍头的父亲或母亲，就等着要把那个馒头泡在血里，来养自己的孩子。再不然，我们就是那小村子里头最大的知识分子，一个口齿不清的秀才，大不了对农民的迷信表达一点不满。但是透过作家的眼光，我们和村子里的人生就有了艺术的距离。在《药》里头，你不仅只看见愚昧，你同时也看见愚昧后面人的生存状态，看见人的生存状态中不可动摇的无可奈何与悲伤。在《祝福》里头，你不仅只看见贫穷粗鄙，你同时看见贫穷下面"人"作为一种原型最值得尊敬的痛苦。文学，使你"看见"……

  假想有一个湖，湖里当然有水，湖岸上有一排白杨树，这一排白杨树当然是实体的世界，你可以用手去摸，感觉到它树干的凹凸的质地。这就是我们平常理性的现实的世界，但事实上有另外一个世界，我们不称它为"实"，甚至不注意到它的存在。水边的白杨树，不可能没有倒影，只要白杨树长在水边就有倒影。而这个倒影，你摸不到它的树干，而且它那么虚幻无常：风吹起的时候，或者今天有云，下小雨，或者满月的月光浮动，或者水波如镜面，而使得白杨树的倒影永远以不同的形状，不同的深浅，不同的质感出现，它是破碎的，它是回旋的，它是若有若无的。但是你说，到底岸上的白杨树才是唯一的现实，还是水里的白杨树才是唯一的现实。然而在生活里，我们通常只活在一个现实里头，就是岸上的白杨树那个层面，手可以摸到、眼睛可以看到的层面，而往往忽略了水里头那个"空"的，那个随时千变万化的，那个与我们的心灵直接观照的倒影的层面。

  文学，只不过是提醒我们：除了岸上的白杨树外，有另外一个世界可能更真实存在，就是湖水里头那白杨树的倒影。

【例文 5】

3 月 CPI 同比上涨 1.4%——PPI 环比同比降幅双收窄

本报北京 4 月 10 日电（记者朱剑红） 国家统计局今天发布的全国居民消费价格指数（CPI）和工业生产者出厂价格指数（PPI）数据显示，3 月 CPI 环比下降 0.5%，同比上涨 1.4%；PPI 环比下降 0.1%，同比下降 4.6%。

3 月 CPI 同比涨幅与上月相同，部分分类指数同比涨幅较高。据分析，3 月 CPI 环比有所下降，主要是受春节后价格回调的影响。尽管 3 月 CPI 环比有所下降，但部分商品和服务价格仍有所上涨，如汽油柴油、部分景区门票等价格环比有所上涨。

3 月 PPI 环比、同比降幅双双收窄，降幅分别比上月收窄 0.6 个百分点和 0.2 个百分点。环比降幅收窄的主要原因一是部分工业行业价格由降转升，二是部分工业行业价格降幅收窄。

【评析】 例文 3 属于应用文，使用事务语体，其目的是应付生活，用于实务，语言特征是以实用性为本，少文饰、求明晰、重程式。例文 4 属于文学创作，使用文学语体，其目的是感人以形、动人以情，给人灌输一种理念。例文 5 属于消息通讯，使用新闻语体，其目的是以真实性为本，强调以诚实的语言反映确凿的事实。

三、答疑解惑

指出下面两篇例文存在的问题。

【例文 6】

通 知

各分公司：

上半年产品销售是否顺利？总公司拟召开一次销售工作会议，现将有关问题通知一下：

1. 会议的内容很重要，要积极准备。
2. 开会时间暂定于下周一全天。
3. 参加会议时请携带本公司销售情况统计表，并且需要发言。
4. 特别提醒：不能迟到。

××总公司
2015 年 6 月 10 日

【例文 7】

个 人 总 结

刚开学，系里举办了一次以"低碳环保"为主题的手抄报比赛。该比赛以宿舍为单位，在宿舍舍友的推荐下，我有幸和另一个同学一起完成。我们一起找材料，分工合作，用了一个下午的时间完成了任务，获得了二等奖的好成绩，得到了老师和同学们的认可，我非常开心。

评估反思

应用文的写作特征学习评价表

项 目	自 我 评 估	自我反思
认知层面	应用文有什么特点？能引起你特别注意有哪些	
	会写会议通知了吗	
	你写总结一般有分大点写吗	
	你的知识技能有提升吗	
理解层面	不同文章有不同语体，你更喜欢哪一种	
	自己平时更倾向于写哪种文章？有哪些困惑	
发展层面	你下一步有什么行动？需要什么帮助	

任务演练

▶1. 试分析例文8在语言方面的特点

【例文8】

　　获悉贵系将于今年9月份开办秘书业务进修班，系统讲授有关秘书业务以及公文写作与处理的基本理论和方法。2012年机构改革以来，我厅所属各单位的文秘人员调整较大，不少新的文秘人员由于没有经过系统的专业学习，业务素质较差。现贵系开办进修班，为这些同志提供了一个非常难得的学习机会，我厅拟派10名文秘人员随班学习，委托你们代为培养。有关代培所需的一切费用，我厅将如数拨付。

　　可否，盼予函复。

▶2. 从主旨、材料、语言表达等方面对例文9进行分析

【例文9】

致老人的倡议书

　　近来媒体不断报道个别老年人老而无德，自己跌倒后对扶起的人敲诈……这些行为实为文明社会所不容，与中华民族传统道德格格不入。为此，我们联名倡议：

　　一、从我做起，谦和大度，如在公交车上摔倒不追究司机责任。

　　二、自己跌倒后对帮助自己的人深表谢意。

　　三、若没有被撞伤，只要不是司机逃逸，不追其责不索赔。

　　望以此告诫个别老人，应该主动理解他人，为早日实现"中国梦"发挥余热。

2014年3月13日

▶3. 对应用文进行分类

请收集你所在班级或院系收发的各类应用文，并指出每份文件所属的类别。

▶ 4. 分析例文 10 的主旨

【例文 10】

不妨让鲁迅"放下"手中的烟

鲁迅先生左手拿烟，在烟雾缭绕中凝视思考的大型浮雕像，在鲁迅故里广场矗立多年，成了国内外游客认识先生的第一形象、标准形象。于是我有惑矣！

但凡人，或多或少都会有陋习，就是伟人，也概莫能外。鲁迅之所以成为"民族魂"，是其 1000 万字振聋发聩的著作、辑校和书信，是他光照古今中外的深邃的思想。不是因为他烟抽得凶、抽得多、抽得有"风度"，恰恰相反，先生染肺结核重疴过早辞世，或许与其嗜烟有关，殊为可惜。其实，鲁迅的形象是多侧面的，丰富多彩的，活力四射的，没必要非拘泥于先生嗜烟这一形象不放。

惜时如金、分秒必争是鲁迅最可宝贵的作风。1918 年，他发表了我国现代文学史上第一篇白话小说《狂人日记》。1936 年 10 月 19 日，鲁迅在上海大陆新村寓所与世长辞，终年 55 岁。18 年间，鲁迅"焚膏油以继晷，恒兀兀以穷年"，无可争议地成为五四运动的先驱和中国现代文学的奠基人。"节约时间，就等于延长一个人的生命。"鲁迅工作起来从不知道疲倦，常常白天做别的工作，晚上写文章，一写就写到天亮。他在书房里，总是坐在书桌前不停地工作，有时也靠在躺椅上看书，他认为这就是休息。鲁迅到了晚年，对于时间抓得更紧。不管斗争多么紧张，环境多么恶劣，身体多么不好，他仍如饥似渴地学习，夜以继日地忘我工作。他逝世前不久，体温很高，体重减轻到不足八十斤，可他仍然不停地用笔作武器，同敌人战斗。他在逝世前三天，还给别人翻译的原苏联小说集写了一篇序言；在他逝世的前一天，还记了日记。鲁迅一直战斗到离开人世的那一天，从没有浪费过时间。

"俯首甘为孺子牛"是鲁迅最可宝贵的精神。鲁迅写过一首《自嘲》诗，其中有两句为"横眉冷对千夫指，俯首甘为孺子牛"，这是他内心的真情告白，是他一生的真实写照。他用自己的笔坚持社会正义……

鲁迅，是文豪，也是书法大家，还是收藏家、版画家……

在公共场所全面禁烟要动真格的当下，流行的在烟雾缭绕中凝视思考的鲁迅大型画像，是否该改改了。改为手拿线装书孜孜不倦阅读的鲁迅，改为用"金不换"写作惜时如金的鲁迅，改为"横眉冷对千夫指，俯首甘为孺子牛"的鲁迅，改为集文学家、思想家、书法家、收藏家、版画家于一身的鲁迅……愚以为无论以何种形象示人，鲁迅先生手中的纸烟是到了该掐灭该抛弃的时候了。

拓展阅读

【例文 11】

文件与公文是两个概念

——《党政机关公文处理工作条例》中"文件"与"公文"混用问题商榷

李刚英

2012 年 4 月 16 日，中共中央办公厅、国务院办公厅联合发布《党政机关公文处理工作条例》（以下简称《条例》），从 2012 年 7 月 1 日起施行。经过反复修订和全面更新，党政两大系统不再各自为战，终于颁行了统一的公文处理法规。这对于秘书工作者来说，是一件大好事。遗憾的是，《条例》中，多处混用"文件"与"公文"，导致概念不清。其实，二者的界限是很清楚的，不应混为一谈。

那么，"文件"与"公文"的异同都是什么呢？

（一）相同点：从广义上说，二者都是为办理公务而产生的文书。

（二）相异点：二者在办理公务的活动里，又具有不同的机制。

1. 关系不同。文件是载体，负责载着公文在各个机关之间运行，处理公务。公文是处理公务的具体文书，现在的公文，几乎都是搭载在文件等载体上运行的。

没有公文，文件就是白纸一张，将失去它存在的意义。公文，没有文件等载体，它将寸步难行。

2. 文件有级别，但无类别；公文有类别，但无级别。如国务院文件、某省人民政府文件，这是以机关名义制发的；中共中央办公厅文件、某省委办公厅文件，这是以机关某一部门名义制发的。这些文件承载着决定、通知等公文，在实际工作中发挥着不可替代的作用。文件是统称，是有级别的，分为国家级、省市级、地县级等。而搭载于其上的公文无级别但有类别，如决议、决定、命令（令）、公报、公告、通告、意见、通知、通报、报告、请示、批复、议案、函、纪要等。人们习惯于笼统地称呼"国务院文件"或"红头文件"，而不称呼"国务院公文"或"红头公文"，就是基于文件的这种承载功能和统称地位来决定的。

3. 内容不同。《条例》规定，"公文一般由份号、密级和保密期限、紧急程度、发文机关标志、发文字号、签发人、标题、主送机关、正文、附件说明、发文机关署名、成文日期、印章、附注、附件、抄送机关、印发机关和印发日期、页码等组成。"这里的"公文"，实际上就是"文件"，因为公文没有这么大的度量。

正确的说法是，"文件"的内容，包括份号、密级和保密期限、紧急程度、发文机关标志、发文字号、签发人、公文、抄送机关、印发机关和印发日期等。

而"公文"的内容，包括标题、主送机关、正文、附注、附件说明、发文机关署名、成文日期、印章、页码等部分。

4. 格式不同。在格式方面，二者的结构是截然不同的。

"文件"是有版式的。它包括文件头和文件尾两部分。文件头包括份号、密级和保密期限、紧急程度、发文机关标志、发文字号、签发人等。文件尾包括抄送机关、印发机关和印发份数、日期等。

文件头与文件尾各以一条线来与公文"分户"。文件头与公文之间有一条红线；文件尾与公文之间有一条黑线隔离，把文件尾的内容再画一条黑色线加以框住。

文件的上下两条线，牢牢地把自己与公文隔离开来，像一个车厢一样，给公文创造了一个良好的乘坐环境。车厢可以固定，也可以长时间保持不变，但乘客是不固定的，它可以是通知，也可以是批复，还可以是其他公文。以乘客来为所乘车辆命名，这是不合理的。

"公文"是坐车的，是没有文件那样的版式的。它由标题、主送机关、缘由部分、事项部分、尾语部分、附注、附件说明、发文机关署名、成文日期、印章、页码等部分组成。公文只有文章应具备的各种基本格式，比如标题居中、主送机关顶格写、每一段开头要空两个汉字的位置，等等。它在上车的时候，只要把这些该带的内容都带上就可以啦。

基于以上认识，我们建议《党政机关公文处理工作条例》修订时，最好改为《党政机关文件处理工作条例》，或者叫《党政机关文件处理条例》，正文中凡涉及公文与文件混淆的地方也应做相应的修改。

项目二 Chapter 2 投身大学生活

任务一 常用条据

条据(以借条为例)的结构模板

标题	借　条
正文	今借到　×××(借出者)×××(汉字大写)元整。××时间归还。此据。
落款	借款人：×××(签字) ××××年××月××日

任务描述

常用条据是指在日常生活中处理临时性事务或起说明、凭证作用的一种简单应用文书。条据行文简洁、使用方便，具有广泛的应用性。常用条据一般分为说明性条据和凭证性条据两类，前者包括请假条、留言条、托事条等；后者包括收条、借条、领条、欠条等。本任务的要求是学习不同条据的写法，能够完整准确、简明扼要地表述和传达信息。

任务布置

尝试根据不同情境写条据，要求如下：

（1）学生两两为一组，自行约定收借钱物（模拟收借）。在互不干扰的情况下，一个写收条，另一个写借条。

（2）写完后，将收条与借条进行核对，共同商讨双方所写条据的得失。

写作提示

一、常用条据的结构和写法

常用条据一般由标题、称呼、正文、落款四个部分组成。

▶ 1. 标题

在正文上方居中,写明条据的具体种类,如"请假条"、"留言条"、"收条"、"借条"、"领条"、"欠条"等。注意名称的完整性,如"请假条"不要写成"请假"。

▶ 2. 称呼

另起一行,顶格书写对方的姓名或单位,后加冒号。写给师长或领导的条据不能直呼其名,要加上敬语和称呼(职务),如"尊敬的赵元老师"、"尊敬的周玄主任"。凭证性条据可以不用写称呼。

▶ 3. 正文

另起一行,空两格书写,写明条据的缘由、目的,或告知、说明的事项。

说明性条据正文结尾处写上礼貌用语,如"谢谢"、"此致/敬礼",要注意礼貌用语格式的正确性。

凭证性条据正文中,涉及现金时,要注明币种、数额。金额要同时有阿拉伯数字和汉字大写数字(壹、贰、叁、肆、伍、陆、柒、捌、玖、拾)两种写法,金额数目后面要加上"整"字,以防增添涂改,如"￥3000(人民币叁仟元整)"。涉及物品时要注明名称、种类、规格、数量等具体事项。此外,借条和欠条要写明归还的具体时间,在财物归还后,借条和欠条应收回或当面撕毁。结尾处写上"此据"、"立此为据"。凭证性条据一般情况下不能涂改,如确实需要修改,要在涂改处加盖印章。

▶ 4. 落款

在正文右下方写上完整的姓名和日期。凭证性条据的落款中,涉及个人时只写个人姓名,涉及单位时要以单位名义开具,写单位名称和经手人。在姓名前可以写上"借款人"、"经手人"等字样。必要时加盖印章。

二、常用条据的写作要求

▶ 1. 内容

条据内容要完整准确,切忌歧义。

(1)注意字词的使用。

(2)涉及的钱物要表达准确无误。

(3)落款中的姓名和日期要完整。

▶ 2. 表述

条据表述要简明扼要。若简单的语言可以说清楚事项,不必使用长篇大论。

▶ 3. 结构

条据的结构要完整,格式要规范。

三、例文评析

【例文1】

请 假 条

尊敬的冯晋老师：

  我因参加第九届"挑战杯"大学生创业计划竞赛决赛，需要前往武汉，特向您请假。请假时间为 2014 年 11 月 3 日至 2014 年 11 月 4 日共 2 天，恳请批准。

  此致

敬礼

学生：蒋昕
2014 年 10 月 31 日

  【评析】正文写清了请假的原因、请假的起止时间，并正确使用了礼貌用语。

【例文2】

留 言 条

吕彦：

  《关于组织员工健康体检的通知》已经放在你的办公桌上了。请在这周内张贴在公司宣传栏上。谢谢！

陶今
2015 年 6 月 2 日

  【评析】正文写清了留下的物品，交代的事项。

【例文3】

托 事 条

钱景老师：

  我因感冒发烧，明天(1 月 13 日)下午的监考麻烦您先代替我(已经告知教务处了，也跟您通过电话了)。

  再跟您确认以下具体事项：监考时间为下午 2：00－4：00 点，监考教室为教学楼 302，试卷在下午 1：40 点前到教务处领取。万分感谢！

陈东
2014 年 1 月 12 日

  【评析】正文写清了嘱托的原因、事项。为了慎重起见，不仅打电话告知对方，还通过留言条将具体事项再次确认。

【例文4】

借 条

  今借到日升中学桌子玖张，椅子陆拾把，话筒贰只，钢琴壹架，作为社区联欢会用，今天会后立即归还。立此为据。

××市××社区（公章）
经手人：林茂竹
2015 年 5 月 8 日

  【评析】正文写清了向谁借，所借物品的名称、数量、用途、归还时间。还注明了借东西的单位和经手人。

【例文 5】

欠　条

原借柯云￥30000元（人民币叁万元整），已还20000元（人民币贰万元整），尚欠10000元（人民币壹万元整），欠款于2015年4月8日到期时还清。此据。

欠款人：秦丰
2015年1月8日

【评析】 正文写清了向谁借、已还金额、尚欠金额、归还时间。涉及金额时运用了阿拉伯数字和汉字大写数字两种写法，准确，无歧义。

【例文 6】

收　条

今收到××公司捐赠的奖学金8000元（人民币捌仟元整），图书柒佰本，书包叁佰个。此据。

××市爱心志愿者协会（盖章）
经手人：金晔
2014年8月15日

【评析】 正文写清了收到捐赠的金额数目，还写清了收到物品的名称、数量。

【例文 7】

领　条

今领到总务处发给人文社科系的午休床肆张，饮水机壹台。此据。

经手人：魏余
2014年9月3日

【评析】 正文写清了向谁领、谁领的、所领物品的名称、数量。

四、答疑解惑

以下是三份条据例文，请指出存在的问题，并予以修改。

【例文 8】

借　条

今借到财务部现金一千八百三十元。过几天归还。

采购部
2015年3月

【例文 9】

请　假

校办公室：

我因有急事，现需要请假三天，望领导批准。

王昱
2015年6月15日

【例文10】

留 言 条

颜宁：
　　中午时请帮我到校门口领下快递。谢谢！

方铭

评估反思

常用条据学习评价表

项 目	自 我 评 估	自我反思
认知层面	你是否能够区别条据的种类？在不同的情景下能够正确选择不同的条据吗	
	你书写的条据是否信息完整、准确、简洁	
理解层面	你书写的条据是否能够正确地使用敬语？格式是否规范	
	你书写的凭证性条据涉及金额时是否能够无歧义	
发展层面	你是否能在复杂的情景下，使用留言条、托事条将事物交代清楚	
	你是否了解借条、欠条、收条背后不同的法律效力	

任务演练

系里通知在4月1日前补交1份完整版的毕业论文，但是你在外地实习，打印好论文后无法亲自交给指导老师签字，也无法当面交给班级学习委员王青。因此，你将补交的毕业论文寄给学习委员，并嘱托她帮你找曹然老师签字，并按时上交系办公室。请写一份附在快递中的托事条。

拓展阅读

出具欠条、借条、收条的注意事项如下：

▶ 1. 内容要相对完善

欠条要写清欠款的数额币种、或者物品的数量以及名称、品质、规格或者型号等基本自然属性，拖欠的原因，返还的日期，逾期未还的法律后果，还要写清债权人、债务人的准确名称或者姓名，最后要由债务人署名或者签章并写清出具的日期。借条除了要写清上述事项外，还要写清借期、利息（或者租金）及逾期不还的罚息（或者违约金）等事项。收条除了要写清上述相关事项外，要特别写明法律后果是什么，比如"至此，双方债务结清"、"至此，双方委托代理合同终止"等。

▶ 2. 用语要准确

杜绝使用模糊用语，如"大概"、"估计"、"可能"、"差不多"、"算是"、"或许"，含义要清晰明确。有一些借条，如"A借B壹万元"，从字面上分析让人难以理解，到底是A借了B的钱还是B借了A的钱呢？其实写清楚并不难，比如可以写"A借给B壹万元"或者"A向B借壹万元"就不会产生歧义。

3. 条据份数

条据最好一式两份，双方各执一份。作为一种快速、便捷的确认方式，一般情况下条据都是手写的，出具者具有特定性，即由欠者、借者、收者撰写并签章，但现实中也不乏由债权人、出借人、送给人撰写再由欠者、借者、收者签字的情况。遇到这种情况如果欠者、借者、收者手里边没有一张同样的条据，撰写者对仅存的一张条据上作了手脚，比如加了借款的数额，那么签字的人如何去分辨呢？相反，如果存在两张完全一样的（一式两份）条据，双方做手脚不但是徒劳的，而且还会因此伤了感情。

4. 主体身份要确认

主体如果是公司，查一查公司是否已经注销，公司名称是否准确，自然人是否成年（判断是否具有完全民事行为能力），自然人的姓名是否与身份证相符合（特别注意，同音异字也会留下麻烦）。此外，主体的基本身份信息也要留下，比如自然人的年龄、住址、民族、职业当然还有联系方式，公司的住址、法定代表人的姓名、职务和联系方式等。最好是双方互相留下身份证复印件或者是营业执照副本复印件。

5. 数字一定要有大写

可以只写大写的数额，最好是大小写对应，这样就不容易被修改了。如果只写阿拉伯数字，很容易被添加和修改。再有就是技术层面的注意事项了，举例说"130000元人民币"，尽量不要写成"拾叁万元人民币"，而要写成"壹拾叁万元人民币"，目的也是为了防止被修改成"×拾叁万元人民币"。

任务二　自我介绍

自我介绍的结构模板

引言	问好
主体	个人的基本情况，包括姓名、年龄、籍贯、学校、专业、经验、经历、优点、特长、性格、兴趣爱好等
结尾	表达自己的愿望和感谢

任务描述

自我介绍是在某种场合中向别人展现自己形象的一种文书或讲话。根据形式的不同，自我介绍分为书面介绍和口头介绍。根据场合的不同，自我介绍分为日常自我介绍和面试自我介绍。自我介绍的内容要根据场合与目的的不同而具有"针对性"。本任务的要求是分别学习写日常自我介绍和面试自我介绍。

任务布置

学生加入学校某社团后，要在第一次例会中做自我介绍，例会安排如下：

(1) 将班级学生分为若干组(每一组 10～15 人),每一组代表不同的社团(如校青年志愿者协会、校记者团、校文学社等)。每一组成员中,一半学生为社团"老成员",另一半学生为社团"新成员"。

(2) 由"新成员"依次进行自我介绍,"老成员"认真倾听和点评。各组同步进行。在时间允许的情况下,"新成员"和"老成员"互换角色。

(3) 每组推荐 2～3 人参加班级展示,教师分别进行点评。

写作提示

一、自我介绍的结构及写法

自我介绍一般由引言、主体和结尾三个部分组成。

▶ 1. 引言

引言主要向听者问好,如"很高兴认识大家"、"很荣幸能够参加这次面试"。在引言之前要加上"称谓",如"亲爱的同学们"、"尊敬的各位老师"、"尊敬的面试官"。

▶ 2. 主体

主体写个人的基本情况,包括姓名、年龄、籍贯、学校、专业、经验、经历、优点、特长、性格、兴趣爱好。上述内容不必和盘托出,可根据场合、目的的不同而进行恰当的取舍。例如,在面试的自我介绍中,不必太过详细介绍简历中已体现的个人基本信息,要更加突出自己的专业与能力,通过社会实践和经历,体现自己的优势与成就,最好能够运用具体事例和数据,特别注意自我介绍与用人单位的需求相对接。

主体部分的长度要视场合而定。长篇大论显得冗长啰唆,过于简短则无法充分展现自己。

▶ 3. 结尾

结尾以诚恳的态度表达自己的愿望,如"希望能和大家好好相处","希望贵公司能给我这个机会和平台"。在结尾处可以适当增加一点文学色彩,运用精当的句子总结自己的特点、或提炼自己的想法、或展望一种愿景。

最后,还要对听者表示感谢。

二、自我介绍的写作要求

(1) 内容要条理清晰,突出重点。自我介绍不能面面俱到,要根据实际情况有所侧重,有针对、有特点地反映个人情况。

(2) 内容要有个性,不落俗套。切忌呆板、平淡、千篇一律,没有鲜明的个人特征。

(3) 内容要实事求是,清晰客观。不可胡编乱造、随意夸大。

(4) 语言表达要简练、干净、有力。要避免两个极端——过于书面化和过于口语化。可以根据场合和个人风格,适当使用幽默语言,拉近与听者的距离。

(5) 可以尝试生动、形象、活泼不失风趣地介绍自己的姓名,加深听者的印象。

三、例文评析

【例文1】

日常自我介绍

大家好,我叫张宇辰。我的父亲姓张,母亲姓陈,我的名字取一个谐音,证明我是老张家与老陈家联合荣誉出品的。我有一个伟大的母亲，在她还怀着我的时候，没有像其他妈妈一样，用莫扎特贝多芬的古典音乐来进行胎教。而是另辟蹊径，选择了著名相声表演艺术家马三立和著名评书表演艺术家单田芳，直接造成的结果就是生下来的孩子严重五音不全，但是有话痨般极端强烈的表达欲望。我爱幽默，我希望能给每个人带来快乐，我坚信幽默并不浅薄，它是一种力量。生活是一杯苦咖啡，而幽默，就是那块方糖。请记住我，我是爱思考爱幽默的张宇辰。谢谢！

【评析】这是一篇日常自我介绍。作者巧妙地介绍了自己姓名的来源，并点出了自己"幽默"的性格。作者没有选择面面俱到的方式，而是提炼出要点，运用幽默的方式将其表达出来，让听者留下深刻的印象。

【例文2】

面试自我介绍

面试官您好，我叫××，来自××大学，专业是××，大二的时候去××大学交流一年，也就是说我迄今为止在××大学待的时间只有两年，而在这短短两年里，我一共完成了三项作品。

第一项是我在大一的时候，一位大三学长让我负责一个校园公共微信账号的运营，那时候公共微信刚刚起步，所有人都在摸索怎么做。我不断通过用户调研，快速迭代内容板块，慢慢摸索盈利模式，结果在我运营的三个月里，账号粉丝从2000上涨到5000。我当时设置的板块，大部分也都沿用至今。

第二项是我大三回到学校参加一个省级微营销比赛，我作为队长，需要负责整个队伍的产品定位、项目管理和产品运营。因为有经验，所以这次就直接按照流程一步一步走，先分析用户需求，确定产品受众与表现形式，接着根据队员个人资源分配任务并及时跟进，最后就直接参与到微博、微信的运营中，结果我们在两个月时间完成九个产品，传播量共计三万多，获得了微营销能手奖。

我的第三项作品就是我自己，整个大学期间我都在不断打磨自己。无论是知识体系、学习方法这些大事，还是日程管理、人际交往这些小事，我通过阅读、笔记、写博客这样的方式得到了很好的锻炼，而这也是我今天有勇气和机会站在这里面试的一个重要原因。

所以说，我能给公司带来的，绝不仅仅是一个产品方面的经验，而是一个热情、认真、好学、有趣的自己。谢谢面试官！

【评析】这是一篇面试自我介绍。引言部分介绍了个人基本信息，包括姓名、学校、专业。主体部分主要讲大学期间完成的三项作品。思路清晰，重点突出，针对性强。作者的前两个作品是校园的实践经历，通过事例和数据增加说服力。作者的最后一个作品正是自己，在这一部分表明了他的上进心和自信心。结尾部分欲扬先抑，承认了自己的"弱势"，但也突显了另外的可贵的优势——热情、认真、好学、有趣。以小见大，态度真诚。

四、答疑解惑

例文3是一份自我介绍，请指出存在的问题，并予以修改。

【例文3】

我叫晓霞。我的兴趣爱好广泛，比如听音乐、旅行。我的性格活泼开朗，喜欢交朋友，能够积极参加学校组织的各种活动，并多次组织校园活动。我对待工作认真负责，吃苦耐劳。我严格要求自己,上进心强,勤奋好学,努力提升自身的能力与综合素质。我待人真诚热情,善于交际,有较强的组织协调能力与团队精神,得到大家的一致好评。我最大的优点是执着坚强,不怕苦,不怕累,更不怕挫折。我相信,第一个青春是上帝给的;第二个青春是靠自己努力的!

评估反思

自我介绍学习评价表

项目	自我评估	自我反思
认知层面	你的自我介绍是否能够完整、准确、简明表达了个人基本情况	
	你的自我介绍是否展现出自己的优势、专长等良好形象,并恰如其分地表达自己的愿望	
理解层面	你的自我介绍是否有清晰的逻辑关系	
	你的自我介绍是否能够根据不同场合和目的而选择具有"针对性"的内容	
发展层面	你的自我介绍是否能够让对方留下较为深刻的印象	
	你的自我介绍是否能够灵活运用口语表达,避免过于书面化,并脱离"背诵朗读"的拘束感	
	你的自我介绍是否能够自信和诚恳,语言表述流畅	

任务演练

假如你收到一家心仪公司的面试通知,面试时需要先做1~3分钟的自我介绍,请尝试写一份自我介绍,并对着镜子进行练习。最后以宿舍为单位,模拟面试场景。

拓展阅读

【例文4】

自我介绍的礼节

自我介绍是人际交往的第一道门槛,是一项容易被忽略的日常礼节。而实际上,自我介绍的时机、场合、形式、内容均相当讲究,忌讳很多,不可小觑。介绍时给对方留下的第一印象,很容易在其脑海深处形成某种心理定式,具有持久、难以逆转的特性,直接关系到以后的交往成败。

1. 时机、场合

公务交往,交际场合,面对媒体、观众、听众,仪式上、讲台前,出席会议、朋友聚会,旅途中在飞机上、车厢里,乃至在公园散步,面对一切需要交往的人,在没有别人介绍的情况下,不得不主动自我介绍。至于到陌生单位公干、求人办事、应聘求职等,更必须自己先开口介绍、推荐自己。

2. 形式、内容

公务:因公务、工作需要,应将自己准确完整的信息传递出去,自我介绍的内容至少应包括姓名、单位、部门、职务、联系方式5项。

交际:社交中,觉得有必要与对方结识,并与之建立联系时,自我介绍应包括姓名、籍贯、学历以及与交往对象某些熟人的关系等内容。

仪式：新闻发布、讲座、报告、仪式等场合，一般有司仪介绍出席者，如需要出席者自我介绍时，应包括姓名、单位、职务等内容。

应酬：萍水相逢，只泛泛接触，而不想深交时，内容很简洁，问好后，仅说出自己的姓名而已。这种自我介绍，适合于旅途相识、聚会偶遇。

问答：适用于应试、应聘和公务交往，在交际应酬场合，也有所见。不认识、想了解对方，就可以询问。

3. 讲究、忌讳

自我介绍不可贸然进行。通常要先问候对方，引起对方注意和兴趣，才可实施自我介绍。忌讳当别人并不在意，甚至拒绝你时，你却前去推介自己。同时，也忌讳只想摸对方的底细，却不愿透露自己的任何信息。

一般来说，自我介绍应注意以下几点：

1. 大方自然

介绍时，可用介绍信、名片做辅助工具。当面自我介绍，要看着对方的眼睛，向对方表达善意和友好。将手放在胸前，有表谦虚之意。大大咧咧，敷衍应付，会让人觉得你傲慢；而谨小慎微，会给人以不实在的印象。要避免下意识的小动作，如搓手、吐舌头，也不可用手指指着自己的嘴说话，这会显得你紧张、没有信心。

2. 实事求是

自己的头衔、职称、业绩不可夸大，也不必刻意自贬。

3. 语言简短

在交际场合，自我介绍要简短，三两句话即可，时间最好不超过30秒钟。即使求职、应聘自我推介，也需突出重点，不要大讲自己的生活、工作细节，剖析自己的性格。啰唆、喋喋不休者，成功概率小。

4. 严肃与幽默

有的场合，自我介绍应当严肃，一本正经，而在聚餐、酒会等交际场合，就不一定那么拘谨，自我介绍常常以轻松、幽默的语调进行。

任务三　演　讲　稿

演讲稿的结构模板

开篇	开门见山或介绍背景和聚焦问题
主体	以事例、数据、典型材料为载体来表现主题，营造高潮
结尾	总结，或是带有号召性的话

任务描述

演讲稿，又称演说辞，是为演讲准备，在某个特定的场合，面对特定的对象，发表个人观点、见解和主张，或交流思想和感情的论说性文章。演讲稿一般要求观点鲜明、逻辑清晰、事例生动，并且具有针对性、思想性、宣传性和感染性的特点。学会演讲稿写作的基本技巧，试写一份演讲稿并上台表演。

任务布置

举办一场班级演讲比赛，演讲主题："中国梦·我的梦"，要求如下：

（1）本次演讲比赛要求人人参与，每个人围绕演讲主题，认真准备一篇演讲稿，要求演讲稿紧扣题旨，生动活泼，思路清晰，能够充分展现自我风采。

（2）演讲比赛流程：将班级分为3～5个小组。每个小组先开展选拔赛，推选1～2篇优秀演讲稿，由本人或指定同学上台表演，最后评出最佳演讲稿、最佳演说奖等奖项，并将优秀演讲稿作为范文装订成册。

（3）其围绕的主题是："我对中国梦的理解"、"中国梦与我的梦"、"我要怎么样去实现自己的梦想，并把个人梦融入中国梦？"

写作提示

一、演讲稿的结构及写法

演讲稿一般由开篇、主体和结语三部分组成。

▶ 1. 开篇

演讲稿的开篇，即开场白，在演讲稿结构中居显要位置，意义非凡。好的开场白能够一下子吸引听众的注意力，达到事半功倍的效果。例如马云在一次演讲中这样说道："世界上很多非常聪明并且受过高等教育的人，无法成功，就是因为他们从小就受到了错误的教育，他们养成了勤劳的恶习。很多人都记得爱迪生说的那句话：天才就是99％的汗水加上1％的灵感，并且被这句话误导了一生。勤勤恳恳的奋斗，最终却碌碌无为。其实爱迪生是因为懒得想他成功的真正原因，所以就编了这句话来误导我们。"这种开篇令人耳目一新。

开篇的写法有以下几种：

（1）开门见山，直指主题。此种方法，事先要十分明确演讲的中心，直接亮出观点或事由。它的优点是能够使听众迅速集中注意力，但缺点是过于平静克制，难以吸引人。一般在政治性或学术性场合时，使用这种开场白较为普遍。如冯仑在中央电视台《开讲啦》节目的演讲《理想丰满》开场白："同学们好，我今天跟大家说说，什么是理想，以及我对理想的一些看法。也可能我的答案是我自己的，你们有你们的答案。"

（2）说明情况，介绍背景。在一些演讲活动中，需要简单交代背景，让观众明确演讲的缘由。这是开场白最为常见的写法。但应该注意，背景交代切忌冗长啰唆，更要防止偏离主题，不要有空话、套话。

（3）聚焦问题，吸引关注。根据场合和受众的特点，可以在演讲稿开头设置1～2个问题或现象，激发听众的思考，从而引起关注。所聚焦的问题，一定要新颖、独特，能够一下子吊住大多数人的胃口。

当然,演讲稿还可以运用多种开场白,如引用名言警句、讲述故事等,要根据不同的场合选择恰当的开场。总之,要牢记简洁得体、引人关注的要求。

▶ 2. 主体

主体是演讲稿最重要的部分,是一篇演讲稿的精华和高潮所在,它能够最完整地呈现演讲人的思想情致。主体部分写得好坏,决定了演讲稿的质量,也关系到演讲活动的效果。写好主体,应该从以下几个方面入手:

(1)根据演讲的中心和主题,搜集并组织材料。生动的例子、详细的数据、典型的材料比空洞的说教来得更有说服力。在主体写作之前,要大量收集与演讲内容相关的材料,并按照演讲的思路,组织起这些材料。

(2)合理安排结构,注意各部分间的逻辑性。演讲稿结构是演讲人思维清晰与否的体现,可以采用并列式、递进式、并列递进结合式等方法来表现主体部分。活泼轻松的演讲稿可以采用并列式的结构,从不同角度、不同侧面表现中心主题;析理性的演讲稿可以采用递进式或并列递进结合式的结构,或层层深入、势如破竹,或引经据典、挥洒自如。总之,要注重逻辑上的严密性,把道理说全说透,情感饱满,达到知性与理性的统一。

(3)将演讲推向高潮。演讲行为的成败,在于能否在短短1~2个小时内将在场的气氛推向高潮。如何在演讲稿上下功夫?一要思想深邃、立场明确;二要情感丰沛、爱憎分明;三要语句精练、加强语势。

▶ 3. 结尾

演讲稿的结尾要干净利落,做到言简意赅、卒章显志、耐人寻味。可以是对演讲内容的总结,也可以是号召性、鼓动性的话,总之要给人留下深刻的印象。演讲稿结尾有引导式、希望式、抒情式等。

二、演讲稿的写作要求

(1)要紧扣主题,明确中心。

(2)要逻辑清晰,营造高潮。

(3)要注重可讲性,多以口语化,要求"上口入耳"。

三、例文评析

【例文1】

在女儿学校成人典礼上的演讲

冯小刚

各位朋友:

大家好!

按理说,我不该紧张的,但是,讲老实话,现在站在这儿,我还真有点儿紧张。还好,只是一点儿,已经可以忽略不计了。

现在我想说,今天能参加这个典礼我真的很高兴,很骄傲!我想代表所有的家长谢谢孩子们,谢谢你们给爸爸妈妈带来的这份荣耀。我还要谢谢学校和老师,你们看,我们的孩子们就坐在那里,都那么健康、那么优秀、那么漂亮,谢谢老师的教育,谢谢学校办这个典礼,让我们一起见证和分享了孩子们人生里很重要的一刻。

吾家有女初长成,这是今天看到了我十八岁的女儿,心里冒出来一句话,女儿长大了，当爸的是该放心了，还是更担心了呢，欣喜之余也有些不安。心里很矛盾，亲爱的女儿，现在你要开始接触到真正的人生了，生活有时候，并不像你想象的那么公平，世界上没有完美的事物，你爱的人也许不爱你。这所有的一切，单纯如你，会了解和接受么？来之前我想了很久却又释然，聪慧如你，自会慢慢了解如何应对。

我想，今天这个成年礼是在告诉孩子们，他们成年了，同时也是在告诉我们家长，他们成年了。我们虽然有很多理由担心，但我们还是应该学会相信和放心。亲爱的女儿，我想告诉你，无论你欢乐还是流泪，任何时候回头，爸爸都在你身后，微笑着看着你，不要害怕失败，不要担心跌倒，爸爸会扶你起来。只是爸爸不再会牵着你的手领着你走了，爸爸只会在你身后，默默地看着你，人生道路坎坷且漫长，一步一步需要你自己摸索前行。

学着面对一切真实，接受一些不完美，承担一些责任，做一些决定——孩子们，十八岁的你们，是时候了！

谢谢大家！

【评析】 这是一篇感人的演讲稿，充满着真情与温暖，冯小刚从父亲的角度阐述了对女儿的爱，对女儿人生的告诫。口语化的表达，看似随意，却逻辑清晰，将"开心"与"担心"的矛盾表达得淋漓尽致。开场简单随意；主体娓娓道来，不乏幽默；结尾发人深思，耐人寻味。

四、答疑解惑

例文2是一份演讲稿，请指出存在的问题，并予以修改。

【例文2】

理想点亮人生

各位老师，同学们：

大家好，今天我演讲的题目是《理想点亮人生》。

黑夜拉开序幕，送走了白天城市的喧嚣。每次躺在床上透过窗户看着满天星斗，忽明忽暗、如梦如真，使我情不自禁沉溺其中，似乎翱翔于星河之中，感叹着星空的美丽与奥妙。

记得老师曾告诉过我们宇宙的浩瀚，人类的渺小有如沧海一粟，谁也捉摸不透，谁也不能左右，但人类总是在进步，就像哥白尼证明了"日心说"，推翻了一直维护教皇统治的"地心说"；伽利略发明了望远镜，让人们第一次真正看清楚月亮的样貌，一举揭开了几千年来月球的神秘面纱；爱因斯坦相对论的提出使人类开始认识到天体的互相环绕和吸引来自于时空的曲率。正是这些伟大的科学家们通过自己的努力与牺牲才有天文学上的一步步提升，但我知道的越多反而困惑不解，使得小小年纪的我更加好奇。比如，真的有平行宇宙吗？在平行宇宙里真的还有一个一模一样的我吗？宇宙里真的有黑洞吗？光线真的也逃不开它的魔爪吗？时间真的可以倒流让我回到过去未来吗？

每每翻开书籍，这些问题总会让我冥思苦想，使我想快快长大，成为一名天文学家，让我更靠近这些问题，然后逐一破解，获得其中乐趣。我深信这个理想并不会离我很远，古有岳飞从小立志报国，长大后抵御外敌的英勇事迹名扬内外；今有周恩来为民族崛起而读书，成就一位国内外敬仰的好总理。有志不怕年少，今天的未解之谜成为我明天道路上的催化剂，不断督促着我，提醒着我好好学习，为成为天文学家的理想插上一对翅膀，努力向它飞近。

我相信这个理想会牵引着我向未来走得更远，你也要相信我，我的未来会实现！

评估反思

演讲稿学习评价表

项　　目	自　我　评　估	自我反思
认知层面	你的演讲稿是否完整？是否适合演讲	
	你的演讲稿开场白和高潮部分是否引人入胜	
理解层面	你的演讲最吸引人的部分是什么？为什么吸引人	
发展层面	你上台演讲的心得体会是什么	
	你打算怎么样提高自身的演讲能力	

任务演练

利用每周年级或班级集中的时间，设置主题，安排学生上讲台进行演讲，互评互查，找出演讲内容的优缺点。

拓展阅读

【例文3】

演讲与口才训练的几种常见方法

1. 速读法

找一篇演讲辞或一篇文辞优美的散文，先把文章中不认识或不明白的字、词查出来，弄明白，然后开始朗读。开始朗读的时候速度较慢，逐次加快，一次比一次读得快，最后达到你所能达到的最快速度。

2. 背诵法

第一步，先选一篇自己喜欢的演讲辞、散文、诗歌；第二步，对选定的材料进行分析、理解，体会作者的思想感情；第三步，对所选的演讲辞、散文、诗歌等进行一些艺术处理，比如找出重音、划分停顿等；第四步，在以上几步工作的基础上进行背诵。

3. 练声法

第一步，练气。气息的大小对发声有着直接的关系。气不足，声音无力，用力过猛，又有损声带。第二步，练声。练声前先放松声带，用一些轻缓的气流振动它，让声带有点准备，发一些轻慢的声音，千万不要张口就大喊大叫。第三，练习吐字。只有发音准确无误，清晰、圆润，吐字才能"字正腔圆"。

4. 复述法

选一段长短合适、有一定情节的文章。最好是小说或演讲辞中叙述性强的一段，然后请朗诵较好的同学进行朗读，最好能用录音机把它录下来，然后听一遍复述一遍，反复多次地进行。直到能完全把这篇文章复述出来。

5. 模仿法

(1) 模仿专人。把你喜欢的、又适合你模仿的播音员、演员的声音录下来,然后进行模仿。

(2) 专题模仿。几个好朋友在一起,请一个人先讲一段小故事、小幽默,然后大家轮流模仿,看谁模仿的最像。

(3) 随时模仿。可以随时跟着播音员、演播员、演员进行模仿,注意他的声音、语调,他的神态、动作,边听边模仿,边看边模仿。

6. 描述法

以一幅画或一个景物作为描述的对象。第一步,对要描述的对象进行观察。需要你用自己的眼睛去观察,用你的心去体验。第二步,描述。描述时一定要抓住景物的特点,要有顺序地进行描述。

7. 角色扮演法

(1) 选一篇有情节、有人物的小说、戏剧为材料。

(2) 对选定的材料进行分析,特别要分析人物的语言特点。

(3) 根据作品中人物的多少,找同学,分别扮演不同的人物角色。

8. 讲故事法

(1) 分析故事中的人物。在讲故事以前就要先研究人物的性格特征,以及人物之间的关系。

(2) 掌握故事的语言特点。故事的语言最大的特点是口语性强、个性化强。所以当拿到一个材料的时候,要先改造成适合我们讲的故事。

(3) 反复练讲。通过反复练讲达到对内容的熟悉。

任务四 倡 议 书

倡议书的结构模板

标题		倡 议 书
称谓		倡议对象(根据情况,有时可省略)
正文	开头	倡议的背景、原因和目的
	主体	倡议的具体内容和要求
	结尾	倡议的决心、希望或者建议
落款		单位名称或倡议者姓名 ××××年××月××日

任务描述

倡议书是以集体、组织或个人名义,为开展、推动某项群体性活动或事业,向社会成员或有关单位公开提出,具有号召性的一种常见文书。它具有号召性、广泛性和公开性的特点。学会倡议书的一般写法,试写一份倡议书。

任务布置

思考一个校园里常见的问题或现象，并就此向同学们发起倡议，要求如下：

（1）留心观察校园里或同学中经常发生的问题或现象，例如上课玩手机、沉迷网络等。

（2）以小组为单位，就发现的问题进行充分讨论，并提出解决办法。

（3）以小组为单位，尝试草拟一份倡议书，并在班级内进行分享。

写作提示

一、倡议书的结构及写法

倡议书一般由标题、称呼、正文和落款四部分组成。

▶ 1. 标题

倡议书标题的写法主要有两种：一是直接以"倡议书"为题；二是在"倡议书"之前加上所要倡议的事项，例如《向地震灾区人民捐款的倡议书》、《走下网络、走出宿舍、走向操场的倡议书》等。标题要求言简意赅、重点突出，让人一目了然。

▶ 2. 称谓

称谓要顶格书写。在倡议书写作前，要明确倡议对象。如果明确对象的，就直接写上倡议对象的具体名称，如"全体教职工"、"××毕业班全体同学"等；如果没有明确的对象，比如一些倡议书倡议面十分广泛，这种情况则可用"亲爱的朋友们"、"广大战友们"等。称谓要求指向正确、用语亲切。

▶ 3. 正文

正文是倡议书的主体。倡议书的正文写作要求体现以下几点：

（1）背景、原因和目的。要用简洁的语言总述发起倡议的背景、原因和目的，即"为什么"要做这件事。要求理由充分，事件真实，表达要有号召力，能激发倡议对象的参与热情。例如福州市即将举办第一届青运会，青运会筹委会向市民发出号召："2015年，第一届全国青年运动会将在榕举行，届时来自全国各地的青年运动健儿将欢聚一堂，举行一次高水平的体育盛会。这是党和国家对我们的信任，是全省人民的荣耀。'有福之州'成为东道主，我们感到无比骄傲和自豪。有朋自远方来，不亦乐乎？我们应当满怀激情，用文明、和谐的良好风貌迎接青运会的到来，在全市上下进一步形成热爱体育、崇尚健身、关爱健康的新风尚。在此，我们向全体市民发出倡议。"

（2）主体。主体主要是指倡议事项，要求条理清晰，表达明确，具有可操作性。如果倡议事项简单，则可直接写出。倡议事项在2条以上，则要分条陈述，并注重条理性。要将开展哪些活动、做哪些事情、具体要求是什么、有何价值和意义等写明。语言上切忌拖沓，尽量用恰当的篇幅将倡议事项说清道明，同时要十分注重所号召之事应合乎情理，倡议的理由充分，在语言和情感上有强烈的说服力和感染力，能够引起倡议对象的认同。

（3）结尾。表明决心、希望和建议，要有鼓动性，同时也要注意用语准确、真诚，能够引发共鸣。

▶ **4. 落款**

根据倡议人的情况而定。如果是个人，则署上个人姓名。如果是集体或组织，要注明具体单位并加盖公章。如果是多人或多单位共同发起的倡议，可逐一写出各自姓名或单位名称。落款时间在署名的下一行。

二、倡议书的写作要求

（1）语言要有号召力和感染力。
（2）篇幅短小，表达清晰明确。
（3）原因真实可信，所倡之事切实可行。

三、例文评析

【例文1】

"清朗网络·青年力量"倡议书

各位青年朋友们：

我们生长在一个互联网时代，丰富多彩的互联网世界，是我们的生活方式和成长家园。我们也是互联网的主要使用者，是网民的主体、互联网运行发展的重要推动力量。互联网影响和塑造着青年，青年也影响和塑造着互联网。构建清朗网络空间，让互联网成为真实便捷的知识库、温暖可靠的朋友圈、文明理性的舆论场，是我们共同的愿望，也是我们应担负起的青春责任。

一、让我们依法上网，严格自律，提高媒介素养。网络不能成为法外之地，人人在网上知法守法，网络秩序才有规范，网络才能健康发展。我们要自觉对网上行为负责，讲诚信、守底线、不信谣、不传谣，远离网络欺诈、网络暴力，用从自身做起的点滴努力，为法治网络、法治国家建设添砖加瓦。

二、让我们文明上网，传播美好，弘扬新风尚。网络不能成为文明荒原，与现实社会一样，需要坚守和传递向上、向善的精神力量。我们要积极弘扬社会主义核心价值观，传播崇尚奋斗、崇尚美德的思想观念，为励志进取点赞，为好人善举点赞，对假恶丑现象坚决说不，让我们的网络空间风清气正、充满阳光。

三、让我们理性上网，明辨是非，释放正能量。网络上的思想探讨本是常态，但面对当前一些片面极端的思潮、别有用心的言论，我们要拿出青年的正义感和担当精神，理直气壮地倡导正确思想、驳斥错误言论，不让网络成为消减国家发展信心、消解民族凝聚力、妨碍社会平安稳定、影响青年健康成长的负面舆论场。

清朗网络空间的建设，青年不做置身事外的旁观者，而要做勇于担当的生力军。这是因为，时代的进步中，有青年的责任；祖国的梦想中，有青年的梦想。

清朗网络空间，看我青年力量！

共青团中央宣传部
中国青少年新媒体协会
2014年11月25日

【评析】 这是一篇优秀的倡议书。它的倡议对象明确，语言简洁，贴近青年人，有号召力和说服力；倡议事项条理清晰、切实可行，达到了宣传号召的效果。

四、答疑解惑

例文2是一份倡议书，请指出存在的问题，并予以修改。

【例文2】

倡 议 书

时至2008年，在这样一个时节里，我们倡议公司各位员工，为了公司和个人的发展，主动放弃本年度的部分或全部休假，同时公司为了表示对这部分员工的感谢，将以放弃年休假的天数为基础，给予每人100/天的补助。

根据每位员工的年假天数，放弃年休假的方式可分为全部放弃及部分放弃；部分放弃的天数可分为5天和10天两种（年休假不足5天的，且有意愿放弃的必须全部放弃）。愿意放弃的员工必须填写申请单。

特此倡议，望各部门对自愿主动放弃年休假的员工名单及放弃天数进行汇总，并在规定时间内提交人力资源部备案。

××公司人力资源部

评估反思

倡议书学习评价表

项目	自我评估	自我反思
认知层面	你掌握了倡议书的一般写法了吗	
	你将所要倡议的事项说清楚了吗	
	你所要倡议的事项是否得到同学的认可	
理解层面	你的倡议书中最有号召力的表述是什么	
	倡议书写作过程中有哪些困惑	
发展层面	如何通过语言的号召获得他人的认可	

任务演练

请以"远离手机，不做低头族"为主题，以校团委名义拟写一份倡议书，向全校同学发出倡议。

拓展阅读

【例文3】

克林顿全球倡议

"克林顿全球倡议"（Clinton Global Initiative，CGI）由美国前总统比尔·克林顿（Bill Clinton）于2005年创立，是独立于克林顿基金会的非政府组织，旨在聚集全球各界领军人物的智慧和资源，致力于推动人们探讨世界性问题，促进世界各地共同承担责任，尤其强调变想法为行动，应对一系列全球化挑战，解决全球性的问题。"克林顿全球倡议"是威廉·克林顿基金会（William J. Clinton Foundation）的慈善论坛项目，强调把想法变成行动。

大会每年举行一届,议题涵盖世界环境、可持续发展、气候变化、扶贫、减灾、卫生、教育等广泛领域,为促进有关领域的国际合作发挥了积极作用,邀请各个领域的专家和社会名流参加。论坛一贯的做法是要求其成员作出慈善承诺,之后汇报实践承诺的进展,但对承诺具体内容和资金投入没有具体要求。

任务五　建议书

建议书的结构模板

标题		建议事由＋文种
称谓		受文单位或个人
正文	开头	写明建议的原因
	主体	写明建议的具体内容和希望要求
	结尾	表达希望建议能够被考虑或采纳的愿望
祝颂语		表示敬意或祝福
落款		建议者的姓名或部门名称 ××××年××月××日

任务描述

建议书是个人、单位或集体针对某一问题或情况,向有关单位、上级领导或他人提出某种主张和建议时使用的文体。建议书可以充分调动各方面的积极因素,促进决策的科学化和民主化,更好地推动工作的顺利开展。本任务要求学会建议书的一般写法,能够根据不同对象和内容撰写建议书。

任务布置

根据你的兴趣爱好,建议学校组建一个新的社团,并以建议书的形式呈交校领导。要求如下:

(1) 确定社团的名称、性质和主要活动类型。
(2) 列出切实可行的组建计划或实施方案。
(3) 在建议书中具体说明组建新社团的原因、意义和合理的建议内容,以便领导决策。

写作提示

一、建议书的结构和写法

建议书一般包括标题、称谓、正文、致敬和落款几个部分。

1. 标题

标题写在第一行的居中位置。建议书标题的写法有以下几种：

（1）单独由文种名称构成。

（2）由建议内容和文种名称构成，如"关于×××的建议书"。

2. 称谓

标题下一行顶格书写接受建议书的机关、单位名称或个人姓名等称呼，然后加上冒号。

3. 正文

建议书的正文从称谓下一行空两格开始写。正文一般包括三个部分：

（1）阐明提出建议的原因和出发点，以便于接受建议的一方根据实际情况，进行可行性分析。

（2）写建议的具体内容，根据内容多少决定是否要分条列出。

（3）提出希望采纳建议的愿望。

4. 致敬

结语写上表示敬意或称颂的话，写法有以下几种：

（1）正文下一行空两格写"此致"，再另起一行写"敬礼"。

（2）正文下一行空两格写"以上建议可供参考，如有不当之处，请批评指正"等。

5. 落款

在正文的右下方，写上写信的单位名称或个人姓名，在名称下署上成文日期。

二、建议书的写作要求

（1）建议要切合实际。要根据具体问题和实际需要进行分析，把握分寸，不提过高要求。提出的建议应有助于改善情况，解决问题。

（2）建议的内容要具体。将建议采取的措施、方法、步骤有条理地列明，根据实际情况考虑是否要分条列出。不说空话、套话，切忌抽象、笼统。

（3）建议书要短小精悍。语言要精练，语气要诚恳，言简意赅地表述具体措施，不要做大篇幅的分析论证。

三、例文评析

【例文1】

关于建立教工之家的建议书

学院党委：

　　近年来，随着我院的快速发展，教职工队伍不断壮大，特别是青年教师人数增多。青年教师多半在校居住，其中很多是单人独居，业余时间充足，对文化娱乐的需求强烈。就目前情况看，我院缺乏一个最基本的文化娱乐场所。因此，我们认为我院急需建立教工之家。根据我院现有的条件，结合教职工的需求情况，我们提出以下建议：

　　一、将老图书楼的第二层简单改造，作为我院的教工之家。经初步估算，改造费不超过2万元。

　　二、艺术系退役的部分器材经过修理，可作为教工之家音乐戏剧方面的器材；乒乓球活动室所需器材，有体育系的两张旧球桌可用。另外只需购买一些象棋、围棋、跳棋、扑克、麻将等娱乐器具，估算最多不超过3000元。

三、抽调两名工人专门负责管理，实行责任追究制度，以确保教工之家的安全、正常运作。除双休日全天开放外，其余每天中午12：00～14：00，正常开放2小时；晚上18：00～21：00，正常开放3小时。

诚恳希望院党委认真考虑此建议，诚挚希望我院越来越好。

此致

敬礼！

××学院工会
2015年5月2日

【评析】这是一篇写给上级领导的建议书。开篇即说明教职工对建立教工之家的迫切需求。接着提出了几条切实可行的建议措施，内容包括场馆建设、器材购置、管理制度和资金预算等。所提建议具体详尽，条理清晰，言辞恳切，是一篇较为规范的建议书。

四、答疑解惑

例文2是一封建议书，请指出其中的不当之处。

【例文2】

建 议 书

高校长：

当前，我国每年浪费食物总量折合粮食约500亿公斤，接近全国粮食总产量的十分之一。特别是餐桌上浪费的粮食数量巨大，"舌尖上的浪费"触目惊心。也就是说，我们每年倒掉了约2亿人一年的口粮。餐桌文明是人类文明的缩影，小餐桌，承载的不仅仅是人类的生生不息，更传承了人类自古以来文明有礼、节俭惜福、珍爱粮食的优良传统。可是最近一个时期，我们学校食堂却出现了严重的浪费粮食现象，馒头整个整个地扔掉了，肉片蔬菜洒得满地都是，既浪费又不卫生。因此，我建议校长和各位领导到饭厅看一看，采取有效措施，刹住这一恶风，以树正气。

中文系全体同学
2014年10月10日

建议书学习评价表

项目	自我评估	自我反思
认知层面	你掌握了建议书的一般写法吗	
	能够针对不同对象和内容进行写作吗	
	能否列举出切实可行的建议方案	
理解层面	你所提出的建议是否被采纳	
	有哪些出色的想法和建议	
	在学习过程中有哪些困惑	
发展层面	积极关注当前的社会热点议题和校园文化现象，尝试提出具有针对性的建议	

任务演练

中国传统文化是中华民族的精神支柱，是发展社会主义先进文化的深厚基础，是建设中华民族共有精神家园的重要支撑。然而，当代传统文化的教育情况却不容乐观，在国民教育中加强中国优秀传统文化教育已成为弘扬中国传统文化的迫切任务。

对以上现象你有什么想法或建议，请以建议书的形式向教育决策部门陈述。要求如下：

（1）符合建议书的基本格式和内容要求。

（2）建议内容要具体、切实。

（3）语言精练。

拓展阅读

一、建议书与提案的区别

建议书和提案都有提出意见或建议的功能，但两者有以下几方面的不同：提案必须由具有提案权的机构或个人提出；而建议则没有资格的限制，任何机构或个人都可以提出。提案一经提出，有关方面必须予以审理、答复，并转交有关部门处理落实，在有关会议上报告处理落实情况；而建议则不一定件件都必须进行专门研究，也不必都在会议上作出答复。对切实可行、确实合理的建议，应立即采纳，研究落实，其余则可作为工作中的参考。

二、建议书与倡议书的区别

倡议书中虽然有所建议，但它面对的一般是普通群众，具有更加广泛的群众性和号召性；而建议书主要是向有关部门或上级领导提出的积极主张，希望获得组织或上级的采纳。建议书必须被有关部门或上级领导批准认可后才能被实施。

【例文3】

谏太宗十思疏

臣闻求木之长者，必固其根本；欲流之远者，必浚其泉源；思国之安者，必积其德义。源不深而岂望流之远，根不固而何求木之长。德不厚而思国之治，虽在下愚，知其不可，而况于明哲乎！人君当神器之重，居域中之大，将崇极天之峻，永保无疆之休。不念居安思危，戒奢以俭，德不处其厚，情不胜其欲，斯亦伐根以求木茂，塞源而欲流长者也。

凡百元首，承天景命，莫不殷忧而道著，功成而德衰。有善始者实繁，能克终者盖寡，岂其取之易而守之难乎？昔取之而有余，今守之而不足，何也？夫在殷忧必竭诚以待下，既得志则纵情以傲物。竭诚则吴越为一体，傲物则骨肉为行路。虽董之以严刑，振之以威怒，终苟免而不怀仁，貌恭而不心服。怨不在大，可畏唯人；载舟覆舟，所宜深慎。奔车朽索，其可忽乎？

君人者，诚能见可欲则思知足以自戒，将有所作则思知止以安人，念高危则思谦冲而自牧，惧满溢则思江海下而百川，乐盘游则思三驱以为度，忧懈怠则思慎始而敬终，虑壅蔽则思虚心以纳下，想谗邪则思正身以黜恶，恩所加则思无因喜以谬赏，罚所及则思无以怒而滥刑。总此十思，宏兹九德，简能而任之，择善而从之。则智者尽其谋，勇者竭其力，仁者播其惠，信者效其忠。文武争驰，君臣无事，可以尽豫游之乐，可以养松乔之寿，鸣琴垂拱，不言而化。何必劳神苦思，代下司职，役聪明之耳目，亏无为之大道哉！

【注释】《谏太宗十思疏》是魏徵于贞观十一年(637)写给唐太宗的奏章，意在劝谏太宗居安思危，戒奢以俭，积其德义。"十思"是奏章的主要内容，是十条希望得到唐太宗深思的建议。本文以"思"为线索，将所要论述的问题连缀成文，文理清晰，结构缜密。并运用比喻、排比和对仗的修辞手法，说理透彻，音韵铿锵，气势充沛，是古代劝谏文的典范之作。

【例文4】

出 师 表

臣亮言：先帝创业未半而中道崩殂，今天下三分，益州疲弊，此诚危急存亡之秋也。然侍卫之臣不懈于内，忠志之士忘身于外者，盖追先帝之殊遇，欲报之于陛下也。诚宜开张圣听，以光先帝遗德，恢弘志士之气，不宜妄自菲薄，引喻失义，以塞忠谏之路也。

宫中府中，俱为一体，陟罚臧否，不宜异同。若有作奸犯科及为忠善者，宜付有司论其刑赏，以昭陛下平明之理，不宜偏私，使内外异法也。

侍中侍郎郭攸之、费祎、董允等，此皆良实，志虑忠纯，是以先帝简拔以遗陛下。愚以为宫中之事，事无大小，悉以咨之，然后施行，必能裨补阙漏，有所广益。

将军向宠，性行淑均，晓畅军事，试用于昔日，先帝称之曰能，是以众议举宠为督。愚以为营中之事，悉以咨之，必能使行阵和睦，优劣得所。

亲贤臣，远小人，此先汉所以兴隆也；亲小人，远贤臣，此后汉所以倾颓也。先帝在时，每与臣论此事，未尝不叹息痛恨于桓、灵也。侍中、尚书、长史、参军，此悉贞良死节之臣，愿陛下亲之信之，则汉室之隆，可计日而待也。

臣本布衣，躬耕于南阳，苟全性命于乱世，不求闻达于诸侯。先帝不以臣卑鄙，猥自枉屈，三顾臣于草庐之中，咨臣以当世之事，由是感激，遂许先帝以驱驰。后值倾覆，受任于败军之际，奉命于危难之间，尔来二十有一年矣。

先帝知臣谨慎，故临崩寄臣以大事也。受命以来，夙夜忧叹，恐托付不效，以伤先帝之明，故五月渡泸，深入不毛。今南方已定，兵甲已足，当奖率三军，北定中原，庶竭驽钝，攘除奸凶，兴复汉室，还于旧都。此臣所以报先帝而忠陛下之职分也。至于斟酌损益，进尽忠言，则攸之、祎、允之任也。

愿陛下托臣以讨贼兴复之效，不效则治臣之罪，以告先帝之灵。若无兴德之言，则责攸之、祎、允等之慢，以彰其咎；陛下亦宜自谋，以咨诹善道，察纳雅言，深追先帝遗诏。臣不胜受恩感激。

今当远离，临表涕零，不知所言。

【注释】《出师表》出自于《三国志·诸葛亮传》卷三十五，是三国时期蜀汉丞相诸葛亮出师伐魏临行前给后主刘禅上书的表文，阐述了北伐的必要性以及对后主刘禅治国寄予的期望。文中以恳切的言辞，劝说后主要继承先帝遗志，广开言路，严明赏罚，亲贤臣，远小人，完成兴复汉室的大业。写出了诸葛亮的一片忠诚之心。

任务六　启事、海报

启事的结构模板

标题	告启者＋事由＋文种
正文	写明发启事的原因
	写启事的具体内容
	地址和联系方式
落款	告启者名称 ××××年××月××日

海报的结构模板

标题	文种或活动名称
正文	活动内容
	活动时间＋地点＋参与方式
	宣传标语
落款	主办单位名称 ××××年××月××日

任务描述

　　启事是一种事务性的应用文，用于单位、集体或个人向公众说明某些事实或请求公众协助办理某件事情。根据启事的不同内容，可分为声明类启事、征招类启事和寻觅类启事等。启事具有公开声明的作用，可以张贴在公众场所，也可以发表在公开出版物上，或在广播、电视中播出。海报是一种图文并茂的信息宣传形式，主办方通过海报向公众告知即将举行的某种活动。海报通常张贴于公共场所、宣传橱窗内，或通过媒体发布。

　　学会启事的一般写法，能够撰写不同类型的启事；学会海报的基本版式布局，能够运用手绘、Photoshop等多媒体手段制作海报。

任务布置

一、征文启事

　　为迎接"世界读书日"，校图书馆在全校师生中发起主题为"我与书的故事"有奖征文。请为图书馆写一则征文启事，要求如下：

（1）请你为图书馆设计具体的征文比赛方案，包括题材要求、评奖方式等内容。
（2）将以上内容用简洁的方式体现在启事中。

二、海报

　　××职业学院学生会为建设校园文化，丰富同学们的课余生活，计划于12月举办一

场"校园歌手大赛"。请你作为宣传专员为本次大赛设计一份海报,要求如下:

(1)海报设计要形式新颖,图文并茂。
(2)内容包括歌手大赛的时间、地点和奖励方式。
(3)能够起到良好的宣传作用,吸引更多的同学参赛。

写作提示

一、启事的结构和写法

启事一般由标题、正文、落款和日期四个部分构成。

▶ 1. 标题

标题写在第一行的居中位置。启事的标题包括四种形式:

(1)单独由文种名称构成,即"启事"。
(2)单独由事由构成,如"寻人"、"征婚"等。
(3)由事由和文种名称共同构成,如"征文启事"、"招聘启事"等。
(4)由发布单位、事由和文种名称组成,如"××学校招聘启事"等。

▶ 2. 正文

启事的正文从标题下一行空两格开始写。根据启事的不同类型,正文内容也有所不同,一般要包括以下内容:

(1)发出启事的原因、目的。
(2)具体事项和要求,如希望公众了解哪些事实或希望公众提供哪些帮助和支持。
(3)结尾根据启事类型写明待遇、承诺、联系方式等。

不同类型启事的写作方法如下:

声明类启事:涉及法律效应的启事,如更名启事、结婚启事、遗失启事等,要遵循正规法律途径,并在发布启事时写清名称、编号等个人信息。开业启事、搬迁启事等声明类启事要写明时间、地点等,并保证信息清晰无误。

征招类启事:包括征文启事、征婚启事、招聘启事、招租启事、招生启事、求租启事、求购启事等。征文启事要写清征文要求和奖励方式;征婚启事要提供征婚人的有关资料和择偶条件;招聘启事要写明招聘条件和薪酬待遇;招租启事要提供房屋相关资料和租金标准;招生启事应提供招生资质和收费标准;求租、求购启事要写明意向和要求。以上信息如涉及个人资料,应注意保密和安全。

寻觅类启事:要说明寻人或寻物的原因,并提供被寻对象的细节信息。例如姓名、性别、年龄、体貌特征、衣着、口音、被寻物数量等。还要提供联系人的联系方式。

▶ 3. 落款和日期

在正文的右下方,写上启事单位名称或个人姓名。在名称下署上日期。

二、启事的写作要求

(1)启事的事由要真实、准确,不能够产生歧义。
(2)行文要简洁明了,不要铺排渲染,以写清事实为准。
(3)特别注意写明联系人和联系方式,便于咨询。

三、海报的结构和写法

海报一般由标题、正文、落款三部分构成。

▶ 1. 标题

海报的标题形式可以灵活多样，不固定写法和位置，可只写"海报"二字，也可写上内容，如"××学院迎春晚会"。

▶ 2. 正文

海报的正文要写清活动内容、时间、地点和参与方式。可在正文下附加标语，起到更好的宣传作用，如"勿失良机"、"奖品丰厚，不可错过"等。

▶ 3. 落款

落款写在正文后，包括主办单位名称和海报制作日期等。如果上文已交代清楚主办方信息，也可不写落款。

四、海报的写作要求

（1）海报的提供的信息要清晰准确，具体写明活动时间、地点和主要内容。
（2）海报的篇幅要短小，文字简洁明了。
（3）现代海报以设计感取胜，可以对海报作艺术性处理，但要以突出重点为前提。

五、例文评析

▶ 1. 声明类启事

【例文1】

遗 失 启 事

张××遗失××大学毕业证书，证书编号：1039××××××××，声明作废。

【例文2】

更 名 启 事

为适应公司拓展咨询服务业务的需要，××市地铁集团有限公司直管企业"××市今路工程监理有限公司"于2013年7月12日正式更名为"××地铁工程咨询有限公司"。

变更后公司全称：××地铁工程咨询有限公司

英文全称：×× Metro Engineering consulting Co., Ltd.

简称：地铁咨询

公司更名后，原公司的全部业务由××地铁工程咨询有限公司继续经营，原公司的所有债权债务由××地铁工程咨询有限公司承继。

××地铁工程咨询有限公司
2013年7月22日

【评析】以上两则声明类启事格式规范，声明事项清晰准确。

▶ 2. 征招类启事

【例文3】

征 文 启 事

发展义务教育，重点在农村，关键在教师。8月5日，本版刊发了《打通合格教师进入乡村的通道——关于特岗教师的调查与分析》，这是《光明调查》"聚焦乡村教育　关注乡村教师"系列调研的第一篇。我们将推出后续调研报告，深入调查乡村教师的职业现状、教学环境、待遇情势，以及大学生支教乡村教育、担当乡村教师情况，深入了解乡村教育的现实处境和面临的困难，提出有针对性的科学合理的政策建议，以期切实改善乡村教师境遇，提升农村教育水平。乡村教师要成为体面的职业，需要一笔笔的捐助、一次次的支教、一个个的政策利好，离不开全社会的支持。爱心关注和政策支持将改变中国乡村教育和乡村教师的窘境，我们期望更多人加入我们这一调研行动。如果您从教于乡村或关注乡村教师，请不吝写下您的感悟和思考发给我们：

一、征文内容：担当乡村教师的感悟，发展乡村教育的建议。

二、征文要求：800字，感悟结合自身经历抒发，建议要有针对性可行性，请注明详细联系方式。

三、征文时间：2014年8月中旬至11月底。

四、投稿方式：纸质文稿请投送到：北京市东城区珠市口东大街5号光明日报策划部谢文收（邮编：100062）；电子文稿请投送到：gmrbdcbg@163.com。

我们将在《光明调查》版开设"读者来信"栏目，刊发部分优秀稿件，另推荐部分优秀稿件在光明日报法人微博推送。

光明日报
2014年8月12日

【例文4】

好未来教育集团2015招聘启事

一、企业介绍

好未来教育集团，是一家中国领先的教育科技企业，以科技驱动、人才亲密、品质领先为发展的核心目标。自创立以来，一直致力于促进科技互联网与教育融合，为孩子创造更美好的学习体验。

10余年来，好未来专注在中小学及幼儿教育领域，旗下拥有五个主品牌：学而思培优、智康1对1、摩比思维馆、学而思网校和家长帮。其中，学而思培优作为K12高端培优教育平台，下设三个子品牌：学而思理科、乐加乐英语和东学堂语文。好未来在全国19个城市设有分校，每年有90余万学员走进好未来的课堂，另有47万学员通过网校获取优质的教育资源。另外，好未来旗下的家长帮是国内覆盖面广、可信度高的教育互联网信息平台，月度覆盖独立用户数峰值超过3000万。

2010年10月20日，好未来的前身学而思在美国纽交所正式挂牌交易成为国内首家在美上市的中小学教育机构。

二、招聘岗位

在线教育管培生（薪酬：年薪10万～20万元）。

岗位职责：

1. 为学生进行课后辅导，并作为中层管理人才培养。
2. 研究体系建设的规划方案并组织实施。

任职资格：

1. 本科及以上学历应届生，专业不限，有相关实习经验优先。
2. 品学兼优，沟通能力、分析能力、表达能力等综合素质俱佳。

3. 热爱教育或在线教育行业，自我认知能力强，具备学习心态及一定的抗压能力。

晋升路径：管培生有三条发展通道，分别是教师、中层领导、技术骨干。

三、联系方式

1. 人才招聘专用邮箱：campus@×××.com
2. 电子简历主题格式：应聘岗位＋学校＋专业＋姓名
3. 联 系 人：李君亮
4. 招聘电话：010－5292××××
5. 地　　　址：北京市海淀区中关村丹棱街

【评析】以上两则为征招类启事。分别说明了征招的原因、要求、待遇、联系方式等，条理清晰，号召力强。

▶ 3. 寻觅类启事

【例文5】

招 领 启 事

××月××日在××机场行李检查处内，发现旅客遗失的皮箱一个，装有贵重药品一批，未见有人认取。兹特登报招领，盼物主携带证明文件，前来申领。

××机场海关

【例文6】

寻 物 启 事

本人不慎于四月二十五日下午三时左右乘69路公共汽车去市区时，将一黑色肩背书包遗失在车上，内有学生证、校园卡、课本、笔记等，有拾到者请与××学院×××联系，不胜感激。有酬谢。

联系电话：××××—××××××××

手　　机：××××××××××

2015年××月××日

【评析】以上是两则寻觅类启事文字简练、格式规范。招领启事要说明招领物的基本情况，但不能透露细节，以防冒领。寻物启事则要将丢失物品的细节信息介绍具体，并表达失主的焦急心情和诚意。

▶ 4. 校园活动简报

【例文7】

【评析】这是一幅社团活动海报。海报右侧清晰写明了活动的基本要素，如活动名称、

举办时间、举办地点、主办方等信息。海报的主要篇幅用来表现主办方对该活动的设计理念，形式新颖，艺术感强，能够起到博人眼球的功能。

▶ 5. 公益海报

【例文 8】

【评析】这是一幅环保主题的公益海报。将绿叶被侵蚀的部分描摹为工厂释放的烟雾形状，以表示工业化进程对环境的影响。设计简洁精巧，富有创意。

六、答疑解惑

请找出例文 9 这则寻人启事的不当之处。

【例文 9】

寻 人 启 事

昨天，一个 3 岁的小男孩在五一中路走失。男孩身高 1 米，穿白色羽绒服。望知情者与男孩父母联系，当面酬谢。

2014 年 11 月 4 日

启事、海报学习评价表

项　　目		自　我　评　估	自我反思
认知层面	你掌握了各种类型启事的写作模式吗		
	你能够为不同的活动创作海报吗		
	你掌握了几种海报创作的方法		
理解层面	你有哪些出色的海报创意		
发展层面	你能为学校各部门写作启事吗		
	你想为哪些社团创作海报		

任务演练

新学期校艺术团招新啦！校艺术团成立五周年以来，已组建了合唱团、舞蹈团、话剧社、交响乐团、健美操协会等社团组织，期待新老同学的积极报名。请你为艺术团草拟一则纳新启事或纳新海报，要求如下：

（1）信息要全面、清晰。
（2）形式新颖，有创意。
（3）内容自拟。

拓展阅读

▶ 1. 现代海报的诞生

现代海报的诞生与印刷技术的发展完善有着直接的关系。1798年，腐蚀版印刷技术的发明，艺术家们可以直接在蚀版上进行多种色调变化的艺术创作，使得印制色彩丰富、形象逼真的艺术作品成为可能。经过几十年的发展，随着技术的不断完善，到了1855年左右，蚀版印刷机已经能够高速地复制各类绘画作品，达到每小时1万张的效率，其成本也大幅降低，这就为现代海报艺术的发展提供了现实条件。在这个时期，各国相继涌现出一批以海报设计作为主要创作对象的艺术家，由他们掀起了海报发展史上的第一个高潮。

朱利斯·谢列特（Jules Cheret，1836—1932年），法国著名的画家、海报设计家、印刷家。他一生设计了上千张海报，也是发明"三色石版套印技术"，进行海报设计和印刷的第一人，在现代海报史上具有划时代的意义，被设计界誉为"现代海报之父"。谢列特是把传统的插图绘画语言转变为海报设计表现语言的先驱。在他以前的海报作品，作者往往直接把绘画技巧应用于海报创作，造型写实而呆板，缺少变化。谢列特则对图案造型和色彩进行了整体的简化和夸张，图形简洁流畅，色彩明快华丽，画面洋溢着热烈欢快的气氛，增强了作品的艺术表现力和吸引力。他的作品和传统的海报相比，显得更明亮，更有张力，有一种呼之欲出的视觉感染力，具有现代海报艺术的基本特征：清晰、强烈、具有个人风格。由此界定了传统的早期海报和现代海报的分界线。

谢列特改变了传统海报的内涵，使其不再是一个单纯传递信息的媒介，而是赋予了海报美学意义上的价值。在他看来，海报不必要百分之百地传达一件商品或者事件的信息，只需要唤起观赏者的共鸣。1889年，巴黎举办了谢列特海报作品展，这也是历史上第一次海报设计家的个展。同年，他获得了国际海报设计的金奖。1890年，法国政府授予他荣誉勋章。在他逝世后，尼斯城还设立了"谢列特展览馆"，专门收藏和展示他的作品。史论家们高度评价了谢列特在海报创作方面的成就，正如丁·巴尼克特在《海报简史》中指出的那样，"谢列特之所以成为世界海报历史上第一位大师的原因，并不是因为他创作了数以千计的海报作品，而是因为这些作品都是一些伟大的艺术品"。

亨利·德·图卢兹·劳特累克（Henri De Toulouse Lautrec，1864—1901年）法国著名的画家和设计家。在绘画史上，劳特累克是后期印象主义重要的代表人物，和德加、修拉等齐名；而在海报艺术史上，他的作品对现代海报发展的贡献也很巨大，虽然他短短的一生（只活了37岁）仅创作了32幅海报，在数量上无法和谢列特相比，但影响力却是相近的。

与谢列特的那种亮丽、悦目的风格不同，劳特累克的海报中充满了辛酸的讽刺意味和愤世嫉俗的激情，带有一种"病态"的美感：色彩是平涂的，缺乏层次和立体感，显得不太协调，但却有很强的装饰性；主题形象生动，注重理念的表达；不稳定的画面构图，图形单纯而概括。他的作品题材多为一些娱乐场所的生活景象，描绘的女性形象，大部分是歌舞场上的风尘女子，这与他特定的生活经历有关：矮小的个头和身患残疾使本是贵族出身的他被排斥于上流社会之外，终年混迹于歌厅酒吧，狎妓酗酒，以舞女、妓女为模特，创作了一批绘画史上的杰作，却不受重视，艺术上屡受挫折，在法国和英国的成了独特的画风。因此，他借助商业海报这样的信息媒介来宣泄自己的艺术情感。凭借扎实的艺术功底和对社会阶层生活的独特了解，他创作的海报都非常浪漫传神，深受社会欢迎。

劳特累克在海报设计上的杰出成就，大大提升了海报创作的品位和质量，使得海报从此成为一种独立设计艺术形式，进入了人们的日常生活；他在作品中所运用的幽默讽刺和隐喻性的手法，成为海报设计表现主义和讽刺性广告的发展源头，对艺术界和设计界都影响巨大、意义深远。

伴随着资本主义经济的发展和印刷技术的迅速普及，欧美各国的海报艺术在19世纪的最后20年里迅速流行起来。不同国家的不同文化特色使得各国的海报创作呈现出不同的艺术风格，但各国设计家探求的方向可以说还是非常接近的。以谢列特为代表的这一代设计家，他们更多的只是把海报看作是绘画艺术的一种延伸或者分支，力图从传统的绘画基础上发展出自己的表现语言，还停留在绘画性的"自然主义"的表达阶段上。然而必须指出的是，这一代设计家中的很多人已经注意到海报设计语言的特殊性，在印刷技术许可的条件下，尽量使画面简单化、平面化。尽管在文字、编排等各个环节都还相当粗糙，海报艺术还是在这一时期从绘画走向了设计的第一步，也是决定性的一步，在形式上确定了现代海报设计的基本要素及构成方式。

▶ 2. 海报故事："一块钱存款"

第二次世界大战后，日本的财阀、财团都被迫解体或改名，连有着悠久历史和良好信誉的三菱银行，也不得不改名为千代田银行。由于名字非常陌生，生意也就非常冷清。

业务部的岛田晋为此苦闷不堪，每天都在想着如何吸引顾客来存款。终于有一天，他想出了"一块钱存款"。战后的日本，一块钱实在是太小了。在根本没有什么人来存款的情况下，千代田对往来的顾客发出了这样的宣传海报：

"用手掬一捧水，水会从手指间流走。很想存一些钱，但是在目前这种糊口都难的日子里，是做梦也不敢想的。先生们、女士们，如果你们有这种想法的话，那么请您持一本存款簿吧，它就像是一个水桶，有了它，从手指间流走的零钱就会一滴一滴、一点一点地存起来，您就会在不知不觉中，有一笔可观的大钱了。我们千代田银行是一块钱也可以存的。有了一本千代田存款簿，您的胸膛就会因充满希望而满足，您的心就能在天空中飘然翱翔。"

海报一贴出，就造成了极大的影响，原本因为钱少并没想存款的人，都来存款了，银行也因此度过了艰难的战后初期。这以后，"一块钱存款"风行全世界。

任务七　感　谢　信

感谢信的结构模板

标题		感谢对象＋文种
称谓		感谢对象姓名或单位名称
正文	开头	写明感谢的事由
	主体	赞扬感谢对象的品格和事迹
	结尾	表达感谢和向对方学习的态度
祝颂语		表示敬意或祝福
落款		写信人的姓名或单位名称 ××××年××月××日

任务描述

　　感谢信指的是对关心、支持和帮助过自己的集体或个人表达感谢的书信。感谢信能够向对方表达出真诚的谢意，也可以起到表扬先进和弘扬正气的作用。感谢信可以写在信笺上直接送呈对方，也可以在公共场所张贴或通过新闻媒体刊发。学会感谢信的一般写法，能够根据不同对象和内容撰写感谢信。

任务布置

　　给你的高中老师写一封感谢信，要求如下：
　　（1）感谢对象要明确，要让读者明白你要感谢的是哪一位或哪几位老师。
　　（2）感谢事由要具体。可以想一想你的高中老师在哪些事情上帮助了你，对你形成了哪些积极的影响。将这些事实具体而清晰地表述出来。
　　（3）感情色彩要鲜明。要在字里行间表达出你的感激之情。

写作提示

一、感谢信的结构和写法

感谢信一般包括标题、称谓、正文、致敬、落款和日期几个部分。

▶ 1. 标题

标题写在第一行的居中位置。感谢信标题的写法有以下几种：
　　（1）单独由文种名称构成，即"感谢信"。
　　（2）由感谢对象和文种名称共同构成，如"致×××的感谢信"。
　　（3）由感谢人、感谢对象和文种名称共同构成，如"赵××致李××的感谢信"。

▶ 2. 称谓

标题下一行顶格书写接受感谢信的机关、单位名称或个人姓名等称呼，然后加上冒号。

▶ 3. 正文

感谢信的正文从称谓下一行空两格开始写，要突出感谢的内容和心情。正文一般包括三个方面：

（1）叙述感谢的事由。

（2）热情赞扬感谢对象的高尚品格和先进事迹。

（3）表达对感谢对象的衷心感谢以及向对方学习的态度。

▶ 4. 致敬

致敬是感谢信收尾时表达敬意的话，写法有两种：

（1）正文下一行空两格写"此致"，再另起一行写"敬礼"。

（2）正文下一行空两格写"致以最真诚的敬意"等。

▶ 5. 落款和日期

在正文的右下方，写上写信的单位名称或个人姓名。在名称下署上成文日期。

二、感谢信的写作要求

（1）感谢事由要清晰明了。叙述以说明事实为主，要具体写出人物、时间、地点、原因、经过和结果等几项要素。概括要精练，不拖沓，详略得当，篇幅不能太长。

（2）感谢事由要真实可信。评誉对方要适度，不可过分拔高，以免失真。

（3）行文要始终包含真挚热烈的感情，不可平淡也不应卑屈，表达谢意的话要真诚得体。

三、例文评析

【例文1】

感 谢 信

福州××中学：

在为期一个半月的实习生活中，贵校领导、老师给予了我亲切的关怀和热情的指导，为我提供了良好的实习条件，使我能够顺利完成实习任务。借此实习结束之际，特向你们表达衷心的感谢！

2014年11月1日，在贵校领导的精心安排下，我进入初一(5)班担任实习班主任。由于我是第一次走上讲台，难免缺少经验。但初一语文组的老师都很耐心地指导我，热情地传授教学经验。在实习过程中，老师们的每一份友好鼓励，每一个善意微笑，每一次细心指导，学生们的每一句礼貌问候，都让我深深感动。

一个半月的实习生活充实而精彩，我一定会将贵校老师为人师表的高尚风貌，刻苦的工作风格，精湛的教学技艺，崇高的敬业精神，博大的爱生情怀带到未来的工作岗位，绝不辜负你们的殷切希望。

祝贵校全体老师身体健康，工作顺利，家庭幸福！贵校全体学生身体健康，学有所成！贵校教育事业蒸蒸日上！

此致

敬礼！

实习生：张××

2014年12月20日

【评析】这是一封个人写给实习学校的感谢信。该文格式严谨，内容翔实，语言优美，感情深厚。正文部分表述清晰，对感谢事由的时间、地点、人物和事件做了精练的概括。全文饱含着对实习学校及其领导、老师的真挚谢意和诚挚敬意。

【例文2】

中共玉树州委、州人民政府致社会各界的感谢信

支援玉树抗震救灾的广大救援人员、志愿者和社会各界人士、港澳台同胞、海外侨胞及国际友人：

2010年4月14日7时49分，玉树藏族自治州玉树县发生7.1级地震，造成重大人员伤亡和财产损失。"地震无情，人间有爱。"在全州抗震救灾的紧急关头，党中央、国务院、全国各族人民及社会各界心系灾区，情牵藏族同胞，及时从大江南北、长城内外伸出援助之手，送来真挚的爱。千里驰援、生死营救，创造了战天斗地的奇迹，谱写了民族团结的壮歌。

各方各界的无私帮助，慷慨支援，使我们倍感温暖，极大地鼓舞了灾区人民战胜灾难的斗志和勇气。抗震救灾斗争使我们更加深切地感受到：祖国大家庭最温暖，民族大团结最有力，人民子弟兵最可爱，赤子之心最宝贵，匹夫之责最可敬。在此，我们谨代表地震灾区和三江源头的35万各族人民群众，向支援玉树抗震救灾的广大救援人员、志愿者和社会各界人士、港澳台同胞、海外侨胞及国际友人表示最衷心的感谢并致以最崇高的敬意。

当前，正值玉树抗震救灾的关键时期，任务艰巨，困难很多，压力很大。但我们坚信，有党中央、国务院的亲切关怀，有青海省委、省政府的坚强领导，有全国各族人民及社会各界的大力支持，有全州各族干部群众的共同努力，我们一定能够战胜这场地震灾害，夺取抗震救灾的全面胜利，重建美好家园——新玉树！

中共玉树州委
玉树州人民政府
2010年4月20日

【评析】这是一封政府机关通过新闻媒体刊发的致社会的感谢信。与私人感谢信相比，官方感谢信更为规整严肃，除了说明事由和表达感谢之外，还赋予了感谢信以宣传动员的功能。例如该文在第三部分表达了战胜灾害的信心和勇气，具有很大的社会感召力。

四、答疑解惑

例文3是一封感谢信，信中有几处不够恰当，请改正。

【例文3】

感 谢 信

3月1日，我在打篮球时，不慎右脚外踝骨骨折。打上石膏后，卧床休息一段时间。后来可以拄拐杖去上学。父母天天用自行车送我，并把我背到教室。班里同学看到这种情形，主动要求承担接送我，让我的父母能够安心去上班。班委会开会商量帮助我的具体事项，做出两项规定：一是由王润生等4名同学每天下午帮我补习前两周落下的功课，二是由同学们分成小组轮流接送我上学。这一个月的时间，同学们每天早晨从家里把我背下

四楼,再用自行车推着,步行 20 多分钟,到学校再把我背到四楼的教室,同学们为我付出了多少辛勤的劳动啊!由于同学们的帮助,受伤期间,我的功课一点也没有延误。

　　祝
进步!

张 进

××××年××月××日

评估反思

感谢信学习评价表

项　目		自　我　评　估	自我反思
认知层面		你掌握了感谢信的一般写法吗	
		能够根据不同的感谢对象进行写作吗	
		在写作的过程能充分表达自己的真情实感吗	
		是否注意详略得当	
理解层面		在学习过程中遇到了哪些问题	
		又有哪些收获	
		能否总结出感谢信写作的经验和教训	
发展层面		你有哪些想要感谢的集体或个人	
		能不能尝试给自己最想感谢的人写一封感谢信	

任务演练

　　在工程学院举办的 2015 年度"春风助学"活动中,土木工程专业的大一新生李明同学收到了来自省建筑公司捐助的 5000 元助学金。为家境贫寒、父母长期卧病的李明同学解了燃眉之急,及时交上了学杂费。请你以李明同学的身份给省建筑公司写一封感谢信,要求如下:

　　(1) 符合感谢信的基本格式和内容要求。

　　(2) 正文不超过 300 字。

　　(3) 语言符合写信人的身份。

拓展阅读

　　感谢信是对某个单位或个人的关怀、支援、帮助表示感谢的书信;而表扬信是对某些单位或个人的高尚风格和模范事迹表示颂扬的书信。虽然二者都包含称颂、感激之词,但写作目的、写作重点均有不同。

　　(1) 表扬信只写给被表扬者的领导、单位,或者报纸、电台等新闻媒介,一般不写给被表扬者个人;而感谢信可以写给被感谢者的领导、单位、报纸、电台等,也可写给被感谢者个人。

（2）正因为收信人的不同，所以感谢信要把重点放在自己遇到了什么困难和得到帮助后所产生的效果上，事情的经过可以略写；而表扬信的收信人，大多是不了解情况的，因此要把事实叙述清楚。

（3）表扬信大都是针对某一具体事件的，内容相对单一；感谢信则既可以针对一件具体的事情，也可以针对一项工作或一个时期的工作，带有一定的综合性。

（4）表扬信重在宣传好人好事，感谢信重在表达感激之情。

对苏×同学拾金不昧精神的表扬信

尊敬的××学校各位领导、老师们：

  20××年××月××日，我在出差时不慎将钱包丢失，钱包内装有2000余元现金，另有银行卡及其他有价票证等物品。发现钱包遗失后，我万分着急，这些东西丢失不仅牵涉到我个人的经济损失，还会给单位带来工作上的麻烦。沿途往返几次寻找钱包无果，绝望之际，我接到了××高职校的电话。原来是贵校苏×同学捡到后直接交给了老师，后在包内找到了我的手机号码联系上了我，从而使我和单位避免了巨大损失。我对苏×同学万分感激，更让我感动的是当我掏出一部分钱来想向他略表谢意时，他婉言谢绝了。

  苏×同学这种拾金不昧的精神体现了我们中华民族的传统美德，他的这种高尚行为值得我们每一个人学习。特写信向贵校建议，请贵校领导把苏×同学的事迹广为宣传，予以表彰。使广大学生以苏×同学为榜样，将雷锋精神发扬光大。

  此致

敬礼！

张××
20××年××月××日

【评析】 这封表扬信写给被表扬者所在学校的领导，详细叙述丢失财物的过程、心情和苏同学拾金不昧的表现，重点在于称颂和表扬，格式规范，情感真挚。

任务八　计　划

计划的结构模板

标题		单位名称＋时限＋计划事由＋文种
正文	开头	写明计划的原因、目标和指导纲领等
	主体	写明计划需要完成的任务、方法和步骤等
	结尾	补充说明注意事项，发出号召
落款		制订计划者的姓名或部门名称 ××××年××月××日

任务描述

计划是单位和个人对未来要完成的某项工作和任务做出提前设计安排的一种事务性文书。通过制订计划，形成目标和行动纲领，能够促进工作有步骤、有组织的完成，及时发现问题解决问题，减少盲目性。学会计划的写作格式，能够独立制订计划，且能小组合作制订计划。

任务布置

请以小组为单位，制订一份调查活动计划，并实施一次课外调查活动。

（1）调查主题：某某学院有哪些需要完善或改进的地方。

（2）小组讨论，确定调查时间、调查对象、调查方法、人员分工等，再整理讨论结果，制订调查计划。

写作提示

一、计划的结构和写法

常见的计划格式有条文式、表格式和综合式。这里介绍条文式计划的写法，一般包括标题、正文和落款三部分。

▶ 1. 标题

标题一般包括单位名称、时限、事由和文种名称等，可根据实际需要有所省略，如"××学校2015年工作计划"、"2015年第一学期学习计划"等。

▶ 2. 正文

正文的前言部分简要交代计划的原因、目标、指导纲领等。

正文的主体部分围绕以上目标制定详细的计划，可以用"5W"来表示：When(什么时候)、Where(什么地方)、Who(需要什么人)、What(做什么)、How(怎么做)。具体而言，要写明该计划要完成哪些任务，需要哪些方法和步骤，包括计划执行的形势分析、利弊分析，计划达成的任务指标，各个任务需要的方法、条件、资源、程序、步骤、完成时间等。

结尾部分补充说明注意事项，发出号召等。

▶ 3. 落款

落款写在正文的右下方，写明制定计划的单位或个人名称，在下面署上日期。

_____学校_____学年度第_____学期教学计划

学科		教材版本	
学期总课时		周课时	

一、教学对象的基本情况

二、教学目的

三、本学期教学重点、难点

四、提高教学质量的方法和措施

五、教学进度表（另附）

教研室（组）意见：

组长签名：
年 月 日

院系意见：

主任签名：
年 月 日

二、计划的写作要求

（1）根据指导思想，深入调查，从实际出发制订计划，所设定的步骤、方法等条目都应具备可行性。

（2）计划的安排要具体、清晰，有可操作性，便于执行。

（3）制订计划时要留有余地，充分考虑不可知因素，以便根据实际情况进行调整。

三、例文评析

▶ 1. 个人工作计划

【例文1】

20××—20××年度上学期班主任工作计划

一、情况分析

本学期担任初一年级×班的班主任工作，根据军训期间及新学期开学一周来了解的情况，做以下分析：本班学生××人，大部分学生的表现还是挺好的，只有个别的男生表现不够自觉。从课堂纪律来看，据本班任课教师的反应还是比较好的，只是课堂的气氛不是很活跃，学生回答问题的积极性不高；从教室和卫生区的打扫情况来看，有较多的同学不爱劳动；从入学成绩来看本班的情况不是很理想，总分上160分的学生数仅有××人，语文、数学上80分的学生也只有××人。而语文数学成绩只有个位数的同学也有好几个。因为是初一新生，故虽在各方面存在着或多或少的问题，也是正常的，我还是很有信心把这个班级带好的，因为一切都是新的，故一切都有希望。

二、指导思想

以课改理念："一切为了学生，为了学生的一切"，"为了一切学生的终身发展"为指导，依据学校工作计划，以江泽民总书记的"三个代表"思想为指引，深入贯彻国家、省、市教育工作会议精神，加强学习，坚持以德育为核心，以教学为中心。坚持以"课内渗透"为主题，"课外延伸"为增长点。以德育人，德智并举，切实帮助学生做到"探究发展，学会生存，学会做人"。加强培养学生树立正确的人生观、世界观、价值观，全面扎实推进素质教育。

三、具体工作内容、措施

1. 培养班主任的得力助手，建立一个团结、有效的班委会。大家都知道一个先进班级的建设仅靠班主任一个人是不可能，这要靠全班同学的努力，特别是有一个团结得力的班委会。作为初一新生的班主任认真培养一个积极干事，肯干事、内部团结的、高效的班干部尤其重要。因为对同学们的情况并不十分熟悉，所以我采取毛遂自荐和本人主观判断的方法来确定，实际操作中确实有一部分同学确实十分想为班级出力。班干部确定后，要给班干部制定集体职责和个人职责(这项工作已完成)，并定期召开班干部会议，总结前阶段的工作，并以肯定，布置下阶段工作，并随时随地指导他们的工作，多给帮助与指导，多给精神上的鼓励。

2. 加强对学生行为规范教育。以帮助学生"学会做人、学会学习"为方向，以培养学生善良、文明、守纪、自律、自主、友爱、理想为目标，以日常行为规范养成为突破口，以校园文化建设为载体。通过"五有五无"、"十六无"、"绿色环保行动"、"中小学生日常行为规范"、"文明礼仪"等系列教育，力求养成良好的行为习惯和学习习惯。

以中小学生日常行为规范要求每位学生，加强道德规范宣传教育，努力做到"爱校守法，明理诚信、友善团结、勤俭自强，敬业奉献"。创设良好班风，树学风、校风。认真学习宣传"五有五无"、"十六无"根据本班特点，有目标、有措施，创设班级自己的特色。从小事做起、从自我教育做起，大家行动，树立良好班风。好人好事坚持天天记。

3. 加强基础道德教育。基础道德教育是教会学生做人的基本准则，是行为规范教育的重要内容。从对自己负责做起，从自我评价做起。坚持以德育人，应用责任感的有关知识，对自己做事的态度、能力、完成情况进行判断。结合教师节、国庆节、老人节等活动，开展爱他人、爱集体、爱学习、爱劳动、爱护公共财物，增强自主与责任，树班民、创学风、有理想、会创新，做一个遵纪守法的好公民。

4. 深入开展爱国主义教育。升旗仪式，发挥学生的自主管理，增强学生的爱国主义责任感，加强歌颂中国共产党领导的教育。开展以"自主与责任"教育，以学生发展为本，培养学生认真负责的态度和情感以及把事情做好的行为和能力，从五个途径(认识自我、对自己负责、对小事负责、自我评价、自我教育)加强教育。结合教师节、国庆节、敬老节，不断开展尊师敬师，爱生重教，尊老爱老，团结友爱的传统教育，并在学生中评选积极分子，宣传先进事迹。

5．做好学生心理健康教育。德育工作的渗透工作，坚持以德育为核心，以教学为中心的工作。及时做好早期预防和行为偏差学生的转化工作，控制"案"发率。认真做好心理健康教育，对行为偏差及个别心理偏差的学主要充分利用心理咨询室，加强咨询、指导、纠正工作。

6．家访工作。加强对学生的家访工作，尽可能多取得家长的支持与理解，共同教育学生。家访事由不仅是坏事，喜事也要让家长与学生一起分享。学生无故缺席，要及时家访或与监护人联系，并作好家访记录。学生入校后不得随意离校，如确要回去，必须经班主任及学校职能部门同意，开离校卡方可离校。

班主任：×××
20××年××月××日

【评析】该文为班主任学期工作计划，特点在于指导思想明确，学情分析具体，能够结合自己的实际工作情况做出切实可行的规划。条理清晰，方法科学有效。

▶ 2．集体活动计划

【例文2】

××学校"师德建设年"活动计划

为了全面落实《××市教育系统"师德建设年"活动实施方案》，提高我校广大教职工的思想政治素质和职业道德水平，努力建设一支师德、作风过硬、令人民满意的教师队伍，我校党支部决定，2010年在全校开展"师德建设年"活动，特制订本计划。

一、指导思想

以邓小平理论和"三个代表"重要思想为指导，以学习贯彻党的十七届四中全会精神为动力，以建立良好的师德师风、树立教育的整体形象为目的，以全面提高教师职业道德素质为核心，以规范学校办学行为和教师从教行为、完善师德建设制度为重点，进一步深化师德建设，提高师德修养，强化管理与监督，切实解决当前师德建设工作中存在的问题，建设一支让学生满意、家长满意、社会认可的教师队伍。

二、工作目标

通过活动，进一步规范我校教师的职业行为，提高职业道德修养，学习先进典型经验，树立师德先进个人，全面提升我校师德建设整体水平，以优良的师风带动教风，促进学风，推动教育事业持续健康发展。

三、活动内容和形式

坚持以学习教育为主，组织开展各种形式的师德活动，使广大教师提高认识，明确职责，切实认识和解决自身存在的问题，自觉加强师德修养，模范遵守教师职业道德行为规范。

活动形式：自我检查、座谈会、民主评议、问卷调查等。

四、活动安排

本次"师德建设年"活动分六个阶段进行：

（一）组织动员（2010年2月25日—3月15日）（略）

（二）集中学习（2010年3月16日—5月16日）（略）

（三）自查剖析（2010年5月17日—6月17日）（略）

（四）民主评议（2010年6月18日—8月31日）（略）

（五）整改提高（2010年9月1日—11月15日）（略）

（六）总结验收（2010年11月16日—12月31日）（略）

五、工作要求

1. 加强领导。成立以校长为组长，副书记为副组长的领导小组。

2. 精心组织。

总之，我校将深入贯彻实施"师德建设年"活动方案，正确处理学校正常教育教学工作与师德建设的关系，真正把"师德建设年"活动抓好抓实。

××学校党支部
2010年1月5日

【评析】这是一篇定位明确，切实可行的活动计划。计划分为指导思想、工作目标、活动内容和形式、活动安排、工作要求五个部分，步骤清晰可行，内容具体切实，结构规范。

▶ 3. 政府工作计划

【例文3】

全省旅游产业发展2014年行动计划

为推动福建旅游产业转型升级，打响"清新福建"品牌，特制定《全省旅游产业发展2014年行动计划》（以下简称《行动计划》）。

一、总体要求

围绕建设我国重要的自然与文化旅游中心和国际知名旅游目的地的总目标，进一步发挥旅游产业在加快生态文明先行示范区建设和对台交流合作中的作用，努力打造旅游精品，完善旅游公共服务，加强旅游形象宣传，构建"大旅游、大产业、大发展"新格局，推动全省旅游业科学发展跨越发展，促进"百姓富"、"生态美"的有机统一。

二、发展目标

旅游产业结构不断优化，旅游公共服务大幅改善，游客满意度进一步提高，"清新福建"品牌影响力显著提升，全力打造福建旅游产业升级版，提升旅游经济指标，力争全年接待旅游总人数增长15%，其中入境游客增长8%，旅游总收入增长16%；游客人均逗留天数和人均消费水平明显提高，国内过夜游客人数增长14%以上，人均旅游消费达到1150元，消费水平居全国前列。

三、重点任务

（一）推动旅游产品转型升级

1. 打造三大旅游产业龙头。推进福州、厦门、武夷山三个旅游中心城市建设，形成闽东北、闽西南、闽西北地区旅游集散枢纽和旅游产业发展龙头，打造特色鲜明的国际性旅游综合服务中心和集散枢纽。福州着力打造城市休闲与文化体验结合的闽都文化城，重点在温泉养生、商贸会展、滨海度假、文化体验方面推出一批旅游精品，发展对台旅游，增进区域合作，带动闽东北片区发展。厦门以建设全域5A旅游城市为目标，实施大海湾、大山海、大花园战略推进旅游发展，着力推进厦漳泉同城建设，着重抓好城市旅游公共服务设施建设和休闲娱乐产品开发，建成全景化的休闲名城；密切与金门、澎湖协作，加快建设邮轮母港，打造海峡两岸旅游交流平台。武夷山以武夷新区建设为契机，发展"双世遗"观光、养生度假、会议会展、乡村旅游、文化体验五大特色产品，构建区域慢游体系和对外交通接驳系统,完善旅游配套设施,加快建设世界级旅游目的地城市。(责任单位:福州、厦门、南平市政府,省旅游局、住建厅、台办)

2. 整合提升一批旅游精品。提升福建土楼、莆田湄洲妈祖、三明泰宁等旅游景区建设水平,启动漳州东方花都和大乌山生态休闲旅游区、泉州东亚文化之都、宁德(霞浦)国际滩涂摄影基地、平潭国际旅游岛等项目建设,形成精品项目支撑体系。各设区市以龙头项目为引领,以精品项目为支撑,整合优美的生态资源和丰富的文化形态,打造沿高速铁路线、高速公路线、海岸线三大系列旅游精品线路,推动旅游产品点、线、面集聚,初步形成一批主题突出、特色鲜明的旅游产业集群,带动闽东北、闽西南和闽西北三大旅游板块发展。(责任单位:各设区市政府、平潭综合实验区管委会,省旅游局)

3. 创新培育一批新业态项目。重点引进海上休闲旅游、康体养生旅游、运动休闲旅游、邮轮游艇旅游、自驾车旅游等新业态旅游产品,发展野外拓展、户外露营、山地运动等健身产品,建设一批运动休闲旅游示范基地、中药养生旅游示范基地、游艇码头(俱乐部)和无居民海岛旅游开发,推动旅游产品从观光型向休闲度假型转型。各设区市年内启动建设3个以上具有本地特色的旅游新业态重点项目,延伸旅游产业链条,提升旅游经济效益。(责任单位:各设区市政府、平潭综合实验区管委会,省旅游局、海洋渔业厅、交通运输厅、体育局)

(二)打响"清新福建"旅游品牌

1. 推动"清新福建"品牌体系建设。以"清新福建"品牌为统领,各设区市和重点旅游县(市、区)确立旅游形象品牌,全省形成以"清新福建"为龙头、以区域旅游形象品牌为支撑旅游品牌体系。加大在央视一套投放"清新福建"宣传片力度,对各设区市在央视开展"清新福建"品牌营销实行补助。开展生态景区空气清新指数(PM2.5和负氧离子指数)的监测发布,探索建立生态旅游标准体系。(责任单位:省旅游局,各设区市政府、平潭综合实验区管委会)

2. 推进"清新福建"品牌营销工作。重点凸显土楼、茶等福建特色文化元素,通过整合营销资源、培育全球委托代理商等方式,加强"清新福建"旅游品牌国际化营销。建立厦门、福建土楼、武夷山等重点旅游目的地参与的海外联合营销机制。强化与著名搜索引擎合作,开发福建旅游网络客户服务端。建立旅游产品特色认证和数字营销体系,引导各市、县特色旅游产品纳入省旅游局"清新福建"旅游旗舰店(馆)在线销售。创新事件和活动营销,强化市场运作,形成"月月有活动,季季有高潮"的营销格局。(责任单位:省旅游局、外宣办、外办、商务厅,各设区市政府、平潭综合实验区管委会)

3. 创新"清新福建"品牌推广机制。完善"联合推介、捆绑营销"机制,制定相应的管理办法和实施规范。建立省市旅游行政管理部门和专业创意团队共同参与的旅游创意营销中心,培育以旅游企业为主体,旅游专家、政府部门参与指导的产品研发团队。(责任单位:省旅游局、文化厅,各设区市政府、平潭综合实验区管委会)

(三)加快完善旅游公共服务体系

1. 实施旅游集散中心工程。重点在向莆、厦深、合福高铁沿线的市、县建设一批旅游集散中心,确保纳入《2014年省委、省政府为民办实事工作计划》的14个旅游集散中心年内验收使用。(责任单位:各设区市政府,省旅游局、省交通运输厅、住建厅)

2. 实施旅游景区通达工程。完成全省高铁车站、高速公路、国道通往122个重点景区路段的旅游交通引导标识标牌和导览图的设置工作。加快推进全省44条通往旅游景区的道路建设。(责任单位:省旅游局、交通运输厅、住建厅,各设区市政府、平潭综合实验区管委会)

3. 实施露营地建设工程。制定露营地星级划分和标准配置规范。各设区市依托高等级景区或交通节点,启动建设1个以上综合配套服务设施健全的露营地。(责任单位:省旅游局,各设区市政府)

4. 实施旅游休闲街区工程。各设区市和旅游全域化试点市(县)、重点旅游县启动建设1个以上集休闲、娱乐、购物、饮食于一体的特色旅游休闲街区。在高速公路服务区试点打造3~5个"旅游休闲驿站"。(责任单位:各设区市政府,省旅游局、住建厅、交通运输厅)

(四)深化闽台旅游交流合作

1. 争取先行先试政策。争取国家在对台旅游手续简化、便捷通关和产业、人才合作等方面赋予福建先行先试政策,重点推动漳州、莆田、龙岩等市列入赴台"个人游"试点城市。强化第十届旅博会政策发布功能,打造常态化的地方性两岸旅游政策发布平台。(责任单位:省旅游局、台办,各设区市政府、平潭综合实验区管委会)

2. 打造两岸旅游水上"黄金通道"。大力培育"海峡号"、"中远之星"航线,开辟连江至马祖等对台水上航线,提升"小三通"交通服务设施,发展环海峡邮轮旅游。(责任单位:福州、厦门、泉州市政府,平潭综合实验区管委会,省旅游局、交通运输厅、台办)

3. 推动闽台旅游产业深度合作。推进"闽台乡村旅游试验基地"建设。注重当地温泉资源与自然特色、民俗文化相结合,提升福建特色温泉旅游品牌影响力。推动闽台邮轮旅游等产业合作。(责任单位:省旅游局、文化厅、台办,各设区市政府、平潭综合实验区管委会)

(五)推进智慧旅游建设

1. 编制智慧旅游规划。编制完成《福建"智慧旅游"总体规划》和《智慧旅游试点市(县)建设指引》,制定实施智慧旅游景区、智慧旅游酒店、智慧旅游集散中心建设标准。各设区市、平潭综合实验区抓紧研究制定当地智慧旅游规划,并与《福建"智慧旅游"总体规划》衔接。(责任单位:省旅游局、经信委,各设区市政府、平潭综合实验区管委会)

2. 开展智慧旅游试点。福州、厦门、龙岩市和武夷山市加快建设国家智慧旅游试点城市,其他设区市和平潭综合实验区各建设一个以上智慧旅游试点县(市)和智慧旅游试点景区,实现智慧导览、自助咨询、便捷预订、在线支付等服务。开展旅游集散地免费无线宽带全覆盖试点。(责任单位:各设区市政府、平潭综合实验区管委会,省旅游局、经信委)

3. 搭建智慧旅游平台。建立完善全省智慧旅游公共服务体系、行业监管体系、旅游营销体系。启动全省旅游云服务数据中心和旅游公共信息数据库建设,建成景区游客流量监测系统、清新指数监测系统和旅游行业电子认证系统等基础数据平台,建设智能手机移动终端、网站、触摸屏一体化公共服务平台。吸引社会资源参与智慧旅游创新开发,指导旅游景区、旅行社、酒店等企业实施智慧旅游项目。(责任单位:省旅游局、经信委,各设区市政府、平潭综合实验区管委会)

(六)推动旅游产业融合发展

1. 开展"全域旅游"试点。建设"全域旅游"城市、城市旅游片区和旅游综合体,丰富旅游要素,完善旅游功能,打造城市旅游消费集聚区。选择3~5个市、县开展全域化旅游试点，逐步实现"县域景区化、镇村景点化、农户景观化"。（责任单位：各设区市政府、平潭综合实验区管委会，省旅游局、省住建厅）

2. 实施"百镇千村"行动计划。各设区市启动建设3个以上乡村旅游特色集镇。厦门、莆田市和平潭综合实验区建成10个以上乡村旅游特色村，其他设区市各建成15个以上乡村旅游特色村。（责任单位：各设区市政府、平潭综合实验区管委会，省旅游局、农业厅、住建厅）

3. 推动文化与旅游融合。推动实施文化旅游融合八大示范工程。促进福州、漳州、泉州市联合打造"海上丝绸之路"起始点旅游品牌。（责任单位：省旅游局、省文化厅，各设区市政府、平潭综合实验区管委会）

4. 推动工业与旅游融合。加强工业旅游创意设计和时尚品牌塑造，形成一批创新型工业旅游示范区。推动研发富有地方特色的旅游商品，举办全省性旅游商品大奖赛，推出福建旅游系列商品。（责任单位：省旅游局、经信委，各设区市政府、平潭综合实验区管委会）

5. 创建A级旅游景区。开发提升风景名胜区、森林公园、生态农（茶）场、水利风景区、水乡渔村、历史文化名镇名村的旅游水平，创建更多的A级景区，力争全年新增50个A级景区。（责任单位：省旅游局、住建厅、农业厅、林业厅、水利厅、海洋渔业厅、文化厅，各设区市政府、平潭综合实验区管委会）

（七）开展旅游综合改革

1. 改革旅游行政管理。修订《福建省旅游条例》。加快推进旅游协会改革，形成政会分开、机构健全、职能完善的协会运作体系，年内完成各级旅游协会换届。探索旅游行政管理部门向协会购买服务试点，逐步将景区、星级饭店、旅行社、乡村旅游的等级评定移交旅游协会。厦门等有条件的市、县试点组建具有综合协调职能的实体性旅游委员会。各设区市、平潭综合实验区加快推动国有旅游景区股权多元化改革试点。（责任单位：省旅游局，各设区市政府、平潭综合实验区管委会）

2. 拓宽旅游融资渠道。鼓励金融机构创新贷款质押模式和特色金融服务，支持市场前景好、具有稳定现金流的旅游企业扩大项目特许权、运营权、景区门票收入质押担保等融资规模，拓宽多元化融资渠道。探索建立省、市级旅游项目投资咨询平台。各设区市、平潭综合实验区探索成立旅游小额贷款公司、担保公司、担保基金。厦门市探索成立旅游产权交易中心。泰宁县创建省级旅游金融试点改革实验区。（责任单位：省旅游局，人行福州中心支行、福建银监局、福建证监局、福建保监局，人行厦门中心支行、厦门银监局、厦门证监局、厦门保监局，各设区市政府、平潭综合实验区管委会）

3. 培育旅游市场主体。全省重点扶持2~3个企业开展旅游全要素、全产业链综合开发。（责任单位：省国资委、旅游局）

（八）强化旅游服务与监管

1. 完善旅游行业监管体系。健全旅游综合协调机制、旅游投诉机制和旅游市场监管机制。加强旅游安全管理，健全旅游安全风险应急预案，提升风险防范和应急处置能力。加强旅游诚信体系建设，完善旅游企业和从业人员诚信记录，引导旅游企业诚信经营。建立健全旅游市场联合执法检查工作机制，开展旅游市场联合执法。（责任单位：省旅游局、安监局、质监局、工商局，各设区市政府、平潭综合实验区管委会）

2. 推进旅游标准化建设。出台《全面推动旅游标准化建设三年行动计划（2014—

2016)》。制定旅游新业态、旅游公共服务和生态旅游等标准规范，引导旅游企业规范化、标准化建设。开展武夷山、龙岩梅花山等21个景区生态旅游标准化试点。（责任单位：省旅游局、质监局，各设区市政府、平潭综合实验区管委会）

四、保障措施

（一）强化组织实施。省旅游局负责牵头推动落实《行动计划》各项工作，做好专业指导和制度建设工作。省直相关部门要发挥各自职能，加强协作配合。各设区市政府、平潭综合实验区管委会要制定具体实施方案，确保落实工作责任。

（二）严格督促落实。由省旅游局牵头定期对《行动计划》实施情况进行督查，并及时将各项任务的落实进展情况汇总报告省政府。

  附件：1. 打造三大旅游产业龙头支撑项目表（略）
     2. 整合提升一批旅游精品项目表（略）
     3. 创新培育一批新业态项目表（略）

【评析】与一般组织或集体的工作计划不同，政府部门的工作计划更加具有战略性和全局性。因此不需要非常具体的实施环节和步骤安排，重点在于目标纲领的明确、责任单位的分工明确和监督保障措施的到位。

四、答疑解惑

例文4是一篇草拟的学习计划，请指出不足，并进行完善。

【例文4】

英语学习计划

1. 参加英语培训班。
2. 收看、收听英语节目。
3. 阅读英文读物。

李明
2015年××月××日

计划学习评价表

项　　目	自　我　评　估	自我反思
认知层面	你掌握了计划的一般写法吗	
	能够写作不同类型的计划吗	
	你知道计划有哪些要素吗	
理解层面	请与同学分享你写作的学习计划、工作计划或活动计划	
	改进自己的计划，并根据计划实施	
发展层面	你能够为你参加的社团拟写活动计划吗	
	请为自己的专业学习拟定计划	
	提前为自己筹备求职计划	

任务演练

为本校的绿叶文学社制订2015学年第一学期的活动计划，要求如下：

（1）符合条文式计划的写作格式。

（2）社团主要活动内容有举办作品欣赏会、创作指导讲座、办好社刊《绿叶》、组织游园活动、参加文学大赛、与兄弟学校的文学社加强联系、争取学校团委和学生会的支持，以及发展新社员。

（3）适度拓展以上内容，补充计划的一般要素。

拓展阅读

一、计划的不同名称

计划是一个统称，在实际生活中，由于内容、时间等方面的不同，计划有许多名称，如规划、纲要、设想、安排、打算、方案、要点等。

计划的不同名称

名称	时限	基本内容	举例
规划	长时间，跨度大	一个地区或一项工作全局性的部署，内容概括，是远景目标	福州市2015—2020年经济发展规划
纲要	较长时间	展示工作方向和目标，更原则。有法定性和政策性的特点	中国教育改革和发展纲要
设想	长远	对工作任务作粗线条的非正式计划（草案），可变性大	闽侯县发展多种经营的设想
安排	短期内	任务明确，措施具体	某学院2017年暑期安排
打算	短期内	预计近期做的事及指标要点，比较粗略	某学院关于开展"五四"纪念活动的打算
方案	近期或短期	某项具体工作的实施，从目的、要求、方式等作全面安排，操作性强	某学校校务公开实施方案
要点	一定时期	向所属单位下达提纲式计划，起布置任务、交代工作、提原则要求作用	福建省教育厅2017年工作要点

二、现当代知名学者的个人计划

1934年1月，《东方杂志》发表成立三十周年纪念专刊，以"个人之来年计划为题"，征集72位各界人士切实的私人计划，以矫正国人如醉如梦的积习。现选三篇，例文如下。

个 人 计 划

马寅初

民国二十二年十二月，为东方杂志社成立三十周年纪念，以"个人之来年计划"为题，拟出专刊，征文于余，爰拟数端，分述之如次：

(一)中国经济学社方面。

中国经济学社成立迄今,已十有一载,凤为社会人士推重;而学术方面所负之使命亦綦重,现有社员约六百余人,内普通社员四百人,永久社员二百人。兹拟于明年一年内,扩充永久社员为三百人,以经济学者为中心,竭力充实本社季刊内容,以副读者之雅望。至本社基金方面,总社已筹有相当数目,勉堪敷用。来年拟专为杭州分社筹募基金二万元,为现已落成之社所建造花园,添植林木,并设置自来水等,以壮观瞻。此外如添购图书,设立杭州分社阅览室,以供众人阅览等事项,均已先行分别着手进行矣。

(二)研究方面。

在学术方面,以余之个人研究工作言,其预定于来年完成者,为《中国经济改造》一书,约有四十余万字,学理事实,两相兼顾,交由商务印书馆出版,同时并拟举行演讲,及专著论文。

(三)立法方面。

在立法方面,可为诸君言者,约有三端:(1)起草《储蓄银行法》;(2)起草《商业登记法》;(3)修正《保险法》。均当潜心修订,俾致实行。一面仍当追随院中诸同志,襄赞一切。

(四)体育方面。

锻炼身体,强健筋骨,莫如国术。余于太极拳、太极剑等,习练已有年许,仍拟继续习练。盖国术不仅含有体育之意义,且兼有德育之价值。拟于来年率子女辈一同习练,并拟增加跑山高度至七千尺。本年秋,余曾由西天目山之麓,一气跑至山顶,高度约有六千余尺,并当日步行回家,体力日有进益,颇堪自慰。

【注】马寅初(1882—1982年),字元善,中国当代经济学家、教育学家、人口学家。曾担任南京政府立法委员,新中国建立后曾历任中央财经委员会副主任、华东军政委员会副主任、重庆大学商学院院长兼教授、南京大学教授、北京大学校长、浙江大学校长等职。

个人计划
老 舍

没有职业的时候,当然谈不到什么计划——找到事再说。找到了事作,生活比较的稳定了,野心与奢望又自减缩——混着吧,走到哪儿是哪儿;于是又忘了计划。过去的几年总是这样,自己也闹不清是怎么过来的。至于写小说,那更提不到计划。有朋友来信"作",我就作;信来得太多了呢,便把后到的辞退,说上几声"请原谅"。有时候自己想写一篇,可是一搁便许搁到永远。一边做事,一边写作,简直不是回事儿!

一九三四年了,恐怕又是马虎的过去。不过,我有个心愿:希望能在暑后不再教书,而专心写文章,这个不是容易实现的。自己的负担太重,而写文章的收入又太薄;我是不能不管老母的,虽然知道创作的要紧。假如能实现,我愿意暑后到南方住些日子;杭州就不错,那里也有朋友。

不论怎么吧,这是后半年的话。前半年呢,大概还是一边教书,一边写东西。现在已经欠下了好几个刊物的债,都该在新年后还上,每月至少须写一短篇。至于长篇,那要看暑假后还教书与否;如能辞退教职,自然可以从容的乱写了。不能呢,长篇即没希望。我从前写的那几本小说都成于暑假与年假中,因除此再找不出较长的时间来。这么一来,可就终年苦干,一天不歇。明年暑假决不再这干,我的身体实在不能说是很强壮。春假想去跑泰山，暑假要到非避暑的地方去避暑——真正避暑的地方不是为我预备的。我只求有个地点休息一下，暑一点也没关系，能一个月不拿笔，就是死上一回也甘心！

提到身体，我在四月里忽患背痛，痛得翻不了身，许多日子也不能"鲤鱼打挺"。缺乏运动啊。篮球足球，我干不了，除非有意结束这一辈子。于是想起了练拳。原先我就会刀枪剑戟——自然只是摆样子，并不能去厮杀一阵。从五月十四开始又练拳，虽不免近似义和团，可是真能运动运动。因为打拳，所以起得很早；起得早，就是要睡得早；这半年来，精神确是不坏，现在已能一气练下四五趟拳来。这个，我要继续下去，一定！

自从练习拳术，舍猫小球也胖了许多，因我一跳，她就扑我的腿，以为我是和她玩耍呢。她已一岁多了，尚未生小猫。扑我的腿，和有时候高声咪喵，或系性欲的压迫，我在来年必须为她订婚，这也在计划之中。

至于钱财，我向无计划。钱到手不知怎么就全别找了去处。来年呢，打算要小心一些。书，当然是要买的。饭也不能不吃。要是俭省，得由零花钱上设法。袋中至多只带一块钱是个好办法；不然，手一痒则钞票全飞。就这样吧，袋中只带一元，想进铺子而不敢，则得之矣。

这像个计划与否，我自己不知道。不过，无论怎样，我是有志向善，想把生活"计划"了。"计划化"惯了，生命能变成个计划。将来不幸一命身亡，会有人给立一小块石碑，题曰："舒计划葬身于此"。新年不宜说丧气话，那么，取消这条。

【注】 老舍（1899—1966 年），原名舒庆春，字舍予。中国现代小说家、著名作家，杰出的语言大师、人民艺术家，新中国第一位获得"人民艺术家"称号的作家。代表作有《骆驼祥子》、《四世同堂》、剧本《茶馆》等。

个 人 计 划

孙本文

我人之前途，常由社会势力与个人意志，双方作用，以决定其趋向。个人计划，有时固可以指导我人行事；但有时社会势力，胜于个人意志，则计划无从实施。盖个人计划，仅能指示未来之方针；而实际事境，则有不能尽如人意者。故所谓来年计划，亦只能视为来年之行事方针；至来年之能否完全实现，须视其环境状况而定。但即使不能完全实现，终究必有多少事业，因计划而成就。故有计划，毕竟胜于无计划。著者系书生，书生事业之太半，在读书研究。兹谨就来年读书研究之计划，略陈如下。

（一）彻底研究社会理论并搜集足为印证之实例

在过去 15 年中，始终以阐明社会理论为职志。自惭多年研究，所得有限；应继续努力，以期有成。个人造诣，以往得力于美儒孙末楠，汤麦史，乌格朋，派克诸家为多。近年颇受俄儒沙罗坚，德儒冯维史，英儒麦其维诸氏思想之影响。今后应采孙末楠，汤麦史二氏之方法，乌格朋之观点，冯维史之系统，麦其维之深思，沙罗坚之广博，而加以卫史德麦克之切实。明年拟就诸家著作，重加温籀。希望对于人类社会，能有彻底之了解；而对于中国社会，尤能有切实之印证。故拟从中国文献中，尽量搜罗足为印证之本国材料，以充实个人思想。

（二）搜集并分析关于中国文化起源之材料

三年前曾发愿欲研究中国文化之起源及发展。第一步，拟先研究中国古代发明史。两三年来，注意搜集关于此类文献，仅得高承《事物纪原》、陈元龙《格致镜原》、汪汲《事物原会》、张华《博物志》、李石《续博物志》、董斯张《广博物志》、徐寿基《续广博物志》、王嘉《拾遗记》、任昉《述异记》等书，以及《二十四史》、《九通》、《绎史通鉴外纪》诸书中有关文化起源之材料。去年在大学讲授社会进化史时，略加分析，尚不及原计划千百之一。明年拟继续搜集此类文献，并依原定计划，加以分析，至少须有十分之一，整理就绪。

(三)从事中国民族文化之研贯

国人习听民族文化之倡导矣，为问我民族文化之内容究竟如何，无有能对答允当者。盖学者对此问题，向乏具体切实之研究。一年来视此问题，为注意之焦点。拟自明年始，从中国文献中，钩稽关于民族特性之材料，以作我国民族文化初步之研究。

(四)注意中国农村社会之探讨

年来注意之第二问题，为中国农村社会之特性。农村复兴之呼声，甚嚣尘上；但欲复兴，须先了解。明年颇想鸠集同志，提倡农村调查工作，以为彻底了解中国农村之准备。其工作或由私人发起，或经公家主持。发源或异，效果实同。此事之成就，固非一人之所能为力，但研究倡导，责无旁贷。明年计划，仅止于此。

(五)完成修订中之著述

最近八年中，在大学中讲授社会学原理，已前后反复八次。所编讲稿，约30余万言，今正从事第七次之修订。无论如何，拟于来年暑假前，完成修订工作，以便就正于道。

(六)准备计划中之著述

来年应从事编述之书籍有二种：其一为《社会学辞典》，其编辑主旨，在供大学师生参考之用。全书约60万字，拟请国内社会学者十余人协助其事，预计初稿约于明年年底完成。其二为《文化社会学》，拟就文化与社会之关系，根据人类学家与社会学家所得之材料，作详细之探讨。全书约30万字，预计三年中完稿，明年计划第一步，为规定大纲，并搜集关于文化与社会之各种参考材料。

(七)研习修养身心之书籍

年来颇注意研习修养身心之书籍。明年除选读社会科学家传记外，并拟读毕《历代名臣言行录》，及范仲淹、司马光、朱熹、王阳明、曾国藩、顾亭林诸家之诗文集。取古人之言行，作立身之圭臬。举世滔滔，我讵陷溺。已立立人，已达达人；唯兹诸子，我所心折，服膺环诵，讵限时日。

【注】孙本文(1892—1979年)，字时哲，江苏吴江人，著名社会学家、社会心理学家。1918年毕业于北京大学哲学系。1921—1926年留学美国，1922年获美国伊利诺大学硕士学位，1925年获纽约大学社会学博士学位。回国后，曾任复旦公学教授，中央大学教授、系主任、教务长、师范学院院长，国民政府教育部高等教育司司长。中华人民共和国建立后，任南京大学教授，毕生从事社会学教学与研究。

项目三 Chapter 3 召开专题会议

任务一 会议方案

会议方案的结构模板

标题	召开单位(可省略)＋会议名称＋文种
前言	说明会议的缘由、目的、依据以及会议名称
正文	会议主要内容、宗旨、指导思想、目的、任务
	会议规模及与会人员(包括出席人员、列席人员、特邀人员)
	会议时间及地点
	会议议程和日程
	会议的准备工作
	会议筹备机构的组建
	会议经费预算
	突发情况应急预案
落款	拟定单位：×××××× ××××年××月××日

任务描述

　　会议方案是为了使会议顺利进行、取得完满结果，在会议召开前，对会议预期效果、整个日程做出的安排，是一种专门为大型或者重要会议所做的预设方案。会议方案需对会议各环节进行统筹策划安排，所以会议方案也叫会议筹备方案或会议计划。

　　会议方案有较强的可操作性和具体性，主要是对会议预期效果、整个日程等做出安排。会议方案有时还需送交上级机关请示核准，因此带有某种请示或请示附件的性质。

　　完成本任务的学习后，能根据不同会议的实际情况制定不同的会议方案。

任务布置

为了总结2010年党建工作,××县党委定于2010年11月10日至11日举行党建工作现场会。县委组织部部长、副部长及农村科、县直科全体人员;各乡镇、社区党(工)委副书记;县直七大系统党工委党务副书记、联络员;县直工委书记、副书记参加会议。会议主要内容有参观各乡镇党员活动场所,检查会议活动记录,观看党建工作成果展,听取各乡镇2010年党建工作汇报,表彰农村远程教育先进单位及先进个人。党委组织部经过研究讨论,确定了会议组织筹备方案。任务要求如下:

(1) 模拟以上任务情景中的会议组织者,要求对任务情景认真讨论,对会议详细策划,任何细节都不容忽视。

(2) 根据讨论结果,制定完善周密的会议方案,对会议具体事务进行充分安排,方案内容要包括时间、参会人员、会议内容及日程安排、组织筹备工作及要求四个方面。

写作提示

一、会议方案的基本结构和写法

会议方案通常由标题、正文和落款三部分组成。

▶ 1. 标题

标题分为公文式标题和简要式标题。

(1) 公文式标题。公文式标题由召开单位、会议名称和文种名称("方案"或"筹备方案")三个要素组成,如"××市关于召开首届青年人才论坛总结表彰大会的方案"。

(2) 简要式标题。简要式标题由会议名称、文种名称("方案"或"筹备方案")组成,如"××市第十五届人民代表大会第四次会议筹备工作方案"。

▶ 2. 正文

正文包括前言、主体和结语。

(1) 前言。前言说明召开会议的缘由、目的、依据以及会议名称,然后用"特制订会议方案如下"作为承启语,引出下文。

(2) 主体。正文主体主要包括以下几个方面:

① 会议主要内容、宗旨、指导思想、目的、任务等。

② 会议规模及与会人员(包括出席人员、列席人员、特邀人员)。

③ 会议时间及地点。

④ 会议议程和日程。

⑤ 会议的准备工作。包括会议文件资料的准备,会场的选择与布置,会议设备和用品的准备,会议后勤、宣传、服务、接待、食宿、医疗、交通、保卫、文娱等工作的安排。

⑥ 会议筹备机构的组建。会议筹备机构适用于大型会议,一般包括会务组、秘书组、接待组、宣传组、财务组、保卫组等。

⑦ 会议经费预算。

⑧ 突发情况应急预案。

（3）结语。需要请示上级批准的方案，要用"以上方案妥否，请批示"或"以上方案，如有不妥，请指示"等习惯用语来作为结语。如不需要请示可以省略结语。

▶ 3. 落款

落款通常包括会议方案拟定单位和拟定时间，发文机关在标题中已有的不另外落款。

二、例文评析

【例文1】

×县商务工作会议筹备方案

一、会议时间

拟定于4月上旬，会期半天。

二、会议地点

××县招待所二楼会议室。

三、参会人员(217人)

县领导：×××、×××、×××、×××、×××、×××、×××(7人)

各办事处主任、乡镇长、县直单位主要负责人、各办事处分管领导(160人)

县外来投资骨干、企业负责人(30人)

县骨干流通企业负责人(20人)

四、会议议程

主持人：县委常委、常务副县长×××

1. ×××副县长作全县商务工作报告

2. 县委常委、副县长×××宣读表彰决定

3. 颁奖

(1) 表彰××××年度招商引资工作先进单位(20个)

(2) 表彰××××年度招商引资工作先进个人(33名)

(3) 兑现××××年度新办招商引资企业税收奖

(4) 兑现××××年度招商引资中介人奖

(5) 表彰××××年度优秀商贸流通企业(10个)

(6) 表彰××××年维护和整顿市场秩序先进单位(14个)

(7) 表彰××××年维护和整顿市场秩序先进个人(23名)

4. 县长讲话

五、工作分工

下设五个工作组：

1. 协调组

组长：××

负责整个会议的组织协调。

2. 秘书组

组长：×××，组员：××、×××

负责梁县长、×副县长的讲话材料及×副县长主持词的起草。

3. 会务组

组长：×××，副组长：××，成员：×××、×××、×××

负责从材料的打印、收集、装袋、分发,会议报到、签到,会场布置,电视报道等工作。

4. 奖品组

组长:×××,成员:×××、×××

负责表彰文件的起草及荣誉证书的制作和奖品资金的落实。

5. 后勤保卫组

组长:×××,成员:×××、×××

负责经费、食宿安排,会议人员患病就医及会议保卫工作等。

××县商务局
××××年××月××日

【评析】这是一个县商务局拟定的全县商务工作会议筹备方案,考虑得相当周全、细致,尤其是对会议筹备及召开的具体会务工作分工明确,责任落实到组和个人,有利于抓落实,看成效。

三、答疑解惑

例文2是一份表彰会议方案,请指出存在的问题,并予以修改。

【例文2】

全院2008年度总结表彰大会筹备方案

一、会议主要任务

以党的十七大和十七届三中全会精神为指导,以科学发展观为统领,进一步传达贯彻三级检察长会议和××会议内容,动员广大干警,团结奋进,开拓创新,再接再厉,为推动全院各项工作再上新台阶而努力奋斗。

二、会议时间、地点

拟定××月××日(星期五)上午8:30在院六楼会议室召开。

三、会议主持

建议会议由××主持。

四、会务分工

1. 材料组:负责起草会议材料、报送有关领导审阅。
2. 后勤组:负责会场筹备。
3. 组织组:负责会议组织安排。

会议方案学习评价表

项目	自我评估	自我反思
认知层面	你会制定会议方案各项内容吗	
	能否做到合理完善的会议安排	
	你熟悉各种会议方案的写作模式吗	
理解层面	学习会议方案,你最大的收获有哪些	
	有没有写得最好的会议方案种类?又有哪些困惑	
发展层面	今后在工作中遇到相似的会议可以完成方案吗?需要什么帮助	

任务演练

天河公司准备在 2011 年 8 月 2 日召开全省 2011 年度上半年销售工作总结会议，地点在华天大酒店，公司总经理、副总经理、各分公司销售部经理，以及其他各部负责人参加。请以小组为单位，模拟讨论筹备过程，并拟定会议筹备方案。

拓展阅读

【例文 3】

××机械厂关于召开职工教育工作会议的方案

××市机械局：

为了贯彻落实中共中央、国务院《关于加强职工教育的决定》，我厂定于××月××日至××日，在厂招待所召开职工教育工作会议，特制定会议方案如下：

一、会议目的。认真学习中共中央、国务院《关于加强职工教育工作的决定》，传达省市教育工作会议精神，结合我厂实际情况，制订加强职工教育的规划，研究落实中青年职工的"双补"教育工作。

二、会议规模。主管教育工作的厂党委书记、厂长；厂部有关科室负责人、工作人员；各分厂主管教育工作的负责人；各车间主管教育工作的主任；工会、共青团各级主管教育工作的负责人，共 58 人。

三、会议日程。5 月 10 日，传达省市教育工作会议精神，学习中共中央、国务院《关于加强职工教育的决定》。大会传达后，分组讨论，吃透上级精神，提高认识，端正态度。5 月 11 日至 15 日，结合我厂实际情况制订加强职工教育规划，研究落实"双补"教育任务，解决"双补"教育中的各种实际问题。

四、会议采取大小会相结合的方法进行。×日上午举行开幕式，大会传达上级会议精神及中央文件，由党委书记×××作动员报告。×日下午举行闭幕式，宣读我厂加强职工教育规划，部署开展"双补"教育任务和措施。

五、会议准备工作。厂里准备抽调十名熟悉教育工作的同志，用半个月时间通过调查研究，上下结合，写出一份加强我厂职工教育工作特别是开展"双补"教育工作的实施方案，并制订出加强职工教育工作五年规划（草案），拿到会议上讨论修改。

六、会议经费。为了集中精力开好会，所有参加会议人员一律在招待所住宿。其各项开支见附表。

七、请局领导参加我们的会议，并请分管教育工作的×××局长在开幕式上讲话。关于讲话稿的撰写，将派专人面谈。

以上方案，当否，请批示。

××机械厂（公章）
××××年××月××日

任务二　请柬、邀请函

请柬的结构模板

标题	××请柬（请帖）
称谓	被邀请单位全称或个人尊称
正文	写明活动的基本情况，包括邀请事由、活动内容、时间、地点、注意事项等
结尾	敬语，如"敬请光临指导"
落款	邀请单位或个人：××× ××××年××月××日

邀请函的结构模板

标题	邀　请　函	
称谓	被邀请单位全称或个人尊称	
正文	介绍活动和表达邀请之意	
	分条列出本次活动的相关事项	
落款	邀请单位或个人：××× ××××年××月××日	

任务描述

请柬又叫请帖，是邀请客人时发出的专用信件。它被广泛用于庆典、宴会、展览会、纪念会、婚宴、诞辰或重要会议及其他活动，并且单位、团体、个人都可以使用。请柬其实就是简便的邀请函。它具有礼节性、文字性、告知性、广泛性、时效性。

邀请函实际上就是一种比较复杂的请柬，它是党、政、军及各种学术团体在召开重大会议时常用的一种应用文体。邀请书除了起到请柬的作用外，更多地向被邀请者交代相关事项。邀请书一般多用于集体，很少用于个人，个人通常都使用请柬。

认识二者异同之处，学习正确合理使用请柬和邀请函，能根据不同情况撰写请柬和邀请函。

任务布置

××公司成立十周年了，按照中国的"五年一小庆，十年一大庆"的传统，××公司决定举办十周年庆典大会。为了体现这次庆典的隆重和喜庆，同时利用大会期间与各界朋友联络感情，加深友谊，公司决定广邀宾客，具体的嘉宾名单和邀请工作由总经理办公室的秘书小田负责。任务要求如下：

(1) 讨论此次庆典的邀请工作的重要性，思考如何将邀请工作与会议通知区别开来。

(2) 帮助秘书小田完成此次庆典的邀请工作，包括邀请工作的各个环节和步骤以及注意选择恰当的邀请工作的方式。

▶ 写作提示

一、请柬的基本结构和写法

请柬一般由标题、称谓、正文、结尾、落款五部分组成。

▶ 1. 标题

标题一般直接使用"请柬",也可写明"××活动请柬",如"婚礼请柬"、"××招待会请柬"。需说明的是,通常请柬已按书信格式印制好,封面已直接印上名称"请柬"或"请帖"字样,烫金或图案装饰,发文者只需填写正文即可。

▶ 2. 称谓

称谓即被邀请者(单位或个人)的名称。单位用全称,个人用敬称。如"××研究所"或"××先生"。

▶ 3. 正文

正文部分要写明活动的基本情况,包括邀请事由、活动内容、时间、地点、注意事项等。如果是参加需用入场券的活动,应将入场券附上。

▶ 4. 结尾

结尾一般用敬语,如"敬请光临指导"、"敬请届时出席"或"此致、敬礼"等。

▶ 5. 落款

落款要写明邀请人(单位或个人)的名称和发请柬的日期,有的单位发出的请柬还加盖公章。另外,可在署名后加"敬约"、"谨订"等表示敬意。

二、邀请函的基本结构和写法

邀请函一般由标题、称谓、正文和落款四部分组成。

▶ 1. 标题

标题一般使用"邀请函"三字,也可在"邀请函"前用小字注明发出邀请函单位名称。

▶ 2. 称谓

称谓即被邀请者(单位或个人)名称。单位要用全称,个人姓名之后可加职称或尊称。

▶ 3. 正文

正文一般先简单介绍活动和表达邀请之意,然后分条列出本次活动的相关事项。

▶ 4. 落款

落款注明邀请单位的名称和发出邀请的时间。

三、请柬与邀请函的写作要点

请柬与邀请函都属于礼仪文书,两者写作目的相同,写作要求也基本相同。

(1)要有很强的告知性,用极其简练的语言表述重要信息,如邀请人姓名、受邀请人姓名、活动内容、准确的活动时间和地点等。

(2)要突出礼仪性文书的特点,一定要显示出诚恳、热情、礼貌,表现邀请者的热诚。在外观上,款式和装帧设计要典雅、庄重、美观、精致、大方;文字布局要和谐,书写不可潦草；语言上要根据具体场合、内容、对象而定，一般所采用的措辞要特别注意礼貌，多用尊称，得体客气。

四、例文评析

【例文1】

××人民艺术剧院剧目座谈会
请　柬

××先生(女士)：

您好！

为弘扬话剧艺术，丰富话剧演出剧目，兹定于××××年××月××日×时，于××宾馆会议中心召开××人民艺术剧院剧目座谈会，恳请得到您的支持，届时敬请光临。

会议地点及行车路线：××××××

×××—××—×××—××

联系电话：××××××

【评析】这是一份座谈会请柬。请柬的封面除了有"请柬"二字外，还写明了本次座谈会的主题。内页中有称呼语和问候语，正文交代了召开本次座谈会的背景、时间、地点，而且这些内容交代得非常具体、明确。然后还介绍了会议地点及行车路线、联系电话、联系人及与会要求等，体现出请柬的告知特性。本文内容具体，文体交代清楚。

【例文2】

请　柬

为了听取各方面的意见，搞好本餐厅的服务工作，并感谢各界对本餐厅的支持，定于××××年××月××日下午××时××分在本餐厅举办招待会，届时敬请光临。

××餐厅
××××年××月××日

【评析】这是一份餐厅招待会的请柬。由于邀请对象较多，所以没有对被邀请人的称呼语。正文简单介绍了本次招待会的背景、具体时间、地点，然后以"届时敬请光临"结尾。

【例文3】

邀　请　函

×××主任：

您好！

循火红足迹、经坎坷征程，中国共产主义青年团走过了85载的沧桑岁月。为纪念中国共产主义青年团成立85周年，全面贯彻落实省十次党代会精神，团结带领全省广大团员青年为实现×××全面振兴而努力奋斗，经请示省委同意，团省委拟召开××省纪念中国共产主义青年团成立85周年大会。届时，省委全体常委将在大会前接见全省青年典型代表。省委、省人大、省政府、省政协等领导将出席大会。

为感谢您为××共青团事业做出的重大贡献，特邀请您以老团干部代表的身份，出席××××年××月××日上午9时在××××××国际会议中心××剧场召开的××省纪念中国共产主义青年团成立85周年大会(××××年××月××日上午8时40前由××

饭店国际会议中心正门入场,由工作人员引导直接到大会主席台上就座)。

请您将出席情况于××月××日前反馈至省委办公室。

联系人:××、×××　联系电话:××××××××

传真:××××××××

共青团××省委员会
××××年××月××日

【评析】这是一篇以单位名义发出的邀请个人出席纪念大会的邀请函。决定召开会议的过程介绍得较周详,清楚地介绍会议的宗旨、重要性、作用等,但对会议的具体日程介绍得不够周详,如会议是否有领导讲话、各界代表发言、是否安排食宿等。

五、答疑解惑

例文 4 是一份请柬,请指出存在的问题,并予以修改。

【例文 4】

餐饮公司开业庆典邀请函

××贵宾:

您好!我公司定于 2011 年 5 月 11 日(星期二)10 时 25 分,在××路××号××大厦负二层举行"××"开业庆典,我携全体员工诚邀您亲临现场,感受"以营养健康为中心"的经营理念,打造商务餐饮的时尚文化,同时也向您的莅临表示感谢!

评估反思

请柬、邀请函学习评价表

项　目		自　我　评　估	自我反思
认知层面	你写过请柬和邀请函吗		
	当你在写作请柬或是邀请函时,是如何与会议通知区别开来的		
理解层面	你写得最好的是什么?有哪些困惑		
发展层面	你如何在将来的实际工作中更好提高会议礼仪文书的写作技巧		
	你觉得还需要哪方面的训练		

任务演练

一、选择题

下列对请柬的理解,正确的是(　　)。

A. 请柬的正文要交代清楚活动的时间、地点和内容。

B. 请柬具有庄重通知、盛情邀请的作用。

C. 请柬送达的时间越早越好。

D. 请柬的发送可以派专人送达也可以通过邮局邮寄。

二、写作题

假设你是学校某系学生会文艺部部长,你部组织了一场名为"演我身边事"的话剧晚会。晚会定于 2014 年 12 月 26 日晚 7：00 在学院科学会堂举行。本场晚会共有 7 个节目，均由本系学生参与表演，演出预计用时 2 小时。

（1）请拟定一份请柬，邀请学院领导参加文艺晚会。
（2）请拟定一份邀请函，邀请学校其他系的学生会成员观看晚会。

拓展阅读

【例文 5】

2011 年湖北省"两圈一带"大型人才专场招聘会的邀请函

各有关单位：

为做好高校毕业生的就业推进工作，促进社会和谐稳定，按照全省统一安排部署，兹定于 2011 年 6 月 18 日（周六）在武汉科技会展中心举办"湖北省'两圈一带'大型专场招聘会"，诚挚邀请各企事业单位参会，现将有关事项函告如下：

一、活动宗旨

紧紧围绕省委、省政府实施"两圈一带"发展战略，充分发挥市场配置资源的主渠道作用，积极促进我省高校毕业生就业，为加快推进武汉城市圈、鄂西生态文化旅游圈建设和湖北长江经济带新一轮开放开发提供人才与智力支持。

二、会期安排

会议名称：湖北省"两圈一带"大型专场招聘会

支持网站：湖北人才网（http：//www.jobhb.com）

大会时间：2011 年 6 月 18 日（周六）8：30—14：30

大会地点：武汉科技会展中心

三、大会规模

大会拟设标准展位 200 间，参会单位主要为省内外知名国有企业、高新技术企业、股份制企业、外资企业、民营企业、科研院所以及各机关、事业单位。预计届时将有一万多名求职人员参会，包括未就业的应往届大中专毕业生、研究生及其他人才。

四、媒体支持

楚天都市报、武汉晚报、楚天金报、武汉晨报、长江商报、湖北人才网、大楚网、中国高校就业联盟网、研究生人才网、有关高校网站。

五、订展条件

1. 单位有效营业执照（事业法人登记证）副本复印件；
2. 招聘简章（盖上公章）；
3. 经办人身份证复印件。

六、服务项目

1. 提供 3m×2m 的标准展位 1 间，每展位配备 1 张桌子、3 把椅子，免费提供 2 名参会工作人员会期当天的午餐、饮用水和招聘文具 1 套；
2. 大会统一制作展位楣板和招聘海报，请各参会单位将招聘内容在 6 月 17 日前发送电子文档至 zhaopinhb@126.com；
3. 需要代为安排酒店住宿、返程票务预订以及对展位有特殊要求的单位，请在报名参会时通知大会组委会；

4. 本次大会将提前在楚天都市报、楚天金报、长江日报、武汉晚报、武汉晨报、长江商报、中国高校就业联盟网、研究生人才网、有关高校网站等媒体发布大会广告讯息。

七、参会须知

1. 展位预订时间：即日起到6月16日（周四）止
2. 现场布展时间：6月17日（周五）15：00—17：00
3. 招聘活动时间：6月18日（周六）8：30—14：30

八、特别提示

1. 请招聘单位提前办理展位预订手续以提高招聘效果，已确认的展位概不更换；
2. 请招聘单位在大会当日9：00之前到会，过时恕不预留展位；
3. 请招聘单位勿提前撤展或宣布职位已满，以保证求职人员的公平竞争；
4. 请招聘单位遵照大会要求参会，若招聘信息已在媒体广告上发布则不得退会。

九、联系方式

联系地址：武汉市武昌区中南路14号发展大厦三楼 湖北人才网
订展热线：027－87360886　87257950　87257510
传　　真：027－59496398
外地组团：027－87812567　15629039906
网址：Http//www.jobhb.com　　E-mail：zhaopinhb@126.com

湖北省人才中心
2011年5月29日

任务三　讲话稿

讲话稿的结构模板

标题	讲话人（可省略）＋会议名称＋文种 会议主题或要点 　　——讲话人＋会议名称＋文种
称谓	对与会者称呼，有单称、复称、短句式称呼
开头	说明讲话的意图、背景、表明讲话者态度或概括会议议题内容
主体	讲话稿的核心部分，主要讲述工作和活动的中心思想、思路和要求
结尾	概括主题，作出结论，提出希望

任务描述

讲话稿，是讲话人为出席会议、典礼等场合发言而准备的文稿。根据讲话者的身份不同，讲话稿分为领导讲话稿和群众讲话稿；根据讲话的场合、用途不同，讲话稿分为礼仪性讲话稿、演说性讲话稿和工作性讲话稿；根据在会议中讲话时间不同，讲话稿分为开始时的讲话（开幕词、欢迎词）、主体性讲话和结束时的讲话（闭幕词、欢送词）。讲话稿的作用在于节省时间,集中、有效地围绕议题把话讲好,不至于走题或把话讲错。认识讲话稿在相关场合中的作用,能根据实际情况撰写不同类型的讲话稿。

任务布置

模拟召开一个班级会议,会议主题为竞选文艺委员,要求如下:
(1)合理设计竞选会议议程,安排主持人1名,参加竞选人员3、4名。
(2)根据会议议程的安排,主持人发表讲话,竞选人员发表竞选讲话。
(3)拟写班会中所使用到的讲话稿,请注意讲话稿的篇幅长短和语言特色。
(4)思考不同的讲话稿在会议中的作用。

写作提示

一、讲话稿的基本结构和写法

讲话稿一般由标题、称谓、开头、主体、结尾五部分组成。在这五部分中,主体部分是讲话稿的核心部分。

▶ 1. 标题

标题一般有以下几种表达方式。

(1)由讲话人、会议名称和文种构成,如"×××在全省教育现代化工程实施工作现场会上的讲话"。

(2)由会议名称加文种组成,如"××市第××次经贸洽谈会开幕词"。

(3)如果要体现会议主题或揭示要点,需另外设立副标题,说明讲话人和会议名称,如"着力提高组织工作科学化水平,努力为建设新××提供坚强的组织保证——×××在全省组织工作会议上的讲话"。

讲话人名字如果不在标题中,就和讲话日期标在标题之下,正文之前,有时也可以省略。

▶ 2. 称谓

称谓要根据会议的性质及与会者的身份来确定,位于标题下左侧顶格,还可在讲话稿中多次出现。常用的称谓有以下三种:

(1)单称:如女士、先生、朋友、来宾、贵宾、领导、同志、同胞、侨胞等,或者具体姓名。

(2)复称:如同志们、朋友们、市民们等。

(3)短句式称谓:如尊敬的领导、尊敬的老师等。

▶ 3. 开头

开头,是讲话思路的起点,它的任务在于提领整个讲话,具有引人入胜的效力。良好的开端,是成功的一半。讲话稿的开头很重要,起着引发、定调的作用。好的开头,可以先声夺人,先入为主,给人以深刻的印象。开头的方法有六种:

(1)开篇点题法,即一开始便把讲话的意图简明地说出来。

（2）交代背景法，即介绍与会议、讲话有关的情况或背景，让听众了解会议及讲话的来龙去脉。

（3）提出问题法，即提出问题，吸引听众，引发思考。

（4）总体概括法，即一开始先把讲话主要内容的观点或会议、活动情况概括地说出来。

（5）表明态度法，即表明讲话者对所谈问题的态度。

（6）祝愿感谢法，即通过描述参加会议、活动感受导入正题，向有关人员表示谢意等。

开头以上各法，均要做到：开门见山、切入主题，引人入胜、吸引听众，新颖精巧、紧扣主题，简明扼要、寥寥数语，如罗格在奥运会闭幕式上的致辞：今晚，我们即将走到16天光辉历程的终点。这些日子，将在我们的心中永远珍藏。感谢中国人民，感谢所有出色的志愿者，感谢北京奥组委。

▶ 4. 主体

主体是讲话稿的核心部分，主要讲述工作和活动的中心思想、思路和要求，事关整个讲稿的成败。主体没有固定的模式，主体的内容要视讲话人的身份、会议的背景、讲话的主题以及听众的差异而定。根据主体内容及表达方式的不同，讲话稿分为议论型、叙事型和抒情型三种：

（1）议论型讲话稿。以议论为主要的表达方式，直接使用正确而充足的、具有说服力的论据来证明论点，或递进、或分列、或对照，论证富有逻辑性和思辨性，以理服人。

（2）叙事型讲话稿。它基于讲话者一定的观点和主张，通常主要以例证法来证明观点，通过对人物、事件、景物的记叙和描述，使听众自然而然地接受讲话者的思想感情，如各种事迹报告类等。

（3）抒情型讲话稿。以抒情为主要的表达方式，在讲话中抒发讲话者的爱恨、悲喜等强烈感情，对听众动之以情，以"情"这把钥匙来开启听众的心灵。它既可以直抒胸臆，又可借助叙述、描写、议论来间接抒发感情，以激起听众的共鸣。这类讲话与其说是以理服人，不如说是以情喻理。

▶ 5. 结尾

结尾是讲话思路的终结，起托付全篇的作用。它可以是一个句子，可以是一个自然段，也可以是几段，其基本要求：一要概括主题，作出结论，完整准确；二要精悍有力，调子高昂，充满热情；三要言犹未尽，发人深省，耐人寻味。

结尾的形式有三种：概括式、希望式和宣布式。

二、讲话稿写作的注意事项

▶ 1. 紧扣主题，突出重点

写讲话稿必须紧扣会议主题，弄清听众、讲话人和会场三方面的情况，通盘考虑，才能准确地确定讲什么和怎么讲，做到目的明确、重点突出、针对性强、有的放矢。

▶ 2. 选材真实，切忌繁杂

讲话稿是面对面讲给听众听的，瞬间即逝，因而不宜长篇大论、抽象繁杂。说理应当简洁明快，多靠真实、具体、典型的材料来说服听众，使听众觉得真实可靠，容易接受。

▶ 3. 语言通俗，感情真挚

讲话稿是讲话人直接对听众表情达意的，必须要有深厚真挚的感情，以感情打动听众的心弦，引起共鸣。语言必须通俗易懂、口语化，才能使听众易于接受。

三、例文评析

【例文1】

在纪念建党88周年大会上的讲话

××市××区××镇党委×××

同志们：

在建党88周年即将来临之际，我们在这里共同庆祝党的生日，研究部署党建工作，具有十分重要的意义。借此机会，我代表镇党委向工作在全镇各条战线上的3388名党员同志表示节日的问候，向长期以来辛勤奋斗在基层党组织建设战线上的各位同志表示衷心的感谢！会上还将表彰过去一年中我镇在各条战线上涌现出来的先进党组织、优秀党务工作者、优秀共产党员，以及十佳村(居)干部和××××年度获得争先创优贡献奖的单位，在此我代表镇党委表示热烈的祝贺！

我们党历经艰难险阻，领导全国人民夺取了新民主主义革命的胜利，创造了社会主义革命和建设的辉煌。今天，我们回顾党的峥嵘岁月，颂扬党的丰功伟绩，目的就是教育和激励广大党员同志，准确把握所处的历史地位，清醒认识面临的形势任务，继续坚持以改革创新精神，全面加强党的执政能力建设和先进性建设，充分发挥党的政治核心作用，为增创科学发展新优势、建设幸福美好新××做出新的更大贡献。

根据会议安排，下面我讲三点意见：

一、回顾过去，在前进中创新党建工作

近年来，我镇各级党组织主动适应社会结构、组织形式、利益格局深刻调整带来的新变化，积极应对国际金融危机带来的新挑战，知难而退，开拓创新，着力推进党的建设新的伟大工程，取得了一定成绩。

一是思想建设进入新境界。（略）

二是组织建设取得新成果。（略）

三是作风建设呈现新成效。（略）

二、努力实践，在统筹中提升党建工作

新时期党的基层组织建设，要进一步解放思想，转变观念，大胆实践，努力做到"三个统筹"。

一是统筹党员队伍与干部队伍建设。（略）

二是统筹五支人才队伍建设。（略）

三是统筹各类党建资源。（略）

三、融入大局，在服务中强化党建工作

各级党组织要始终把融入大局，作为党建工作的前提和基础，在服务大局中增强战斗力，在服务发展中扩大影响力，充分发挥党组织的战斗堡垒作用。

一要着眼大局，找准定位。（略）

二要着力创新，整体推进。（略）

三要着重落实，务求实效。（略）

同志们，在隆重纪念建党88周年之际，加快推进党的建设新的伟大工程，任务光荣，意义深远。各级党组织和广大党员要始终牢记使命，更加自觉地站在时代前列，推动科学发展，促进社会和谐，努力开创党建工作新局面，为建设幸福美好新××提供坚强有力的组织保证！全镇广大党员干部一定要切实增强使命感，以奋发有为的精神状态和干事创业的工作作风，为把××建成"××经济强镇、宜居名镇、文明大镇"而不断努力奋斗！

【评析】这是一篇纪念会议上的讲话稿，重点突出，从内容入题，目的在于推进今天的工作，把当前的工作做好，实际上是把这次纪念大会开成了一次党建工作大会。先是总结全镇党建工作成绩，然后明确当前党建工作任务，最后讲加强自身建设的措施。纪念党的生日，突出党建主旋律，是这篇讲话不落俗套、颇有新意的亮点所在。作为一个经济强镇，讲话没有涉及具体的发展经济措施、指标，以区别于一般的政府工作、经济工作，彰显了党的会议特点。

四、答疑解惑

开幕词是在会议开始时，由主要领导人或会议主持人面对与会者所做的重要讲话。开幕词对会议的议程进行提示，它会简要说明会议流程和原则，说明会议主旨，还会提出会议任务，说明会议的重要精神，对与会者具有较强的指导作用。写好开幕词对会议有着重大意义。例文2是一份开幕词，请指出存在的问题，并予以修改。

【例文2】

在××县商业系统第十四次职工代表大会开幕式上的讲话

同志们：

时光荏苒，岁月流逝，一年一度的职工代表大会召开了。这次大会是在党的十七大精神鼓舞下，在改革开放的新形势下，在县委、县政府的正确领导下，经过大家的共同努力，××县商业系统第十四次职工代表大会现在热烈开幕。

出席这次代表大会的代表，是来自全县各商业系统做出贡献、成绩优异的先进模范。我在这里代表××县商业局向参加这次会议的全体同志表示深切的慰问和极大的感谢！

这次代表大会是在全县人民认真贯彻执行党的十七大制订的方针政策指引下，齐心协力，艰苦奋斗，夺取我县2006年农业生产新胜利的大好形势下召开的，特别是今年夏季，我县遭受特大洪涝灾害，在县委、县政府的领导下，我们又取得了重大胜利，在这种情况下召开××县商业系统第十四次职工代表大会，更有其特殊的意义。出席这次职代会的代表，有离退休干部先进代表，有正在自己的工作岗位上奋斗拼搏、做出突出贡献的"商业明星"，还有各乡、县直各单位的列席代表。大家喜气洋洋，欢聚一堂，共同研究探讨如何在新形势下搞好全县商业系统的管理与服务。这次代表大会要以党的十七大精神为指针，认真总结我县一年来商业系统的工作成绩，找出差距，明确今后工作任务和方向，协力攻关，在我县商业发展史上写下光辉的一页。

预祝这次职工代表大会圆满成功。

评估反思

讲话稿学习评价表

项　　目	自　我　评　估	自我反思
认知层面	你能领会讲话稿在会议中的作用吗	
	你认为讲话稿和演讲稿一样吗	
	你熟悉在不同会议中或是在同一会议中不同时段各种类型的讲话稿吗	
理解层面	你擅长写什么样类型的讲话稿	
	你在写作过程中有哪些困惑	
发展层面	你下一步有什么行动？需要什么帮助	

任务演练

为纪念五四青年节，××学院将举办纪念五四运动胜利九十周年大会，请你为院长撰写一篇会议讲话稿。

拓展阅读

讲话稿有时并非要长篇大论，只要达到目的就好，可以适当简短。著名耶鲁大学三百年校庆校长致辞仅有166字。

【例文3】

今天，我们不要只说耶鲁的历史上出了五位美国总统，包括近几十年来接踵入主白宫的老布什、克林顿和小布什；也不要只说耶鲁是造就首席执行官最多的大学摇篮。我们更应该记住，耶鲁的毕业生中有三位诺贝尔物理学奖、五位诺贝尔化学奖、八位诺贝尔文学奖和八十位普利策新闻奖、葛来美等奖项的获奖者。耶鲁，我们的耶鲁，自始至终坚持为人类文明和社会进步服务的理念！

任务四　会议记录

会议记录的结构模板

会议名称		会议时间	年 月 日 午 时
会议地点		会议主持人	
出席人			
列席人			
缺席			
记录人		审阅签字	
会议议题			
会议内容			

任务描述

会议记录是由会议组织者指定专人实录会议组织情况和会议内容的书面材料，也是保留会议信息的普遍形式。会议记录可以作为传达会议精神、汇报会议情况或执行会议决议的依据，可以唤起与会者对有关问题的记忆，具有文献资料的作用。学会撰写会议记录的一般方法，写一份会议记录。

任务布置

模拟召开一次会议，会议主题为"某专业大学生就业问题论坛"，要求如下：

（1）本次会议本着人人参与的原则，以小组为单位展开讨论。

（2）小组讨论形式：小组成员（5－8人）轮流发言，每个小组选择1－2名成员做好发言记录。

（3）讨论结束后，选择1名成员代表（做记录的同学）小组成员做汇报，其余同学记录。

写作提示

一、会议记录的结构和写法

会议记录一般由标题、会议组织情况、会议内容和结尾三部分组成。

▶ 1. 标题

标题的写法有以下几种：

(1) 由开会单位、会议名称和文种构成，如"××学院教学会议记录"。

(2) 由会议名称和文种构成，如"党组扩大会议记录"。

(3) 只用文种为标题，如"会议记录"。

▶ 2. 会议基本情况

会议基本情况包括会议名称、时间、地点、出席人、缺席人、列席人、主持人、记录人、会议主题等项内容。这些内容要在会议主持人宣布开会之前写好。

▶ 3. 会议内容

会议内容一般包括会议主持人的发言，会议上的报告或传达了什么事情，讨论了什么问题，以及通过的决定等，就是我们常说的会议议题、发言人及发言内容、会议决议。记录时应该注意以下问题：

(1) 如果有多个议题，可以在议题前分别加上序号。

(2) 记录每个发言人的发言时都要另起一行，写明发言人的姓名，然后加冒号，再记发言内容。

(3) 会议决议事项应该分条列出。有表决程序的要记录表决的方式和结果，一般由主持人加以系统归纳。归纳结果应逐字逐句记录。与会者无异议时，应随即写上"一致同意"或"一致通过"。有持异议者，必须详细记录不同意见，有弃权者，也应如实记录上。

▶ 4. 结尾

另起一行，写明"散会"并注明时间。然后在右下方写明"主持人：（签字）"、"记录人：（签字）"。

二、例文评析

【例文1】

金融保险专业学生就业问题研讨会记录

时间：2015年3月12日上午9时

地点：学院第一会议室

出席人：林亦妍（学院就业指导中心主任）、王安（中国人寿保险公司个险部主任）、陆惠婷（校长办公室主任）以及金融保险（以下简称"金保"）专业主要负责人

缺席人：安金红（深圳出差）

主持人：夏晓洪（院办公室主任）

记录人：庄子阳（系秘书）

一、主持人讲话：金保专业是一个比较新的专业，就业市场广阔，但也有许多不利因素。为了大学生有一个更好的就业环境和就业渠道，今天召开金保专业学生就业问题研讨会，希望大家畅所欲言，献计献策。

二、发言

林主任：就业难主要问题有：一是大学生思想上存在误区；二是高校教育模式亟待改进，实际训练少；三是用人单位追求效率，忽视了对人才的培养。

王主任：首先介绍了大学生就业的渠道，主要有：①银行业务员、保险公司业务员；②保险公司的经理助理；③业务主管；④保险中介；⑤保险监管机构、社会保障部门；⑥大型企业集团从事保险监管、风险顾问等。接着介绍了就业前景：随着一带一路战略实施，外国大量的保险公司已经大批进入国内市场，同时，国内大型企业集团、教学科研单位等培养从事保险监管、政策研究、保险经营管理、风险顾问国内保险公司急欲扩充业务，保险人才需求非常旺盛。

李老师：虽然目前各保险公司的营销团队人员充足，但保险专业毕业的人员很少，无论是外勤、内勤的工作，我们培养的学生都能胜任。同时，希望学生在校期间通过各种职业资格证的考试，拓宽就业渠道。

三、讨论

本专业工作内容广泛，报酬差距较大，收入多半与业绩挂钩。职位薪酬差距较大，不少职位的基础工资很少，因为报酬完全建立在业绩的基础上，每做成一笔生意都可以得到提成。对于工资建立在业绩上的人员来讲，压力是巨大的。但同时，回报也是巨大的。我校应教育学生有良好的专业知识、积极的进取心、坚持不懈的态度，以及与其他人良好沟通的技巧。

最后主持人做总结发言，并为大学生提出建议：与其在高薪的诱惑下盲目跳槽，不如在适合自己的企业里积累经验，有效利用企业的培训机会，有意识地提高职业素质和核心竞争力。

散会

主持人：（签名）

记录人：（签名）

【评析】这是一篇摘要会议记录。开头把会议的时间、地点、出席人、缺席人、主持人、记录人等一一交代清楚，接着记录了会议的发言、决议。内容准确扼要，语言通顺流畅。

三、答疑解惑

例文2是一份会议记录，请指出存在的问题，并予以修改。

【例文2】

××学院2014年会议情况纪要

会议名称：××学院第×次办公会议

时间：××××年××月××日

出席人：李××（院长），王××（总务科科长），伍××（学生科科长），刘××、卢×、许××（各班班主任），校医龙××

主持人：李××（院长）

记录人：白××（校长室秘书）

一、报告：李××（院长）传达市政府关于防治"非典"的专题报告。

二、讨论：遵照报告精神，学院决定对学生进行一次预防"非典"的教育，并采取有效措施，保证学生的集体健康。

三、发言：

×××院长：大家伙嘛，说说看什么样的措施能有效地保证学生的健康？伍××，你是学生科科长，你这个呢，带个头发表你的意见吧。

伍科长：我认为首先要让学生知道有关"非典"的病理知识，以及预防的办法，你们讲是不是？

王科长：龙医生，你这个，看看是不是想办法加强食堂环境卫生？

……（略）

四、决议

（一）利用两天时间，由学生科组织班主任分班组织学生传达报告精神，并结合学习××月××日《光明日报》专题报道的有关"非典"相关病理知识及防治办法。

（二）总务科、学生科密切与学校医务室配合，切实加强学校环境卫生与食堂饮食卫生工作。

（三）各班主任要深入调查、了解学生在寒假期间，是否去疫区探亲，凡有去疫区探亲的学生，由学校医务室统一组织去医院检查，有疑似症状的学生，马上报告，并采取相应措施。

五、散会

缺席人：海××

地点：学院三楼

会议记录学习评价表

项目		自我评估	自我反思
认知层面	你记录了多少内容		
	会议格式上是否规范		
	记录是否有条理		
	发言人观点论据等能否具体详细		
	能引起你特别注意有哪些		
	你的知识技能有提升吗		
理解层面	你写得最好的部分是什么？有哪些困惑		
发展层面	你下一步有什么行动？需要什么帮助		

任务演练

以宿舍为单位自拟主题召开一次会议，安排代表进行会议记录，将记录成果展示或传阅。

拓展阅读

一、会议记录的保密要求

《中华人民共和国保守国家秘密法》第三十一条：举办会议或者其他活动涉及国家秘密的，主办单位应当采取保密措施，并对参加人员进行保密教育，提出具体保密要求。

我们在进行会议记录时要注重会议记录的保密工作。一般情况下，召开涉及国家秘密内容的会议，主办单位应当采取以下措施：

(1) 选择具备保密条件的会议场所。

(2) 会谈召开前应当对会议场所进行保密检查。

(3) 根据工作需要，限定参加会议人员的范围，对参加涉及绝密级事项会议的人员应当予以指定。

(4) 对参加会议人员提出保密要求。

(5) 依照保密规定使用会议设备和管理会议文件、资料。

(6) 确定会议内容是否传达以及传达范围。

二、会议记录技巧

会议记录的技巧有四条：一快、二要、三省、四代。

一快，即书写运笔要快，记得快。字要写得小一些、轻一点，多写连笔字。要顺着肘、手的自然走势，斜一点写。

二要，即择要而记。就记录一次会议来说，要围绕会议议题、会议主持人和主要领导同志发言的中心思想，与会者的不同意见或有争议的问题、结论性意见、决定或决议等进行记录。就记录一个人的发言来说，要记其发言要点、主要论据和结论，论证过程可以不记。就记一句话来说，要记这句话的中心词，修饰语一般可以不记。要注意上下句子的连贯性，一篇好的记录应当独立成篇。

三省，即在记录中正确使用省略法，如使用简称、简化词语和统称。省略词语和句子中的附加成分，比如"但是"可记为"＼"，省略较长的成语、俗语、熟悉的词组，句子的后半部分，画一曲线代替，省略引文，记下起止句或起止词即可，会后查补。

四代，即用较为简便的写法代替复杂的写法。一可用姓代替全名，二可用笔画少易写的同音字代替笔画多难写的字；三可用一些数字和国际上通用的符号代替文字；四可用汉语拼音代替生词难字；五可用外语符号代替某些词汇等。但在整理和印发会议记录时，均应按规范要求办理。

任务五　纪　要

纪要的结构模板

标题		会议名称＋文种
正文	开头	介绍会议概括（会议名称、召开目的或背景、会议时间、会议地点、主持人、参加人、主要议程、嘉宾）
	主体	会议内容的摘要纪实（研究的问题、讨论意见、做出的决定、提出的措施等）
	结尾	提出号召和希望，或交代相关事项，或表示感谢
落款		出席人：×× ×× 记录人：×× 　　　　　　　　××××年××月××日

任务描述

纪要是会后由专人根据会议记录整理而成，用于记载、传达会议情况及议定事项的公文。它既便于与会者统一认识，又能作为会后如实传达、组织、落实开展工作的依据。学会纪要的写作方法，能根据会议记录整理一份纪要。

任务布置

例文1是一份会议记录，请将它整理成一份纪要。

【例文1】

××公司项目论证会议记录

时间：1998年9月1日
地点：公司会议室
主持人：马燕（公司副总经理）
出席人：公司各部门经理
记录人：郑峰（行政部秘书）
会议议题：
一、主持人讲话
今天主要讨论一下《中国办公室》软件是否投入开发以及如何开展前期工作的问题。
二、发言
1. 技术部朱总：类似的办公软件已经有不少，如微软公司的Word、金山公司的WPS系列，以及众多的财务、税务、管理方面的软件。我认为首要的问题是确定选题方向，如果没有特点，千万不能动手。

2. 资料部祁经理：应该看到的是，办公软件虽然很多，但从专业角度而言，大都不很规范。我指的是编辑方面的问题。如 Word 中对于行政公文这一块就干脆忽略掉了，而书信这一部分也大多是英文习惯，中国人使用起来很不方便。WPS 是中国人开发的软件，在技术上很有特点，但文字编辑方面的功能十分简陋，离专业水准很远。我认为我们定位在这一方面是很有市场的。

3. 市场部唐经理：这是在众多"航空母舰"中间寻求突破，我认为有成功的希望，关键的问题就是必须小巧，并且速度极快。因为我们建造的不是"航空母舰"，这就必须考虑到兼容问题。

三、决议

各部门都同意立项，初步的技术方案将在 10 天内完成，资料部预计需要 3 个月完成资料编辑工作，系统集成约需要 20 天，该软件预定于明年元旦假期期间投放市场。

散会。

主持人：（签名）
记录人：（签名）

写作提示

一、纪要的结构和写法

纪要一般由首部、正文、尾部构成。

▶ 1. 首部

首部包含标题和成文时间。

（1）标题的写法有：①由会议名称和文种构成，如"全国经济体制改革工作座谈会议纪要"。②由发文机关、会议名称和文种构成，如"××市教育工作会议纪要"。③由事由和文种构成，如"关于黑龙江省三江平原农业开发问题的会议纪要"。

（2）成文时间即会议通过的时间或领导人签发的时间，一般在标题下居中位置，用"（ ）"注明年、月、日，也可以把成文时间写在正文下方，居右排列。

▶ 2. 正文

正文由前言、主体、结尾三个部分组成。

（1）前言首先简要地交代会议召开的背景或目的、会议的名称、时间、地点、与会人员、主持人、会议议题，再用"现将本次会议纪要如下"等过渡句引入正文部分。

（2）主体是纪要的核心部分，根据会议的性质、规模、议题等不同，大致有以下三种写法：

集中概述法：这种写法是把会议的基本情况、讨论研究的主要问题、与会人员的认识、议定的有关事项（包括解决问题的措施、办法和要求等），用概括叙述的方法，进行整体的阐述和说明。这种写法多用于小型会议，且讨论的问题比较单一，意见比较统一，容易贯彻操作，篇幅相对短小。

分项叙述法：这种写法是把会议的主要内容按照其内在联系归纳成几个方面，然后再分条列项来写。具体来说，如果会议有两个或两个以上议题，要将议题逐一介绍；如果发言者较多，需要阐释几个主要观点；有的可以分成对过去的评价、对当前形势的分析、对今后工作的要求几个部分写。这样的写法条理分明，重点突出，问题集中，逻辑性强，需要具备较高的分析综合能力，多用于大中型会议或议题较多的会议。

发言提要法：这种写法是把会上具有典型性、代表性的发言加以整理，提炼出内容要点，再按照发言顺序分别加以阐述说明，能较为客观地反映与会人员的意见，多用于座谈会、研讨会等。

无论哪一种写法，纪要常用"会议认为"、"会议指出"、"会议强调"、"会议决定"、"会议研究了"、"会议讨论了"等词语作为每个段落的启领，这样使会议重点内容突出，层次清晰，便于理解。

（3）结尾写法多样，或强调意义，提出号召和希望；或对会议召开做出贡献的单位和个人表示感谢；或交代相关事项。

▶ 3. 落款

纪要的落款写上出席、列席会议的单位或人员名称，以及负责本次会议记录整理人的名字，和一般公文写法相同，但由于纪要是与会者共同意志的体现，故普发性纪要往往不写落款，不加盖公章，与会者带回去执行即可。

二、例文评析

▶ 1. 发言提要式纪要

【例文2】

××学院学生思想状况分析座谈会纪要

2012年3月15日14：30，××学院在行政楼3楼小会议室召开学生思想状况分析座谈会。出席本次会议的有学生处负责人、各系党总支书记、辅导员、班主任等近60人，会议由学院党委副书记李××主持。现将座谈会情况纪要如下：

一、李××副书记传达了省教育厅领导关于要认真加强学生政治思想工作，注重分析当前学生的思想状况的讲话精神，其后，李××副书记对学生思想状况进行了分析，认为当前学生思想状况总体是健康的，向上的，但也存在一些较突出的问题，如（略）

二、人文系党总支书记魏××同志说：当前青年学生思想比较活跃，愿意思考问题，这的确是学生的主流，但在部分学生中也存在比较严重的拜金主义，有重技能轻理论、重实用轻人文的倾向。

三、经贸系辅导员刘××同志谈到个别贫困学生存在怕露贫而不愿申请经济困难补助的心理。

四、保险专业××级班主任施××老师在汇报学生思想状况时，指出有些学生在思想上没有处理好学习与兼职的关系，严重影响了学习成绩。

出席人：××　××　××　××

记录人：××

2012年3月20日

【评析】这是一篇发言提要式纪要，摘录了与会者符合会议主题的发言要点。这种写法最大的特点是把具有典型性、代表性的发言加以整理，按发言顺序排列成文。能较为真实地反映会议的讨论情况和与会人员的意见，具体而真实。

▶ 2. 分项叙述式纪要

【例文3】

××区政府常务会议纪要
××区人民政府办公室　　××××年××月××日

2月16日上午，在区政府三楼会议室召开区政府第44次常务会议。会议由区长王××主持。副区长孙××、杨××、胡××、王××，办公室主任李××参加了会议。办公室副主任贾××、范××，调研室主任张××，区总工会副主席连××列席会议。现将会议讨论决定的事项纪要如下：

一、关于2014年街道办事处刚性目标考核结果及《2015年街道办事处刚性目标考核实施方案》有关情况的汇报

会议听取了区发改委主任王××关于2014年街道办事处刚性目标考核结果及《2015年街道办事处刚性目标考核实施方案》有关情况的汇报，并进行了认真讨论。区民政局局长刘××，区财政局局长胡××，区劳动和社会保障局局长赵××，区国税局局长张××，文圣工商分局局长徐××列席了该项议题。

会议指出：对各街道实施刚性目标考核，其目的主要是突出重点工作，通过刚性牵动的办法，促进各项工作水平全面提升。

会议决定：一是进一步完善刚性目标考核方案，财税部门要针对财税体制的问题进行深入研究，财政局要根据工商局提供的新注册企业名单具体核算，科学准确地确定税源，增加可操作性；二是加大稽查和举报力度，今年要对地税稽查大队下达任务，同时鼓励和奖励举报，稽查和举报所征税款按区域同时算作街道办事处完成数；三是进一步完善奖励办法，完成任务要有奖励，超额完成部分要按一定比例给予街道办事处经费奖励。

会议原则同意2014年街道办事处刚性目标考核结果及《2015年街道办事处刚性目标考核实施方案》，责成区发改委根据本次会议讨论意见进行认真修改后，提交区委常委会议审议。

二、关于全市开展新型农村合作医疗试点工作会议精神及我区贯彻意见有关情况的汇报

……

三、关于表彰2014年度有突出贡献的建筑和房地产开发业法人代表的有关情况汇报

……

四、关于召开2015年安全生产工作会议相关情况的汇报

……

五、讨论《××区2015年绿化工作实施方案》

……

出席人：××　××　××　××

列席人：××　××　××　××

记录人：××

【评析】这是一篇分项叙述式纪要。作为区政府的常务会议,有很多事务要解决。这篇纪要主体部分从五个方面对会议讨论的议题、会议形成的决议等予以记载。过渡自然,层次清晰。特别是在用词上精练准确,如"会议原则同意"、"责成"、"完善"、"完成"的区别运用,既从内容上显示了记录人较高的思想水平,又从语言上显示了记录人较高的语言运用能力。

三、答疑解惑

例文 4 是一份纪要,请指出存在的问题,并予以修改。

【例文 4】

《××××学会会议纪要》

时间:××××年××月××日

参加人员:常务副会长×××,副会长×××、×××、×××,办公室主任×××、副主任×××,活动中心主任××。

会议内容:

一、确定了学会的办公地点。根据××××年××月××日会议决定,×××、×××同志对学会办公地点进行了考察,经过比较,认为××大学办公条件优越,适合作学会的办公地点。会议决定,从即日起××××学会迁到××大学,挂牌办公。通信地址:××市××区×××路××号。 联系电话:×××××××。

二、学会与××大学商定,由××大学给学会提供办公室、办公桌椅、电话和必要的办公费用。利用××大学的教学条件,双方共同组织举办秘书培训班等。

三、增补了学会副会长。为便于开展工作,建议增补××为学会副会长,负责学会的后勤保障和日常管理,先开展工作,以后提请××月份常务理事会确认。

四、制订了今年的活动计划。(略)

××××学会
××××年××月××日

纪要学习评价表

项 目	自 我 评 估	自我反思
认知层面	格式上是否规范	
	是否如实地反映了会议的基本精神或发言人的主要观点	
理解层面	整理纪要的难点在哪儿?如何克服	
发展层面	今后你需要加强哪方面能力	

任务演练

▶ 1. 例文5是一份会议记录，请将它整理成一份纪要

【例文5】

亚伟速录辉煌二十年画册策划会议记录

会议名称：亚伟速录辉煌二十年画册策划会

会议时间：2014年1月10日

会议地点：亚伟速录C13会议室

主持人：品牌中心魏琪

参会人：魏琪、何芳、许清、刘宇、王晓、王双齐、孙思思

记录人：速录师张雪

议题：二十年画册内容策划，讨论各部门需开展的工作

内容：

主持人：大家上午好，咱们今天在这里召开《亚伟速录辉煌二十年画册》（以下简称《二十年画册》）的策划会。这本画册的制作主要是由公司的副总经理何芳女士来具体地协调、负责，由我们品牌中心负责实施。首先有请何芳副总讲话，大家欢迎。

何芳：大家好。从1994年第一台亚伟中文速录机诞生，到2014年整整二十年，这二十年来，亚伟速录从零开始，在全社会创造了一个新的职业、新的行业，帮助应用速录技术的企业、单位加快了信息处理的速度，使数以万计的大学生掌握了一项实现就业梦想的技能。

如何把这二十年的回顾做好，把二十年的发展历史更好地呈现出来，如何让社会更好地了解亚伟，这是一项浩大的工程。本项目由品牌中心魏淇经理负责，由魏淇经理进行进度和监督的统筹工作，希望大家支持她的工作，如果有什么需要我来沟通协调的问题，请大家随时E-mail给我。

主持人：谢谢何副总的讲话，首先有请销售部的许清总监来谈谈你的建议。

许清：大家好。作为销售部门，我希望咱们的《二十年画册》可以把速录机各个时期产品的图片做到画册当中，这样可以很直观地体现速录技术在这二十年不断地自我完善的状况。关于资料的搜集和整理工作，我会安排我们部门的同事进行汇总，很多素材我们都是现有的，关键在如何进行统一规划、做一个框架。这个框架可能会涉及销售部门、培训部门和人才部门，希望到时候能得到大家的支持和帮助，谢谢大家。

主持人：许总监讲得很好，接下来有请速录部的刘宇经理来谈谈你们的想法，有请。

刘宇：大家好。我们亚伟速录发展的这二十年，涌现出了很多专业的速录服务企业和优秀的速录师，他们对我们速录行业的推广和发展做出了很大的贡献，所以《二十年画册》应该体现出速录服务的发展历程。我们可以做一个统计，比如中国速录第一人王芳老师做的中国第一场会议记录是在哪一年、哪一月以及什么会议。我们速录部会安排王燕与品牌中心配合做这项工作。

主持人：感谢刘宇经理，下面咱们有请教育发展中心的王晓主任来讲一讲，有请王主任。

王晓：大家好。教育板块的这二十年思路，跟刚才其他几个板块差不多，亚伟速录从诞生的第一天开始，速录教育就开始了。"亚伟发展、教育先行"前十年全国各地的社会培训机构从小壮大，培养出一批又一批优秀的速录师。近十年全国高校开始培养速录人才，亚伟速录教育开始纳入国家教育体系，直到现在文秘赛项被纳入国赛项目，这个过程有一些重要的节点事件，将这些重要的节点事件作为教育发展二十年的串联点。这项工作由我负责，教育中心的王丽红配合，我们也会按照品牌中心规划好的时间、节点全力配合。我就说到这。

主持人：感谢王晓主任，接下来有请人才中心的王双齐主任来谈谈你们的想法。

王双齐：速录机催生了速录行业，培养了一大批速录人，在这二十年期间，人才培养也有很多重要事件。在我们人才中心在以往的工作中保存了大量的图片，在人才方面我们会有一些小的设想，比较粗略的是"速录明人榜"、"速录群英会"等栏目，这里也有很多"感动中国的速录人"，我们可以以类似这样的主题来做呈现，具体的稍候我们再进行探讨。总之我们会把人才中心的工作相对全面地呈现出来，给大家以信心，同时也配合品牌中心共同打造我们的新品牌。

主持人：谢谢双歧主任，最后有请培训中心的孙思思主任来说说他们的想法。

孙思思：大家好。大家都知道咱们总部的培训中心诞生于1981年，到今年已有三十三年的历史。在亚伟速录诞生历史之前，我们培训中心一直进行手写速记的培训和研究，真正开始亚伟速录教育也是二十年的历史了。因为我们的培训中心是中国速记速录服务的摇篮，所以我建议这一板块的体例相对独立，跟其他的板块不太一样。首先，我建议把培训中心的历史借此机会做一个三十三年的梳理，而不是二十年。当然，前十三年的历史可以简写，以后二十年为主，因为后面的发展是在之前的基础之上，而且正好可以通过这个机会很好的展示我们中国速记速录教育摇篮的全貌。这项工作由我来负责，我的助理小明做统筹和沟通，根据整个项目的进度来做。我们部门就先说这些。

主持人：谢谢孙主任，大家已经把对画册每个板块的基本体例和思路都谈论了，非常感谢大家今天的发言，今天我们每个人的发言都已经由速录师张雪记录下来了。今天是1月10号，我们会把今天会议讨论的成果整理成会议纪要提交给编委会，1月15号我们会把编委会最终确定的意见E-mail给各位，非常感谢大家。最后咱们再有请何总为我们讲话，大家欢迎。

何芳：一项工作是一个整体，需要大家互相协作和配合，某一部分拖后腿都会影响到整体项目的推进和完成，最后我预祝我们《二十年画册》的编纂工作能够圆满成功。大家一起努力。

主持人：谢谢何总，咱们今天的会议就开到这里，非常感谢各位的出席，谢谢大家。

▶ 2. 例文6是一份纪要，请指出存在的问题，并予以修改

【例文6】

《中共××县委常委第九次会议纪要》

4月24日，县委常委召开了第九次会议，听取了×××同志关于第一季度经济分析会议精神的传达汇报，×××同志结合本县实际讲了贯彻意见，经讨论对几个有关问题作出

决定。

一、各级领导要狠抓经济工作。5月除搞好选举和开好人代会外，集中精力，认真抓好经济工作（包括县、乡、镇企业；"两户一体"和农业）。县四大部门及咨询处的领导同志分片深入下去，直接听取乡、厂长的汇报。重点抓新建厂、大厂、亏损厂、倒退厂和第一季度进展不大的地区。看责任制和"三权"、"三制"是否落实。要开展时间过半任务完成超半的竞赛活动，对好的单位要进行表彰。

5月还要重点抓一下知识分子政策的落实情况。下去的同志也要走访一下中小学校、医院及其他战线的知识分子。看看在入党、住房及工作条件上还存在什么问题，能解决的要抓紧解决。

二、要加强经济统计工作。经委负责工业统计（包括乡、镇、村办企业），经管站负责农业统计。乡政府要设一名统计员，一名抽样调查员，负责全面统计，直接对县统计局。

三、认真抓好商检信息和供销工作。各级供销采购人员在发展经济中起着穿针引线的作用，为调动这些人的积极性，进一步把流通环节搞活，根据外单位经验，对这些人可按推销、采购额确定计奖。具体办法由经委、财委拟定报县政府审定。由×××同志牵头建立全县商品信息、购销网，把各方面的供销人员组织起来，相互联系，充分发挥作用。先由主管部门登记造册，充实力量，提高素质，并要定期召开专门会议，表彰先进。

建立人才引进和科技咨询信息组织。在县科委内设专人，抓好人才引进和科技咨询、信息网。引进人才的汇总工作由组织人事部门负责。在适当时候召开一次与科技人员"结亲会"，请县境内的中央、市属单位和部队的科技人员参加。

四、根据上级有关规定，参照各系统××年发放奖金的情况，对今年奖金基数分别为：经委系统165元，财委系统150元，农委系统160元，以完成上一年实现的利润为起点，今年的利润奖金同步增、减。乡、镇根据经济水平的高低，今年奖金基数分为220元、200元和180元三个基点（各乡、镇具体级别由农委定）基点数为百分，计分标准：农、林、牧等各项指标以前三年平均完成数；人均纯收入以××年实际数为满分。在总分中，物质文明占百分之八十，精神文明占百分之二十，两大类相加为总分，按分计奖。经委、财委、农委和乡镇的奖金，上不封顶，下不保底。县党政干部随县经济部门上下浮动。教育、卫生系统两个半月平均工资为基数，切块归口安排。乡镇、学校、卫生院由乡镇安排；县直属学校、医院由主管局安排。

五、在基建中严格控制建平房。根据市里要求，今后在机关、企业、事业及农村集体单位的办公用房和宿舍，不许盖平房。要大力提倡、鼓励和扶持社员盖楼房，集体可酌情予以帮助；在公路两旁，集镇和经济基础较好的村，要带头提前盖楼房；经济基础较差的乡村和山区也要划定楼房区，境内不准盖平房。

2008年××月××日

项目三 召开专题会议

拓展阅读

会议记录与纪要的区别如下：

（1）性质不同。会议记录是讨论发言的实录，属于事务文书；纪要只记要点，是行政公文的一种。

（2）功能不同。会议记录一般不公开，无须传达或传阅，只作为原始资料存档；会议纪要通常要在一定范围内传达或传阅，要求贯彻执行。

任务六　会议简报

会议简报的结构模板

密级		份号
	会议简报名称 第×期	
编发单位		印发日期
按语	标题 正文 　　　　　　　　　　　（署名）	
报： 送： 发：		

任务描述

会议简报通常用来反映会议的概况、议程、会上研究和争论的问题，以及重要发言的内容、要点等，它作为传递信息、汇报工作的一种会议文书，因其快、新、简、实的特点被广泛使用。学会撰写会议简报。

任务布置

1. 以"自强不息"为主题组织一次班会活动，要求全班同学分组讨论并派代表上台发言，阐述小组讨论结果。会后，根据此次班会活动的内容撰写一份会议简报。

2. 根据上次课程会议记录的内容撰写会议简报。

写作提示

一、会议简报的结构和写法

会议简报一般由报头、报体、报尾三部分组成。

▶ 1. 报头

报头又称"版头",一般占首页1/3的版面,用红色间隔线与报体部分分开,内容包括:

(1) 简报名称。在居中位置,用套红印刷的大号字体打印。如有特殊内容而又不必另出一期简报时,就在名称或期数下面注明"增刊"或"××专刊"字样。

(2) 期号。排在简报名称的正下方,如"第×期"。

(3) 编发单位。就是编发简报的单位名称,位于红色间隔线左上方。

(4) 印发日期。写在红色间隔线的右上方,与编发单位平行。

(5) 密级。需要标识密级的简报,在报头左侧上方位置,标示密级并加标识★,如"机密★"。保密时限在标识后写上,如"1年",也可以写"内部资料,注意保密"或"内部文件"等字样。

(6) 份号。需要标识密级的简报,要在报头右侧上方位置,按印制份数编号,以便登记、清退。

▶ 2. 报体

报体包括目录、按语、标题和正文等。

(1) 目录。简报如刊登几份材料,为了便于阅读,可在第一页印刷目录。

(2) 按语。又称"编者按",是为引导读者理解所编发文章、了解编者意图而写的提示语,如可以说明材料的来源、转引目的、转发范围及对简报内容的倾向性意见等。按语的位置在红色间隔线之下,标题之上。

按语视需要而用,并非每篇简报都有。一般来说,会议内容比较重要、意义比较重大的简报可以加按语。

按语分为三种类型:一是题解性按语,它类似于前言,主要对文稿产生过程、作者情况、主体内容作简要介绍;二是提示性按语,它侧重于对简报内容的理解,提醒当前应注意的事项;三是批示性按语,它往往援引领导人原话或上级机关指示结合简报内容对实际工作提出批示性意见。

(3) 标题。类似于新闻的标题,要求要能揭示主题、简短醒目。通常在按语下面,如果不加按语,则写在间隔线以下居中的位置。

标题的类型大体上有以下四种:一是概括性标题,要求准确、简要地概括出文章的基本内容,如"得人心者得人才";二是形象化标题,一般用比拟的手法揭示文章的主要内容,如"没有梧桐树,也有凤凰来";三是提问式标题,可以将简报中最能引起读者关心的问题,以提问的形式作为标题,如"北京酱油为啥脱销?"

(4) 正文一般由导语、主体、结尾三个部分构成。

导语通常用一句话或一段话概括全文的主旨或主要内容,给读者留下一个总体印象。

主体是导语内容的具体化,用典型、有说服力的材料,把导语涉及的内容进行具体的叙述和进一步的说明。

结尾应依据文章所反映的内容而定，或点明深化主题；或指明事情发展趋势；或提出希望及今后打算；或提出问题，引人深思。

（5）署名。简报的署名可以是供稿部门的名称，也可以是供稿者的姓名，写在正文右下方，括上圆括号。

▶ 3. 报尾

报尾一般是在简报最后一页的下部约 1/3 处，用横线隔开，它包含两个部分：

（1）发送范围，位于横线下左侧，根据部门的不同级别写明"报"、"送"、"发"及单位名称。

（2）印刷份数，在发送范围平行的右侧，写明"共印××份"。

二、例文评析

【例文 1】

中共××大学第一次代表大会

简　　报

第 1 期

主办：党代会宣传组　　　　　　　　　　　2009 年 11 月 28 日

党代会筹备工作领导会议第一次会议顺利召开

11 月 27 日上午，党代会筹备工作领导小组在行政楼三楼会议室召开第一次会议，具体安排第一次党代会筹备工作。校党委副书记焦×、纪委书记张×出席会议，筹备工作领导小组办公室所属机构秘书组、组织组、宣传组、会务组四个工作小组的全体成员参加了会议，会议由党委副书记焦×主持。

会上，纪委书记张×带领与会人员学习了《关于筹备召开中国共产党××大学第一次代表大会的通知》文件精神，并对中国共产党××大学第一次代表大会的指导思想、主要任务、筹备工作机构及会议要求等作了具体说明。

张×书记在会上指出，这次党代会是我校第一次党代会，是学校发展进入关键时期召开的一次承前启后的重要会议，各工作小组要齐心协力，扎实认真地做好党代会的筹备工作。秘书组在起草"两委"工作报告中，既要肯定成绩，又要分析差距，并在此基础上，明确以后的工作目标和任务；要召开多场座谈会，认真听取、广泛吸纳广大党员干部和教职工的正确意见，使工作报告真正反映出广大师生员工的心声。组织组要对各党总支（支部）选送的代表资格进行细致的审查，认真做好党代表的选举工作。宣传组要制定党代会宣传工作方案，围绕主题进行宣传，宣传形式要多种多样，扎实认真地做好与党代会有关的各项宣传报道工作。

最后，党委副书记焦×对做好会议筹备工作提出了六点要求：

一是主旨要明确。这次党代会是我校建校以来召开的第一次党代会，是××大学全体党员和广大师生员工政治生活中的一件大事。要按照党的十七届四中全会关于加强党的建设的指导思想，深入贯彻落实科学发展观，联系实际，实事求是地总结校党委近年来的工作，提出今后四年的工作规划和目标，进一步加强党的建设，动员全校各级党组织和广大党员认清自己所肩负的历史责任，为构建和谐校园，推动学校的各项事业又好又快发展而努力奋斗。

二是任务要具体。各工作小组要统一思想、提高认识，准确把握党代会的主要任务，做好筹备阶段的主要工作。

三是程序要清楚。要严格执行工作程序，确保筹备工作质量。从大会成立领导机构、选举党员代表、"两委"报告的起草、"两委"委员的提名和选举，一直到大会召开，都要按照严格的程序进行，这既是发扬民主，保障党员权利的需要，也是我们深入贯彻落实科学发展观的重要体现。

四是准备要充分。要高标准、严要求，大到"两委"工作报告，小到入会代表个人，各个环节和细节都要考虑周到，为召开一次胜利而成功的党代会做充分的准备工作。

五是气氛要浓厚。宣传组要精心制订宣传计划，通过校报、橱窗、校园专题网、标语以及电子显示屏等多种形式，宣传党的路线方针政策和建校以来学校改革发展取得的丰硕成果和成功经验，充分宣传近年来涌现的各级先进党组织、优秀党员、优秀党务工作者、先进集体和先进个人，为党代会胜利召开营造昂扬奋进、团结向上的校园氛围。

六是召开要圆满。筹备召开我校第一次党代会是一项系统工程，时间紧、任务重，各工作小组一定要加强协调，密切配合，从讲政治和讲全局的高度，本着对学校事业高度负责的精神，精心组织，周密安排，认真做好秘书、组织、宣传、会务工作，努力做到思想到位、工作到位、责任到位、保障到位，确保各项筹备工作扎扎实实、按时保质地完成，确保我校第一次党代会圆满召开。

报：××，××。
送：××，××。
发：××，××。

共印×份

【评析】这份会议简报的报头、报身、报尾写法规范，导语部分简要介绍了会议的时间、地点、参加人、主持人、主题等基本情况，主体部分能紧扣会议议题展开，内容集中，层次清晰，让读者能很好地了解整个会议的精神。

【例文2】

××市政协三届二次会议

简　　报

第 3 期

大会秘书处　　　　　　　　　　　　　　　　2008年2月26日

关注提案办理　重视信息建设
——民盟、农工党、科协、妇联界委员
对政协工作的意见建议

2月26日，民盟、农工党、科协、妇联界委员就政协常务委员会工作报告和提案工作报告进行了热烈讨论。大家高度评价了市政协去年一年来所做的工作，特别是新一届政协领导班子紧紧围绕我市实施"三新一强"和构建"和谐遵义"发展战略，立足政协工作特点、发挥自身优势，深入贯彻落实科学发展观，为遵义的经济、政治、文化和社会建设作出了积极贡献。面对政协工作的新形势、新情况、新任务，与会同志提出了自己的意见建议。

李×委员：常务委员会工作报告全面客观、实事求是，2014年的工作有许多新思路、新举措、新成果。市政协应进一步加强提案的督促落实，克服"重答复，轻落实"的现象。

彭×委员：对于提案办理，政协委员要敢于、善于答复"不满意"，该说不时要说不，这既是对政协委员本身负责，更是对社会、对党委政府负责；政府职能部门在对提案的办理上应该更加严肃、认真地对待，对需要解决的问题要列出具体的方案和进度表。

雷×委员：应加强政协工作的信息化、网络化建设。要尽快开通政协提案网上办理及回复。

罗×委员：希望政协的会议能利用多媒体手段，实现图文并茂；建议取消主席台，只设立发言席，体现领导融入委员之中的和谐氛围。

任×委员：新一届政协提案督办、民主评议力度大，得到了党委政府的高度重视，收到很好效果，人民群众普遍受益。

刘×委员：向政协反映的关于医学院门诊大楼的拆改问题，至今还未能落实到位。

张×委员：建议政协继续发挥优势，搞好文史资料工作。

（执笔人：李×）

报：×× ××
送：×× ××
发：×× ××

共印×份

【评析】这份简报的报头运用了正副标题的写法，正标题揭示主旨，副标题补充说明编写的事件。导语部分简要交代了会议的基本情况，主体部分以提要式发言的形式阐述了与会者的主要观点，条理清晰、语言简练，起到了交流会议情况的作用。

三、答疑解惑

例文3是一份会议简报，请指出存在的问题，并予以修改。

【例文3】

某学院召开就业工作研讨会

××××年×月×日至×日某学院召开了就业工作研讨会，学院领导班子的每个成员、各系部每个主任、全体辅导员参加了会议，会议由江元同志主持。

这次的研讨会上，嘉宾们也纷纷就此表达了自己的意见，分别就就业工作，当前面临的问题以及今后切实可行的解决方案进行主题发言。其中，高校生普遍对自己能力认识不清，缺乏明确职业规划和工作地点的过分集中是近几年来最突出的群体现象。

江书记从2016年的就业教育指导工作和2016届毕业生的就业工作两方面，对2016年我院的就业工作进行了详细总结，既肯定了成绩，更指出了不足，同时对2017年的就业工作做出了具体安排和部署。

2016届毕业生辅导员介绍了去年毕业生的就业情况。针对毕业生就业工作中存在的问题和当前的就业形势，与会人员展开了热烈的讨论，大家就毕业生面试技巧、毕业生考研、就业单位的选择、校企合作和实训基地的建设等方面进行了深入的探讨，并提出了富有建设性的意见和建议，为扎实做好大学生就业工作奠定了坚实的基础。

最后，学院院长做了总结发言，院长充分肯定了2016年的就业工作，认为工作是务实的，成绩是明显的，但同时指出问题也是存在的，同我们的期望还有一定的差距。

与会者表示，要推动学校就业工作迈上一个新的台阶，首先要真正将学生就业工作当成学校和学院的"一把手工程"来抓，积极构建全校重视、全员参与的就业工作格局。其次，要对学科结构中不太适应学校人才培养目标和学生就业的课程体系进行适度调整，以"出口"为导向改革、调整专业设置，调整教学计划，提高学生的就业竞争力。

评估反思

会议简报学习评价表

项　　目		自 我 评 估	自我反思
认知层面		格式上是否规范	
		语言表述是否简洁	
		是否反映出会议的基本情况	
理解层面		简报写作的注意事项有哪些	
发展层面		有何收获	

任务演练

▶ 1. 改写会议简报

把例文4这篇会议记录改写为会议简报。

【例文4】

××矿区行政办公会议记录

时间：××年××月××日

地点：矿区办公楼会议室

主持人：程光全主任

出席人：矿区副主任××、劳资科科长××、财务科科长××、安全科科长××、人事科科长××、办公室主任××

记录人：李海

会议议题：

1. 二季度奖金发放办法。

2. 自然减员招工方案。

3. 有关人员的调动问题。

4. 对违反劳动纪律人员的处理。

会议决定事项：

1. 矿区二季度奖金按照××总公司××年××月××日制订的《奖金发放办法》(试行草案)第六条、第七条执行。

2. 这次自然减员招工，招收××年以前参加工作的职工子女，并实行文化统考，择优录取的办法(详细规定由劳资科负责制定)。

3. 同意刘翔同志因父母身边无人照顾调往××容器厂工作。

4. 同意陈新同志与硫铁矿××对调，解决陈新同志夫妻长期两地分居问题。

5. 对矿工张辉无故旷工三天的行为，责成劳资科在全矿区给予通报批评，并扣发旷工日工资及当月奖金。

主持人：程光全(签名)
记录人：李海(签名)

▶ 2. 撰写简报

学校于××××年××月××日举行了第十二届秋季田径运动会，请以本届校运会为素材，撰写一份反映学校运动会实况的简报。

拓展阅读

整理会议简报有以下几个技巧：

(1) 快，即速度要快。会议简报，一般是头天讨论的情况，第二天一早就要印出发到与会人员手上。这就要求编写简报必须是"快枪手"，要练就一两个小时便能整理出一份简报的功夫。

(2) 简，即文字简洁。顾名思义，简报要简，通常是"千字文"，这就要求文字要简练，不说废话。写作方法上要开门见山，直截了当。

(3) 精，即材料要精。简报内容要紧紧围绕会议的中心议题，把代表们的主要认识、意见和建议反映出来，要扣紧主题，突出重点，抓住典型，提炼概括。一般的情况就可以省略不用了。

(4) 准，即内容要准确。会议简报反映情况一定要真实、准确，简报反映的观点材料，必须是与会人员所讲的，要忠实于原意，一些关键的词句，甚至要求应是原话。

任务七　总　结

总结的结构模板

标题		单位名称＋期限＋内容＋文种
正文	导语	介绍工作背景，也可以说明总结的指导思想或写作目的
	主体	反映成绩与措施、分析原因与结果、经验与教训
	结尾	今后的努力方向和设想
落款		单位名称或个人姓名 ××××年××月××日

任务描述

总结是当学习、工作、活动等进行到一定阶段或告一段落时，回过头来进行反思、分析、归纳，肯定成绩，找出问题，以便指导今后学习、工作。它既可以积累经验，也能避免重犯错误，还是培养理论思维能力的好途径。学会总结的写作方法，撰写一份总结。

任务布置

根据召开的模拟会议"×专业学生就业问题论坛"的具体情况，写一份会议总结。要求如下：

（1）全面把握会议情况，做到重点突出。

（2）实事求是。

写作提示

一、总结的结构和写法

总结一般包括标题、正文和落款三部分。

▶ 1. 标题

标题分为公文式标题和文章式标题。

（1）公文式标题：由发文机关、时间、事由、文种构成，如"××县工商局2014年消费维权工作总结"。

（2）文章式标题：一般直接标明总结的基本观点，类似于新闻标题的写法，可以不出现文种，但对总结内容有提示作用，如"股份制使企业走上快速发展之路"、"增强领导干部公仆意识"。

文章式标题常用正、副两个标题。正标题揭示观点或概括内容，副标题点明单位、时间、性质、文种，如"构建农民进入市场的新机制——××棉花产区发展农村经济工作的总结"、"知名教授上讲台　教书育人放异彩——××大学德育工作总结"。

2. 正文

正文包含导语、主体、结尾三个部分。

（1）导语：一般简要说明是什么样的工作、任务、活动，力求简洁，开宗明义。主要有以下几种类型：

概述式：概述介绍基本情况，交代背景、时间、地点、条件等。

提问式：提出问题，引起大家的注意，同时点明总结的重点，如"一是改革，二要发展，这是当前成人教育面临的两大问题。怎样改革？如何发展？二者之间是什么关系？对这些问题必须认真思考，给予正确的回答"。

结论式：先明确提出总结的结论，使读者了解全文的核心。

（2）主体：这是总结的主要部分，内容包括成绩和做法、经验和教训、今后打算等方面。这部分篇幅大、内容多，要特别注意层次分明、条理清楚。

主体部分常见的结构形态有三种。

纵式结构：按照事物或实践活动的过程安排内容。写作时，把总结所包括的时间划分为几个阶段，按时间顺序分别叙述每个阶段的成绩、做法、经验、体会。这种写法的好处是事物发展或社会活动的全过程清楚明白。

横式结构：按事实性质和规律的不同分门别类地依次展开内容，使各层之间呈现相互并列的态势。这种写法的优点是各层次的内容鲜明集中。

纵横式结构：安排内容时，即考虑到时间的先后顺序，体现事物的发展过程，又注意内容的逻辑联系，从几个方面总结出经验教训。这种写法，多数是先采用纵式结构，写事物发展的各个阶段的情况或问题，然后用横式结构总结经验或教训。

主体部分有贯通式、小标题式、序数式三种情况。

贯通式适用于篇幅短小、内容单纯的总结。它像一篇短文，全文之中不用外部标志来显示层次。

小标题式将主体部分分为若干层次，每层加一个概括核心内容的小标题，重心突出，条理清楚。

序数式也将主体分为若干层次，各层用"一、二、三……"的序号排列，层次一目了然。

（3）结尾：结尾是正文的收束，应在总结经验教训的基础上，提出今后的方向、任务和措施，表明决心、展望前景。这段内容要与开头相照应，篇幅不应过长。有些总结在主体部分已将这些内容表达过了，就不必再写结尾。

3. 落款

在正文右下方写上单位名称或撰写人姓名，注明成文日期。

二、例文评析

1. 综合性工作总结

【例文1】

××市侨联2010年上半年工作总结

半年来，在市委、市政府的正确领导下，在上级侨联、市委统战部的精心指导和大力支持下,××市侨联以科学发展观为指导,紧紧围绕全市发展大局,坚持"以侨为本,为侨服务"的宗旨,以"两转一增强"活动为抓手,有序推进各项工作,取得了积极的成效。现将上半年工作总结如下:

一、发挥优势,海外联谊的实效逐步凸显

1. 加强联系,深化情谊。在各节日前夕,通过发送电子邮件等方式向海外传递温情与问候,许多海外侨胞向市侨联回函致谢。尤其是春节前,市侨联在"湘潭侨网"的醒目位置挂上全体机关干部向全市归侨侨眷和海外侨胞拜年的照片,同时配有新年致辞,形式新颖,内容温馨。美国纽约旅美湖南同乡会顺利换届后,市侨联及时发函祝贺,希望继续保持友好关系,进一步加强交流与合作。

2. 热情接待,缔结友好。共接待了4批次从美、日等国回乡探亲、访友的海外人士,如日本湖南同乡会会长吴之东、美国加州湖南联谊会副会长章津华等。利用接待×××先生的契机,市侨联与日本湖南同乡会、日本华侨华人文学艺术家联合会缔结为友好社团,并举行了有湘潭、邵阳两市文化界人士参加的友好协议签约仪式暨文化交流座谈会。×××先生表示将尽己所能为湘潭、日本的文化交流提供服务。

3. 牵线搭桥,引资引善。通过向已结识的海内外客商大力宣传、推介湘潭,共吸引来潭考察项目的客商4批次9人次。先后接待香港铜锣湾集团副总裁×××考察建鑫广场第二期工程和香港盛智发展有限公司董事长×××考察金御食府改造项目、美国国际工商协会会长×××和美国超星电影院代表×××考察芙蓉电影院等4个影院的合作项目、加拿大福建总商会会长×××考察葡萄酒厂和酒庄的新建项目等。在与客商的接洽中,市侨联都做到了事先认真预选项目、事中周密安排考察、事后热线追踪服务。目前,美国超星电影院与湘机俱乐部正在进一步洽谈之中。在监督已落实捐赠的虞塘学校教学楼建校工程进度的同时,市侨联继续向香港吴星可慈善基金会积极争取,再次获得大力支持。该基金会决定向湘潭捐赠70台轮椅,并表示有意向再到湘潭捐建一栋教学楼。

二、凝聚侨心,群众工作的方式更加丰富

1. 走访慰问规格高、对象广。春节前夕,××等市领导上门慰问了×××等困难归侨,市委常委、统战部长×××在春节和端午分别参加了困难归侨侨眷集中慰问和走访侨资企业,给侨界群众带去了党和政府的深切关怀。市侨联在春节、端午期间,走访慰问了困难、重点归侨侨眷、侨资侨属企业、双联单位、基层侨联干部等,平时对重点归侨侨眷也做到了"家有丧事必访、有重大疾病必访、有重大困难必访",半年内走访对象近100名,发放慰问金(品)近3万元。

2. 联谊活动形式新。与市外侨办联合举办侨界迎春联谊活动,组织60多名归侨侨眷代表参观望城县靖港仿古街和瞻仰橘子洲头青年毛泽东艺术雕塑,并邀请侨眷、营养学专家×××讲解饮食营养学及健康保健知识。大家一致称赞这样的活动能开拓视野、愉悦身心、促进交流、增长知识。

3. 结对联系效果好。自从建立委员联系制度以来,市侨联委员们把做好联系对象的服务工作作为自己的一份责任。×××等委员不仅在节日期间到联系对象家中上门慰问,平时也经常通过电话嘘寒问暖,主动为对象排忧解难,有效延伸了侨联工作手臂。

三、爱侨护侨，维护权益的渠道有效拓宽

1. 搭建平台，畅通渠道维护侨益。一是调整充实了法律援助中心市侨联工作站负责人，聘请了顾问和专职律师，出台了《湘潭市法律援助中心市侨联工作站管理办法》，为归侨侨眷提供法律咨询和援助。二是成立了"湘潭仲裁委员会调解中心市侨联工作站"，可以根据当事人的申请，按照《湘潭仲裁委员会调解规则》调解经济纠纷。湘潭仲裁委员会调解中心市侨联工作站成立后，其负责人和顾问等一行走访了部分侨资侨属企业和海归人员创办的企业，广泛宣传选择仲裁调解工作总结民商事纠纷的优势和好处，并提供法律咨询和服务。

2. 转变作风，深入侨企提供服务。市侨联经常主动深入到侨资侨属企业中了解企业存在的困难和发展过程中面临的问题，并针对一些具体问题，专程走访相关职能部门进行政策咨询和协调处理。如，对湘潭陈氏精密化学有限公司对环保局征收排污费有异议的问题，专门赴环保局向有关负责人了解征收排污费的标准、依据，并就如何帮助企业解决固体废弃物的问题进行探讨；对××公司提出的LED照明灯具的推广问题，以提案的方式通过市政协提交给市科技局，并得到答复；对海归人员创业的问题，分别到市工商局、地税局、人事局、劳动和社会保障局等职能部门咨询相关政策，这几个部门的负责人均表示将积极提供优质服务和政策支持。

3. 认真办理信访案件。半年内接待来信来访7起，涉及房屋纠纷、困难救助、家庭矛盾、申请赔偿、就业安排、特护费、户口、治安等多个方面。对每一个信访案件，都与有关单位、当事人反复联系和沟通，开展涉侨法律政策宣传，进行劝导和解，并积极协调、督办。通过多方努力，一位归侨享受到了离休特护费，一名伤害侨眷、逃脱多年的凶犯被缉拿归案，一位美籍华人在潭亲属的户口和建房问题得以解决，影响海归人员开办公司正常运行的烟囱垃圾被安排尽快处理。

……

【评析】这是一份综合性工作总结。导语部分介绍了工作的指导思想，然后用承接语转入正文，简洁干脆。正文主要从三个方面对半年以来的各项工作做了梳理，材料翔实，既有具体的做法，又有一定的概括。条理清晰，内容集中。

▶ 2. 专题性会议总结

【例文2】

第×届泛珠三角区域工商行政管理部门高层联席会议总结

××××年××月××日至××日，泛珠三角区域9省（区）工商局在江西南昌召开了"第七届泛珠三角区域工商行政管理部门高层联席会议"。福建、江西、湖南、广东、广西、海南、四川、贵州、云南9个省（区）的工商局长、办公室主任、人教处处长、监察室主任、机关党委专职副书记参加了会议。现在会议情况总结如下：

一、这次会议以"创先争优与队伍建设"为主题，与会代表围绕加强工商队伍建设，进一步推进创先争优活动内容进行了深入讨论。

1. 海南省提出要围绕服务国际旅游岛建设中心，发挥工商职能作用，在促进经济发展、服务民生促进社会和谐、建设过硬工商队伍中创先争优；提出开展创先争优活动，要围绕中心工作，以创先争优的实际行动促进中心工作开展，以中心工作的实际成果检验创

先争优成效；要树好典型，积极发挥典型示范的带动作用；要健全争创机制，增强活动的吸引力、说服力和感染力。

2. 湖南省(略)。

3. 广东省(略)。

4. 广西省(略)。

5. 四川省(略)。

二、会上，9省(区)工商局相互交流了各地工作的好经验、好做法。

1. 在服务发展方面，海南省通过发放《大企业优先服务证》，为大企业提供优先、全程、预约、上门、跟回访以及"双向联络"指导等专项服务，切实做到"四个不让"即"不让政策在我们手中截留、不让失误在我们手中发生、不让时间在我们手中浪费、不让企业在我们这里遭冷遇"。江西省(略)。

2. 在监管执法方面，湖南省为实现科学监管，开展"无无照经营、无假冒伪劣、无消费投诉积案、无传销活动、对管区干部无举报"为内容的"五无"监管区创建活动，更新了监管理念和方式，夯实了监管基础，提高了监管效能。贵州省(略)。

3. 在消费维权方面，云南省致力完善高质量服务发展工作体系、高效能的监管执法工作体系、高水平和消费维权工作体系，努力实现服务满意在云南、竞争公平在云南、消费和谐在云南。

4. 在队伍建设方面，广西省以"数字准、情况明"为要求，全面开展了档案规范化建设，实现了档案信息化归档、检索、快速统计分析；组织编撰《广西工商行政管理机关礼仪》一书，加强工商文化建设。四川省(略)。

三、会议期间，9省(区)工商局共同签署了《泛珠三角区域工商行政管理队伍建设合作协议》。

根据协议，9省(区)工商局将深入推进创先争优活动的开展，不断加强工商行政管理队伍建设，在五个方面开展合作：

1. 开展联合宣讲活动，在区域内工商系统巡回宣讲创先争优先进典型事迹，营造学先进、赶先进、争创先进的浓厚氛围。

2. 建立挂职锻炼交流制度，根据工作需要和干部培养规划，每年统筹安排选派有培养前途和发展潜力的年轻干部到各协作成员方挂职锻炼。

3. 开展技能比武、岗位练兵活动，在区域工商系统中联合开展以网络商品交易和服务监管、食品安全、商品质量监管、电子政务、网络技术等新兴市场监管领域新知识的技能比武和岗位练兵竞赛活动，加强区域间的相互交流和学习。

4. 建立队伍建设经验交流机制，每年召开一次(或不定期)召开泛珠三角区域工商行政管理部门队伍建设交流研讨会，探讨队伍建设工作的新思路、新方法，交流各地创新经验。

5. 建立队伍建设信息交流机制，各协作方成员每年(或不定期)将各单位队伍建设方面的有效方法和成功经验，编制成简报印发，实现区域间队伍信息共享。协议还要求成立泛珠三角区域工商行政管理队伍建设工作小组，各协作成员方要把加强队伍建设的区域合作作为一项重要工作内容，结合实际，制定本地的实施意见和具体措施。

××××年××月××日

三、答疑解惑

例文 3 是一份学习总结，请指出存在的问题，并予以修改。

【例文 3】

学 习 总 结

　　半年来，我在系领导和辅导员的关心、指导下，在同学们的帮助下，学习上迈出了可喜的一步。在学期结束之际，我把本学期学习情况总结如下：

　　半年来，当我第一次迈进大学校门的时候，新的学习环境使我耳目一新。从没见过好的学习条件、好的学习风气使我暗自下定决心要努力学习，特别是在开学典礼上领导的讲话，更给我鼓舞与力量。在这样的环境李，我制定了学习生活作息时间表。

　　我按照所订的作息时间表和学习方法试行了一个学期，在学习上取得一些成效。除了课堂学习之外，我还读了小说集、散文集十五本，还背诵了几十首古诗。期中考试结果如下：英语 90 分，当代文学 91 分。

　　但是在实践中，我也确实存在不少问题。今后我一定努力克服，争取更大进步。

评估反思

总结学习评价表

项　　目	自　我　评　估	自我反思
认知层面	重点是否突出	
	层次是否清晰	
	材料是否准确真实	
理解层面	如何处理材料与观点之间的关系	
发展层面	总结要如何写出新意	

任务演练

▶ 1. 例文 4 是一份工作总结，请指出存在的问题，并予以修改

【例文 4】

工 作 总 结

　　转眼间，一年过去了，在这一年里，我努力工作，取得了一些成绩，也有很多不足。

　　我认真学习理论知识、党的路线、方针、政策，政治素质和理论水平明显提高，进一步增强了党性，提高了政治洞察力，牢固了全心全意为人民服务的宗旨和正确的世界观、人生观和价值观。

　　我的工作任务繁多，但我都能认真完成，绝不推辞，受到领导、同事的好评，我的工作主要包括纪检、政工、机要工作，事无巨细，一年来各项工作均取得较好成绩。

　　一年的试用期，自己在工作上取得了一定成绩，但还存在不足，主要表现在工作经验有待进一步丰富，超前意识有待提高。在新的一年里，我将扬长避短，发奋工作，努力克服自身不足，力求把工作做得更好。

▶ 2. 联系某个课程的学习状况，写一份学习总结

拓展阅读

撰写总结的几大误区如下：

（1）以偏概全。总结的对象是完成的工作或任务，要通过调查研究，充分利用材料。应努力掌握全面的情况和了解整个工作过程。

（2）报喜不报忧。要坚持实事求是的原则，不夸大成绩，不缩小缺点，更不能弄虚作假。

（3）面面俱到。要抓住重点，分清主次，详略得当。

项目四 参与实践活动

任务一 产品说明书

产品说明书的结构模板

标题	产品商标＋型号＋名称＋文种	
正文	产品基本信息，包括性能、特点、功用等	
	产品制作相关内容：原料组成或基本结构、规格、指标（主要参数）等	
	使用或安装、操作方法	
	保养与维修提示	
	注意事项	
	结尾，包括附件、备件和其他需要说明的内容	
落款	生产厂家和经销商相关信息及生产日期	

任务描述

产品说明书是一种以说明为主要表达方式，对产品的特征、性能、用途、构成、使用和保养方法以及注意事项等进行准确、简明的介绍说明的文书。产品说明书一般由生产单位编写，印成册子、单页或印在包装、标签上，随产品发出。

产品说明书是生产单位推销产品的宣传手段，也是用户认识、使用产品或安装、调试、进行技术操作的重要依据和指南。学习产品说明书写作的有关知识，能够撰写简短平实、通俗易懂的产品说明书。

任务布置

产品说明书可以帮助用户了解产品特性，是确保用户正确安全使用产品的关键所在。但目前市场上有的说明书却"说而不明"，使用户错误理解，导致不良后果，甚至危及生命、财产安全。因此,生产企业应该以慎重负责的态度对待产品说明书的写作,将说明书写得清楚明白、通俗易懂,不可模棱两可"说而不明",特别是注意事项的提醒更是不可大意。

请根据××制药股份有限公司生产的一种双黄连口服液的说明材料撰写一份产品说明书。要求:内容完备、语言准确、条理清晰、通俗易懂。

××制药股份有限公司生产的双黄连口服液属于非处方药药品,执行标准是《中国药典》2010年版一部。主要用于风热感冒发热、咳嗽、咽痛等症状,具有清热解毒的功能。该药品主要采用金银花、黄芩、连翘等中草药精制而成,同时辅以蔗糖。在服用时,不能吸烟、喝酒,不可以吃辛辣、生冷、油腻的食物,同时有高血压、心脏病、肝病、糖尿病、肾病等慢性病严重者、孕妇或正在接受其他治疗的患者、小儿、年老体虚者应在医师指导下服用。服药三天后,症状无改善,或出现发热咳嗽加重,并有其他症状如胸闷、心悸等时应去医院就诊。因为本药为棕红色的澄清液体,味甜,微苦,极易被儿童误服,因此本药应放在儿童不能轻易接触到的地方,同时药品性状发生改变时应禁止服用。本药为盒装,每盒10支,每支10毫升,生产日期标注在包装盒上。有效期24个月。贮藏要求为密封、避光、置阴凉处(不超过20℃)。

写作提示

一、产品说明书的结构和写法

▶ 1. 标题

标题一般采用"产品商标+型号+名称+文种"的形式,下面需要标注型号、商标、批准生产文号。

▶ 2. 正文

正文一般包括开头、主体和结尾。

开头简要概括产品情况。

主体通常要求详细介绍产品有关知识:一是产地、原料、性能、特点、功用;二是原料组成或基本结构;三是规格或指标(主要参数);四是产品使用或安装、操作方法;五是保养和维修事项;六是注意事项。主体部分可以采用条款式、对话式和表格式写法。

结尾一般介绍附件、备件和其他需要说明的内容。

▶ 3. 落款

落款主要说明生产厂家和经销商名称、地址、电话号码、传真、邮编、网址、联系人和生产日期等。

出口产品在外包装上写明生产日期,中外文对照。

二、产品说明书的写作要求

写作产品说明书,必须充分考虑用户的需要,抓住产品的突出特点,内容真实、结构清晰、语言简洁、通俗易懂,以便用户准确、安全、便捷地了解和使用产品。撰写产品说明书时必须注意以下几点:

▶ 1. 实事求是

说明书上不能随意夸大设计产品的性能,在注意事项中必须标明其有可能带来的负面影响及安全隐患,绝不能隐瞒。

▶ 2. 表达准确

说明书上不能有含混其词、模棱两可的词语,更不能有误导性的语言。

▶ 3. 突出特点

说明书上应突出产品的特性,应根据其特点、功用等有所侧重。对于需要保养的产品,侧重于保养和维护方法的说明;对于用法比较复杂的产品,侧重于使用方法的说明;对于易变质的产品,就要侧重于产品的存放方法的介绍;对于关系到生命财产安全的产品,则要特别详细说明需要提醒的注意事项。

▶ 4. 层次清晰

说明书应按照人们的认知规律安排说明顺序,尤其要注意使用方法的层次,要从使用者的角度考虑各项内容次序,以便用户理解、接受。

▶ 5. 通俗易懂

要用平实的语言把内容说得明明白白,以使用户正确理解所说明的事项。尽量避免使用晦涩难懂的专业术语以及繁体字等不规范的文字,更不能盲目地使用外文。可辅以图片、表格,增加直观性。

三、例文评析

【例文1】

×××感冒灵胶囊说明书

药品名称	通用名称:感冒灵胶囊 商品名称:×××感冒灵胶囊 汉语拼音:ganmaolingjiaonang
主要成分	本品成分为三叉苦、金盏银盘、野菊花、岗梅、咖啡因、对乙酰氨基酚、马来酸氯苯那敏、薄荷油。辅料为滑石粉
性　状	本品为胶囊剂,内容物为红棕色的颗粒;味微苦
适应症	急性上呼吸道感染,头痛,感冒
功能主治	本品解热镇痛。本品用于感冒引起的头痛、发热、鼻塞流涕、咽痛
用法用量	口服,一次2粒,一日3次
规　格	每粒装0.5g含对乙酰氨基酚0.1g
不良反应	可见困倦、嗜睡、口渴、虚弱感;偶见皮疹、荨麻疹、药热及粒细胞减少;长期大量用药会导致肝肾功能异常
禁　忌	严重肝肾功能不全者禁用

续表

注意事项	1. 忌烟、酒及辛辣、生冷、油腻食物 2. 不宜在服药期间同时服用滋补性中成药 3. 本品含对乙酰氨基酚、马来酸氯苯那敏。服用本品期间不得饮酒或含有酒精的饮料；不能同时服用与本品成分相似的其他抗感冒药；肝、肾功能不全者慎用；膀胱颈梗阻、甲状腺功能亢进、青光眼、高血压和前列腺肥大者慎用；孕妇及哺乳期妇女慎用；服药期间不得驾驶机、车、船、从事高空作业、机械作业及操作精密仪器 4. 脾胃虚寒，症见腹痛、喜暖、泄泻者慎用 5. 心脏病、糖尿病等慢性病严重者应在医师指导下服用 6. 儿童、年老体弱者应在医师指导下服用 7. 服药3天后症状无改善，或症状加重，或出现新的严重症状如胸闷、心悸等应立即停药，并去医院就诊 8. 对本品过敏者禁用，过敏体质者慎用 9. 本品性状发生改变时禁止使用 10. 儿童必须在成人监护下使用 11. 请将本品放在儿童不能接触的地方 12. 如正在使用其他药品，使用本品前请咨询医师或药师
药物相互作用	1. 与其他解热镇痛药并用，有增加肾毒性的危险 2. 如与其他药物同时使用可能会发生药物相互作用，详情请咨询医师或药师
贮　　藏	密封置阴凉干燥处
有效期	24个月
批准文号	国药准字 Z44021939
生产企业	企业名称：××医药股份有限公司 地址：×××××× 电话：×××××× 传真：×××××× 邮编：×××××× 网址：××××××

【评析】这是一则常用药品说明书，根据国家有关规定选材，面向患者。内容完备、语言准确、层次清晰、表述严谨，便于消费者准确了解和使用。

【例文2】

××牌排风扇说明书

我公司生产的××牌百叶窗式排风扇系引进部分进口元件制造而成，具有启动快、风量大、噪音低、耗电少、使用寿命长等优点，连续运行5000小时以上质量仍然保证。百叶窗叶在电机通电5秒钟内能自动张开，断电源后即自动关闭，起到防尘、防水作用。

规格型号及技术数据

型号	风叶直径	使用电压（V）	频率（Hz）	最小风量（米^3/分）	最大转速（转/分）	最大输入功率（W）
FV200	200mm(8″)	200～240	50	8	1250	28
FV250	250mm(10″)	200～240	50	13	1200	37
FV300	300mm(12″)	200～240	50	21	900	60

安装

将塑胶面壳向上拉出卸下，用木螺钉将后壳固定于预先装好的木杠内，然后装回面壳即可。

使用与保养

1. 扇叶必须对准电机轴定位位置方能旋紧固定。扇叶螺母顺时针方向拧紧。

2. 切忌碰压及随意改变风扇叶角度。

3. 黄绿色电线为接地线，应良好接地。

4. 排除阻碍扇叶转动的异物才能启动风扇。

5. 电机前后壳均有加油小孔（最接近电机轴位置的小孔）应定期加数滴润滑油，以延长使用寿命。

6. 塑料面板、风叶、前盖可拆下用棉花或软布蘸肥皂水或洗洁精清洗。切勿用汽油或其他对塑料有腐蚀的液体。

企业名称：广东顺德××电器制造有限公司

地址：广东省顺德县××路××号

电话：×××××

传真：×××××

邮编：×××××

网址：×××××

【评析】该产品说明书突出的特点是指导性强、侧重点明晰，即在写作时侧重介绍产品的安装，让消费者在阅读说明书后能熟练掌握产品安装技巧，确保安全使用产品。在说明中辅以图表，一目了然，增强了直观性，方便消费者阅读理解。

【例文3】

小米手机使用说明书（手册）

目录

第1章：MI-ONE 概览	5
概览	5
随机配件	7
应用程序	8
状态图标	11
第2章：使用入门	12
重要提示	12
电池充电	12

将小米手机连接电脑	12
使用耳机	12
第3章：基本功能	13
使用应用程序	13
手势	13
查看通知	13
输入文本	14
第4章：详细功能介绍	16
电话	16
短信	18
通讯录	20
拍照片或视频	23
查看图片或视频	25
音乐	27
上网	29
使用地图	29
切换多任务	29
添加桌面小工具、更换壁纸、浏览屏幕缩略图	29
更换主题风格	30
下载更多程序	30
系统工具	30
便捷小工具	30
更多内容	31

【评析】此说明书为使用手册的目录，全面介绍产品使用的各个方面，内容完备，条理清晰，指导性强。

四、答疑解惑

▶1. 阅读下面的说明书片段，分析其存在的问题并改正
（1）汽车电池："请勿倒置"（印在包装箱底部）
（2）儿童咳嗽药："四岁以下儿童专用"；"服用后请勿饮酒"
（3）治疗效果："治疗显效率100％"
（4）退烧药："儿童吃半片"
（5）家用电器："开"和"关"用英文"ON"和"OFF"表示

▶2. 例文4所示的说明书写得怎么样？请从内容、层次、语言等方面进行点评

【例文4】

××充电式剃须刀使用说明书

本说明适用于××充电式剃须刀。

1. 充电

将电源插头插入AC220V电源之中，视充电指示灯亮、充电12～16小时。注意：充

电时间不要过长，以免影响电池寿命。

2．剃须

将开关键上推至(on)开启位置，即可剃须。为求最佳之刮须效果，请将皮肤拉紧，使胡子成直立状，然后以逆胡子生长的方向缓慢移动。

3．修剪刀

如有修剪刀功能的剃须刀，请在剃须前，先将修剪刀推出，修短胡须后再用网刀剃净。

4．清洁

剃须刀要经常清洁。清洁前应先关上开关。旋下网刀，用毛刷将胡须屑刷净。清洁后轻轻放回刀头架、且到位。清洁时应轻拿轻放，避免损坏任何部件。

5．保修条例

保修服务只限于一般正常使用下有效。一切人为损坏例如接入不适当电源，使用不适当配件，不依说明书使用；因运输及其他意外而造成之损坏；非经本公司认可的维修和改造，错误使用或疏忽而造成损坏；不适当之安装等，保修服务立即失效。此保修服务并不包括运输费及维修人员上门服务费。

保修期外享受终身维修，维修仅收元器件成本费。

剃须刀中内、外刃属消耗品不在保修范围内。

保修期：正常使用六个月。

6．注意事项

充电时间12～16小时。

换刀网、刀头时一定要选用原厂配件。

▶3．例文5所示的产品说明书存在不少问题，请按产品说明书的写作要求进行修改

【例文5】

××牌电热杯说明书

我厂电热杯生产历史悠久，式样新颖，美观大方，质量优良，安全可靠，经济实惠，誉满全球，世界一流。该杯可煮沸各种食物，立等可取。特别适用于热牛奶，烧开水，泡饭等。

一、本电热杯电源电压一般为220V交流，消耗电力300W。

二、使用时首先插上电源插头，将电源线座一端插入杯子插座处，用完后先拔掉插头，以免触电。

三、电热杯容量1000g，灌得太满煮沸时会溢出杯外。

四、煮沸饮料倒出后，杯中应加入少量冷水(因杯底余热较高)，否则会影响杯子寿命。

五、不能随意打开底中加热部件，以免损坏。

六、自售出之日起，一年内如损坏，本厂负责退换，或免费修理。但不包括使用不当而损坏。

七、本产品经中国家用电器工业标准化质量测试中心站鉴定合格。

编号：92－1－HC－78

欢迎您提供宝贵意见。我们对提出好建议者实行抽奖。

我厂宗旨：质量第一　用户至上　销往全球　永久服务

本厂地址：中国云南昆明市××路××号

评估反思

产品说明书学习评价表

评估项目	自 我 评 估	自我反思
认知层面	你觉得产品说明书要说清哪些内容	
	常用的说明方式有哪些	
理解层面	你觉得自己写得好的有哪几点	
	应该如何考虑用户的需求	
	还有哪些困惑	
发展层面	你下一步有什么行动	
	需要什么帮助	

任务演练

（1）找出自己购买的一些商品，仔细阅读说明书，分析其结构及特点。
（2）为你常吃的零食或常使用的小物品写一份产品说明书。
（3）请你根据自己的需要和兴趣，大胆设计（想）出一款产品，并把它介绍给大家。

拓展阅读

一、药物使用说明书表述含糊导致用药错误

一位67岁老年人因"低血压、心动过速、视物模糊和头重脚轻"被送入医院急诊科。根据患者心电图检查结果疑似心房纤颤，遂被收入院观察，并请心内科医师会诊。初步诊疗计划为给予地高辛并增加美托洛尔剂量。药师对患者进行药物咨询时，患者描述其进餐时服用0.4mg坦索罗辛胶囊，每日3次。患者于2周前开始服用坦索罗辛胶囊，1日3次，原因是其注意到药瓶说明书上标有"每日餐后服用"。医师决定停用坦索罗辛胶囊，取消应用地高辛和增加美托洛尔剂量的医嘱。第2日早晨该患者血压和心率恢复正常。

坦索罗辛的正确用法是每日同一餐后服用，例如，每日在午餐后服用1粒胶囊，但该案例中药物标签上模棱两可的文字导致患者错误地认为药物正确用法是每餐后均服用药物，因而2周来每天服药3次，险些酿成严重后果。

二、市场上说明书存在的问题

近期，中国消费者协会与浙江、北京、重庆、成都、沈阳等地消协共同举办了一次产品说明书评议。结果显示，目前市场上流通的药品、手机、化妆品、空调、农药、化肥等类产品的说明书都不同程度地存在着"说而不明"的问题，由此引发的纠纷也呈上升趋势。主要问题如下：

（1）部分说明书应列内容不全，或是内容过于简单。如在药品说明书中，有胃肠道不

良反应的药品不标明饭前服用还是饭后服用；用法、用量、药品规格都用克、毫克表示，换算比较麻烦，患者容易错误理解；抗生素等药物不标明疗程；出现"分次服用"、"儿童剂量酌减"等模糊文字，没有具体说明分服次数、酌减剂量，缺少儿童、老年人、特殊人群的用法用量。有的说明书项目内容不完整，如缺少厂址、邮编、电话，进口商品缺少生产厂家的中文译名，缺少国内总经销商的名称、地址、邮编、电话；或是繁简选择不当，内容上也无轻重之分，使普通消费者不知哪些是必须记住的，哪些是仅供参考的，阅读说明书后反而无所适从。

（2）一些产品尤其是高科技产品的说明书上所列的配置、功能与产品实际有出入。据消费者投诉，有的手机说明书上标称的通话时间、待机时间、话机的储存量与实际使用情况相去甚远；一些宣称具有的功能，如手机自动重拨等，在实际操作中，这些功能并未开通；有的手机说明书多次提到"文字输入方法请参阅'中文输入法'简介"，但整个说明书无此项内容。

（3）擅自扩大适用范围。部分说明书对使用对象和产品适用范围的标注超出其登记核准的范围，这类情况在农药等商品中存在较为普遍。如某农药只适用于西瓜、葡萄等特定种类水果，标识中却标注适用范围为所有水果或大部分水果，使不少果农上当受骗。

（4）虚假宣传，夸大功效。如有些空调产品为标榜"低噪声"，在说明书中以低速起动下的噪声作为标准向消费者介绍，夸大了功效。还有的产品介绍中出现了"最有效"、"最佳"、"超高效"等夸大性宣传用语。另有的说明书出现了"纯天然植物"、"客户首选"、"治疗显效率100％"等不科学、不客观的文字，甚至宣称"坚持服用×××片，可消除一切不适而痊愈"，带有明显的自我宣传色彩。

（5）项目内容存在"兼并"现象。有的说明书把按规定或按惯例应该分项标明的内容笼统、集中地写在一起，如药品说明书中把不良反应、注意事项、禁忌统写在"注意"项中，阅读时不仅给消费者造成理解的麻烦，而且一些关系到用药安全的重要内容，往往容易被忽略或造成遗漏。

（6）缺少警示性内容。安全警示内容模糊。部分说明书对人身安全标准的内容标注不详细，警示内容不够具体，如只写"有毒，请慎用"等很抽象的文字，对安全使用起不到警示作用。另有一些企业，对于不良反应、禁忌等内容叙述含糊其词、避重就轻，能少写就少写，能不写就不写，尽量少说对产品不利的方面，唯恐出现负面影响而失去市场。在一些青霉素类和头孢类的抗生素等药品的说明书中，不仅缺少"禁忌"项目，而且未明示"青霉素或头孢菌素过敏者禁用"、"有胃肠道活动性溃疡者禁用"等警示性文字，易造成误用而引发事故。药品中缺少警示内容还突出表现在：某些可通过胎盘的药物，未标明孕妇慎用；某些可能影响幼儿和儿童生长发育的药物，未标明哺乳期妇女、儿童慎用；青霉素类、头孢菌素类、水杨酸类等有过敏情况的药物，未标明慎用情况。

（7）使用技术用语和外文太多，中英文混排、混用，让很多消费者看不懂。部分产品说明书中的参数专业性太强，术语太多，一般消费者难以理解。另一些产品说明书中，技术指标、图示等方面大量使用外文，即使是家用电器中"开"和"关"这样的用语，有些厂家也用英文"ON"和"OFF"来表示。说明书中还存在中英文混排、中英文参半、纯英文标注的情况，令消费者费解。

（8）个别说明书"历史悠久"，内容陈旧，已超过使用期限仍在超期服役。近期北京市消协组织专家进行市场上流通的药品说明书评议时发现,一份北京某药厂产品的说明书中所留的电话是6位数字的,还是十几年前的说明书,内容简陋,这至少说明该药物在近十几年的临床应用中所发现的不良反应,没有及时补充到说明书中,厂家缺乏必要的责任心。经了解,原来该厂一次印制的药品说明书可够使用若干年,只有药品名称没变,本着"节俭、不浪费"的想法竟想无限期地用下去,用完了再考虑改进内容印新的。

存在以上问题的主要原因如下:

(1) 部分生产企业对产品说明书的重要性认识不足。产品说明书不仅指导消费者选择商品、使用商品,更重要的是保障使用安全。对于企业自身来讲,其产品说明书如果能够做到详尽、实事求是,也能侧面反映出该企业严谨的工作作风、对消费者负责的态度和高品质的产品,这也是宣传企业自身形象的重要途径。

(2) 个别生产企业从经济利益出发,为追求销量,夸大宣传自己的产品。说明书中充斥"国内首创"、"功效特佳"、"有效率为××％"等字眼,结果是形同街头"小广告"。

(3) 有关产品说明书的法律法规相对滞后。现行的法律法规对产品说明书内容没有准确、具体的规定,对其的规范只是原则上的,比较笼统,甚至法律法规之间的提法也有很大出入。只要说明书项目齐全,不管内容简单与否,也不论繁简是否恰当,就属于合格说明书。

(4) 在一些高科技领域,随着技术的进步,产品更新换代很快,新的功能、配置不断被推出,原先印制好的产品说明书跟不上形势的变化,造成说明书内容与产品实际之间总有多多少少的不一致。

(5) 普通消费者对产品说明书的重要性认识不足,购买商品后不愿细读说明书、使用商品时模仿他人行为、只会简单操作不懂全面使用的现象比比皆在,使一些高科技产品的有关附加功能未得到有效的利用。消费者对说明书中存在的问题未给予足够的关注和重视,也导致产品说明书领域存在的问题长期得不到解决。

关于说明书方面,对消费提醒以下几点:

(1) 要加强对各类商品知识的日常学习,掌握商品基本常识,提高对产品说明书内容的鉴别能力,在遇到由于产品说明书"说而不明"而可能带来的安全隐患和权益受损时能很好地维护自身的正当权益。

(2) 选购商品时要认真阅读说明书。普通商品说明书的内容主要包括产品名称、生产企业名称和地址、生产日期、保质日期或使用期限,以及有关文号标注、生产许可证号(含卫生许可证号和产品标准号)、安全警示及使用指南等。特别要仔细阅读特殊用途的产品说明书,这些商品一般都有安全警示和使用指南,一定要仔细阅读、慎重使用,避免使用不当而造成不应有的伤害。

(3) 不要购买不按规范要求制作说明书的商品,说明书不规范的商品往往存在质量的隐患。

(4) 对于进口商品,消费者有权要求其提供中文说明书及经销商名称、地址,否则应拒购。

(5) 购买高科技的新产品和更新换代产品时,更应重视阅读产品说明书,全面了解说明书内容,学会使用产品的附加功能和新开发功能,充分利用新技术资源,做一名聪明理智的消费者。

（6）消费者在购买商品之后，如果发现说明书中有自己不明白或模棱两可的部分，一定要向厂家或有关人士咨询，以避免不良后果的发生。

在此，也呼吁各企业和社会各界：

（1）针对目前产品说明书领域存在问题较多、无章可循的现状，建议及早制订系统、翔实的产品说明书编写规范。由于现行法规已不能适应规范产品说明书的需要，建议由相关部门联合制订说明书的编写规范，必要时单独为产品说明书制定专项法规，使企业在编写产品说明书时有具体标准可依，也使职能部门在规范说明书内容时有条文可循。同时，也为消费者辨别说明书的优劣提供参考。

（2）针对药品等涉及人身安全的产品的说明书格式较乱、不便于阅读，更容易遗漏重要项目的现状，建议制定特殊商品的说明书统一格式，印制说明书时必须按照统一格式执行。

（3）加强对产品说明书的监督管理，加强对产品说明书有夸大其词内容的监管和处罚力度，严禁在产品说明书中出现"国内首创"、"有效率100％"等带有广告色彩的文字；同时对一些产品说明书有意简化内容，尤其对涉及使用安全的警示内容只说不明、避重就轻的行为，要坚决予以制止和纠正，以维护广大消费者的合法权益。

社会各界应共同努力，通过各种形式的加强宣传教育，提高广大消费者对产品说明书的关注和重视程度，提高消费者通过说明书合理、安全地使用商品的能力；同时，新闻媒体应多关注产品说明书的问题，广大消费者应多参与对产品说明书的评议活动，以督促生产企业提高产品说明书的质量，大家共同努力，在全社会营造购买商品重视阅读说明书，通过说明书的指导正确、合理、充分使用商品的良好社会氛围，共同提高广大消费者的生活质量。

任务二　申　请　书

申请书的结构模板

标题		事项＋文种
称谓		受文单位
正文	开头	写明申请事项
	主体	写明申请人的基本情况，阐明申请理由及希望、要求
	结尾	恳请领导批准
落款		申请人：××× ××××年××月××日

任务描述

申请书是个人、单位、集体因某种需要，向领导或组织表达愿望或提出有关请求事项，要求批准或帮助解决问题的专用书信。申请书的使用范围非常广泛，种类也很多。按作者分类，可分为个人申请书和单位、集体公务申请书。按解决的事项内容分，可分为入团、入党、开业、建房、领证、承包、贷款、困难补助、调换工作、专利申请、商标注册等申请书。

学习申请书写作的有关知识，能够撰写理由充分、表述得体的申请书。

任务布置

陈成是××学校人文系的学生，与同年级的其他同学一样，都在为即将到来的毕业实习做准备。平时，陈成会到××公司兼职，该公司的老板很欣赏他，他也觉得这家公司不错，打算把它作为毕业实习乃至将来就业的首选单位。有一天，这家公司的老板说有个适合陈成的岗位正好空岗，希望陈成马上能够到岗。可是，距离学校统一安排的实习时间还有一个多月，出于安全责任考虑，按照学校规定，学生提前离校，首先要征得家长的同意，然后向学校有关领导提出申请，经批准后才能离开。那么，陈成应该怎样撰写这份申请书呢？

要求：结构完整，理由充分，重点突出，表述得体。

写作提示

一、申请书的结构和写法

申请书一般包括标题、主体和落款三部分。

▶ 1. 标题

标题有两种写法，一是直接写文种"申请书"，另一种是"申请事项＋文种"，如"入团申请书"、"调换工作申请书"、"公租房申请书"、"开业登记申请书"等，通常用第二种写法。

▶ 2. 主体

申请书的主体写明申请的事项、申请的理由、申请人的态度三部分内容。

(1)开头。开门见山、清楚明白地向组织或领导提出申请事项。

(2)主体。说明申请理由，理由要写得客观、充分，抓住要点、突出重点。同时，应根据申请的事项，向组织或领导明确表态或提出诚恳的希望和要求。

(3)结尾。视具体情况而写，可用"特此申请"或"恳请领导帮助解决"、"希望领导研究批准"、"如能尽快解决，将不胜感激"，也可用"此致"、"敬礼"等表示希望、感谢、敬意的话结尾。

▶ 3. 落款

在右下角注明申请人姓名或单位名称，写明具体日期。

二、申请书的写作要求

(1)应具备申请的三要素，即申请的事情是必要的，申请的条件是符合的，申请的理由是充分的。三者有机结合，缺一不可。

(2)要把申请的事项、理由、意愿、要求和具体情况写清楚，让受文者能透彻地了解，以便加以研究处理。

（3）不要虚夸和杜撰，否则难以得到上级领导的批准。

三、例文评析

【例文1】

××汽车维修企业开业申请

×××市运管局：

根据有关规定，按照"二类维修企业开业条件"逐项进行落实，××汽车维修厂已具备开业条件，现特向贵局申请办理有关手续，望给予支持办理。本厂的基本情况如下：

一、设备方面

本厂对照"开业标准"对维修设备专门设立了一览表（见附表）。

二、设施方面

生产厂房面积为820平方米，停车场面积为1500平方米，设置了一条维修竣工检测线。

三、技术力量

现有员工14人，技术人员12人，其中技师1人，高级工2人，中级工9人，管理人员2人。生产人员均有从业资格证书。

四、资金方面

固定资产120万元，流动资产10万元。

五、质量管理、安全和环境保护方面

根据国家汽车维修行业标准，本厂编制并存档了切实可行的维修工艺文件、质量管理制度等，制定了安全管理及安全操作规程，建立了相应的卫生环境管理制度，做到安全生产，加强环境保护意识。

本厂希望能为更多的车辆提供更好的服务，为本区的维修市场和交通行业的发展做出应有的贡献。为此，特向上级主管部门提出办理二类汽车维修企业开业申请，盼领导予以批准。

××汽车维修厂
××××年××月××日

【评析】这是一份开业申请书，申请目的明确，理由正当充分，材料齐全，要求也合理。

【例文2】

关于租用杂货亭用于创业项目的申请书

尊敬的学校领导、后勤集团领导：

我是××××学院商学部12级金融学专业的学生林××。我欲租用学院第一食堂对面的杂货亭（原为珍珠奶茶店），从事水果副食、学习文具、考试资料的零售，用于践行自主创业的项目，同时为学生提供更好的服务。现特此提出申请，希望领导能给予考虑和支持。

××××学院是一个具有消费潜力的学生市场，流动人员数量大而且稳定，而水果等副食产品在学院内仅由××超市的水果零售店一家提供，形成了学院局部性的水果消费市场的垄断，不利于广大学生对水果产品的选择和购买，在一定程度上影响了学生的生活质量。我们的创业项目所要做到的,就是充分利用闲置资源(很长一段时间,该杂货亭并未投入使用),在自己运营项目盈利的同时,利用市场竞争与制约的机制,稳定和控制学院内的水果及相关产品的价格,方便学生购买的同时,也使学院内的水果副食价格趋于合理,从而达到更好地服务学生的效果。

两年来,我不仅在学校里学习到了相关的专业知识和技能,还从大一开始就接触了社会实践,到校外打工兼职,在为自己赚取生活费用的同时,还磨炼了自强自立的意志,培养了团结协作的精神。正是这些,让我更坚定了自主创业的信心。

学院倡导大学生要勇于创业。我和几个志同道合的同学早有创业的念头,我们的创业方案在学院创业协会的学长们以及老师的认真指导下越来越完善。现在我们用自己兼职的收入,加上家庭和亲友的资助,凑齐了相关费用,具备了开办一家小店的基本条件。当然,由于资金不是太充足,希望领导在租金等费用上给予一定的优惠,尽可能减免一些费用以减轻创业负担。领导的关心、帮助和支持,将是我们创业路上的新动力!

恳切盼望得到领导的支持!

商学部2012级学生:林××
2014年××月××日

【评析】这是在校大学生写给校领导与后勤集团领导的申请书,为了创业项目而租用学校杂货亭,写作目的明确,情辞恳切,要求合理,值得借鉴。

【例文3】

关于大学生创业扶持资金的申请书

××市创业富民办公室:

本人陈××,现年24周岁,××××年毕业于××大学,现为××林场法人代表。因创业资金遇到困难,特向领导申请大学生创业扶持资金20万元。

毕业两年来一直从事临时工作。今年在亲戚朋友的支持下,共借贷、筹集资金50万元,创办了××林场。林场将长期租用山林1500余亩,其中竹林900亩,药材林400亩,混交林200亩(租用费为60万元,按5∶3∶2的比例分三年付清)。林场聘用两名大学生、一名中专生和两名返乡农民工为管理人员,分别负责竹木经营、会计、出纳和森林防护工作。

根据目前山林现状,本林场需要从三方面对所租用山林进行改造。一是对900亩竹林进行竹林低改,三年内达到丰产竹林的标准,此工程预计投资30万元;二是对400亩药材林进行逐年更新改造,间伐无市场前景的树种,间种其他树种,此工程预计投资20万元;三是对200亩混交林进行清理改造,利用现有林木采用修剪与造型的方法进行风景竹木培植,此工程预计投资20万元。同时,要完成山林内通车道路建设,预计投资18万元。以上改造项目投资总计88万元,分三年实施。按现有资源和市场情况分析,本林场六年内可收回投资款,具有较好的发展前景。

由于本人大学毕业不久,收入不高,除家庭和亲戚支持外,尚无其他任何资金来源,创业十分艰难。林场所需的改造资金,除能从改造进程中通过竹木经营收回部分外,其余资金尚无着落。为此特请求市创业富民办公室帮助解决大学生创业扶持资金20万元。

特此申请,恳请研究批准。

申请人:××市××林场
法人代表:陈××
××××年××月××日

【评析】这份创业扶持资金申请书，目的明确，理由充分，要求合理，表述准确，条理清楚，值得借鉴。

四、答疑解惑

（1）阅读例文4申请书，指出存在的问题并修改。

【例文4】

举办国学经典诵读活动申请

尊敬的系领导：

  为了响应学院开展"诵读国学经典，传承中华文明"的号召，我系将于2014年5月举办一次"经典诵读"大赛。有如下活动：

  1. 活动开展前要出板报，布置现场，打印材料。

  2. 活动当天开展"我爱记诗词"知识竞赛，评选一等奖1名、二等奖2名、三等奖3名、优秀奖10名，并发奖品以资鼓励。

  因此需要一定的经费。希望领导给予支持。

  此致

敬礼

××系学生会
2014年4月25日

（2）例文5所示的申请书存在不少问题，请指出并修改。

【例文5】

大学生自主创业申请书

尊敬的学院领导：

  我叫×××，毕业于××专业××班。去年6月份实习以后，由于各方面原因，一直处于失业状态。但是，坚韧开朗，追求卓著的性情始终是我继续前进的动力，实习的历程带给我适应社会的能力，我始终对自主创业怀着热切的盼望，希望学校能给予支持、鼓励。

  党和国家激励大学生自主创业，并有许多优惠政策。在严峻的金融危机和就业形势下，我选择了自主创业。在亲历亲为的大学生创业实践中，我积聚了一定的创业经验和创业思维，也希望能用自己的知识和力量来改变自己，因为我现在至少还是一个大学生，是一个应该承担社会义务的青年。

  一个人的成功称不上成功，只有带这周围人一起成功才称真正成功。社会有必要形成有利于大学生创业的公众舆论环境，形成利于创业的良好氛围，努力促进就业的公众舆论环境，为大学生创业奠定良好的环境基础。把社会这个大主题带进人生的每一个角落。把维护社会和谐稳定作为己任肩负起来，这是每一位大学生义不容辞的责任。大学是莘莘学子吸取知识和培养能力的海洋，在这片温暖的海域里我们努力拼搏，学习专业知识依靠知识的力量改变命运，在这个过程中我们发扬吃苦耐劳的精神，培养了自主学习的能力，但是面对社会残酷的竞争和错综复杂的社会关系，我们这些用青春之水浇灌过的花朵不免显得不堪一击。缺乏竞争的实力，在社会的大风大浪中光有强硬扎实的专业知识显然不够。为了使我们各自的梦想在社会这个大舞台上亮丽登场，并不断提高自我，完善自我，从而走上独立自主、以创业带动就业的理想之路。

因此我们恳请学院领导能批准并给予支持。

申请人：×××
2013 年 5 月 20 日

评估反思

申请书学习评价表

评估项目	自 我 评 估	自我反思
认知层面	申请书应具备的三个要素是什么	
理解层面	你觉得自己写得好的有哪几点	
	还有哪些困惑	
发展层面	你下一步有什么行动	
	需要什么帮助	

任务演练

一、申请书评析

通过网络或其他途径查找申请书案例，并作出评析。

二、申请书撰写

写作加入首届全国青年运动会志愿者组织申请书

2015 年秋季，第一届全国青年运动会将在福州开幕。届时，福州赛区将有超过 3 万名青年志愿者为大赛提供服务。青运会志愿者分为赛会志愿者、城市志愿者和社会志愿者三大类。其中，赛会志愿者拟招募 6000 名，以在榕高校学生为主，广泛吸纳全国各地各民族群众、港澳台同胞等各界人士参与，主要包括礼宾接待、场馆运行、医疗卫生、大型活动等岗位；城市志愿者拟招募 10000 名，以福州市民为主，主要负责交通疏导等；社会志愿者拟招募 15000 名，以福州市民为主，主要负责文明服务等。

对于主办城市的大学生来说，这是一次展示自我、提升自我、服务社会的好机会。我们应该将自己的正能量传递给更多的人！

请根据自身条件，撰写一份申请加入首届全国青年运动会志愿者组织的申请书。

（提示：大型活动招募志愿者都有比较严格的条件限制，而且报名的人数越多，选择的要求就越高，因此，写申请时要注意突出自己的优势。）

拓展阅读

近年来，国家大力倡导大学生创新、创业，各级政府出台了许多优惠政策，涉及融资、开业、税收、创业、培训、创业指导等诸多方面。对于打算创业的大学生来说，大家要多了解这些政策，才能走好创业的第一步。

下面提供《××学院大学生创业园管理暂行办法》，作为进一步练习写作申请书的材料，同时也为有志于借助校园创业园平台进行创业的同学提供参考。

××学院大学生创业园管理暂行办法

第一章 总则

第一条 为多层次、全方位鼓励大学生开展创造、创新和创业实践活动，倡导创业意识、培养创业精神、提高创业素质和创业能力，并保证大学生创业园（以下简称创业园）各项工作有序开展，特制定本暂行办法。

第二条 创业园是大学生的创业实践基地，具有孵化器功能。创业园提供基本场地和创业环境，通过"师导生创"，充分发挥学生的创业主体作用，使学生能够在创业实践中进一步提高和完善自我，推动创业公司从种子期向成熟期发展。

第二章 组织机构及职责

第三条 创业园的管理机构为××学院大学生创业园管理领导小组（以下简称领导小组）。由院领导、学生工作处、公共教育部、教务处、后勤管理处、团委、现代教育技术中心、财务处、保卫处负责人以及各系主任、书记、学院法律顾问等组成。下设办公室，挂靠学生工作处（毕业生就业指导中心），各相关职能部门和各系要从学院全局的高度重视大学生创业园发展和管理工作，统筹协调，关心支持学生创业就业，提升学院学生就业工作质量和水平。

第四条 领导小组主要职责是：负责创业园和创业公司的管理工作；负责提供相关咨询服务；负责创业园宣传和推广等。

第三章 入园与退出程序

第五条 入园资格

（1）创业公司负责人及其成员原则上必须是××学院全日制在校生，学习成绩和表现良好，负责人还应具有较强的经营管理能力。（若创业公司运营状况良好，根据实际情况，学生在毕业后一年内可继续经营。）

（2）创业公司原则上由3~8名学生（鼓励跨年级）组成，有较强的团队意识。创业公司必须与所在系沟通聘请1名以上专业指导师。

（3）创业公司经营项目必须与所学专业有较大关联度并有较强专业支撑，具有一定的创新性、良好的市场潜力和较强的可操作性。

（4）创业公司经营项目不得与国家法律法规以及学院规章制度相抵触。

（5）创业公司必须具备一定的启动资金和风险承担能力，并取得家长同意。

（6）已在社会注册的创业公司予以同等考虑，但法人代表必须是在校学生本人。

（7）已获得入园资格的创业公司不得擅自将店面转为他人经营。

（8）已在社会注册的公司入驻创业园，须有良好的资格、依法纳税、资源合法，承担独立的法律责任。

第六条 申请、注册与入园

（1）有创业意向者向办公室提交《××学院大学生创业园项目申报书》，由领导小组审核确定入驻资格。

（2）创业公司负责人与领导小组签署《××学院大学生创业园入园承诺书》，缴纳入园保证金2000元。

（3）创业公司成员要认真学习创业园管理规章制度，制订本公司规章制度，培养团队精神，努力营造企业文化。

第七条　退出

（1）创业公司合同期满后经办公室核准并报领导小组同意出园，自备的办公用品、经营物品等由公司自行处理。

（2）对违反创业园管理规章制度的创业公司，经领导小组核实认定后，终止其入驻合同，并根据创业园有关规定予以处罚，责令出园。

（3）创业园的功能定位是创业孵化器，领导小组可视合同期满的创业公司运营状况和后续入园申请状况予以一次续签机会。

第四章　创业公司及其管理

第八条　创业公司在专业指导老师的指导下实行自主经营、独立核算、自负盈亏，领导小组将定期召开专题汇报会了解创业公司的经营情况。

创业公司必须在指定区域内按时、按指定经营项目开展经营活动，并履行安全、卫生等责任。

第九条　学院为创业公司免费提供经营场地及基本通信网络条件，提供一定的经费扶持（以减免部分水电费的形式）。学院每月公布各创业公司水电费，收取创业公司超出扶持部分的水电费。其他费用（如上网费用、固话费用等）由创业公司自行缴纳。

办公室依据相关考核办法对创业公司年度运营状况进行检查评比，评选优秀创业公司和创业之星。

办公室定期举办创业公司成功经验交流会，交流创业成果，提高创业水平。

第五章　附则

第十条　创业园的安全、卫生、水电等设施的使用与管理按学院相关规定执行。

第十一条　本办法及未尽事宜由领导小组负责解释。本办法自发布之日起实行。

附件：1.××学院大学生创业园项目申报书
　　　2.××学院大学生创业园入园承诺书

附件1：

××学院大学生创业园
项目申报书

项目名称：＿＿＿＿＿＿＿＿＿＿＿＿＿＿＿＿＿＿＿＿＿＿＿＿＿＿＿

项目经营范围：＿＿＿＿＿＿＿＿＿＿＿＿＿＿＿＿＿＿＿＿＿＿＿＿

项目经营类型：＿＿＿＿＿＿＿＿＿＿＿＿＿＿＿＿＿＿＿＿＿＿＿＿

项目负责人：＿＿＿＿＿＿＿＿＿＿＿＿＿＿＿＿＿＿＿＿＿＿＿＿＿

系、年级、专业、班级：＿＿＿＿＿＿＿＿＿＿＿＿＿＿＿＿＿＿＿

项目指导老师：＿＿＿＿＿＿＿＿＿＿＿＿＿＿＿＿＿＿＿＿＿＿＿

××学院大学生创业园管理领导小组制
年　月

项目名称						
项目负责人	姓名		性别		出生年月	|一寸相片
	系别				年级、专业班级		
	身份证号				籍贯		
	联系地址				电话/手机		
学习简历							
实践经历							

项目	姓名	性别	系别、班级	籍贯	常住地址	联系电话
合作者基本信息						

一、项目的市场前景分析及项目论证（可行性分析）：
二、项目的预期效益及预算经费投入：
三、项目的资金来源、货物来源及筹划情况：
四、人员分工及项目进度安排：
五、项目运作主要方式：
六、如何正确处理项目经营与学习、生活的关系：
七、对场地的要求：（使用面积、电、网络及其他配套设施等）
八、家长意见： 　　　　　　　　　　　　　　　　　　　　签名： 　　　　　　　　　　　　　　　　　　　　　　年　　月　　日
九、指导老师意见： 　　　　　　　　　　　　　　　　　　　　签名： 　　　　　　　　　　　　　　　　　　　　　　年　　月　　日
十、系（院）意见： 　　　　　　　　　　　　　　　　　　负责人（签章）： 　　　　　　　　　　　　　　　　　　　　　　年　　月　　日
十一、学院审核意见： 　　　　　　　　　　　　　　　　　　负责人（签章）： 　　　　　　　　　　　　　　　　　　　　　　年　　月　　日

附件2：

××学院大学生创业园入园承诺书

我代表＿＿＿＿＿＿＿＿＿＿＿＿＿＿＿＿＿＿＿＿郑重承诺：

1．遵守国家政策法规，合法经营，诚实守信，热情服务。

2．遵守《××学院大学生创业园管理暂行办法》，爱护公物，履行安全、卫生责任，确保创业园的和谐有序。

3．不超范围经营，在指定区域内按指定的经营项目开展经营活动。

4．不超时经营，不因公司业务而擅自缺课、旷课，不因公司业务而影响学业，不影响他人的正常工作、学习、生活。

5．按时交纳上网费用、固话费用和水电费。

6．不擅自将店面转让给他人经营。

7．服从大学生创业园管理领导小组的综合管理。

创业公司负责人签字：
年　月　日

任务三　策划方案

策划方案的结构模板

标题		单位名称＋时间＋项目名称＋文种
正文	前言	简介活动背景、缘由
	主体	介绍活动概况（主题、目标、组织单位、参与对象、预期效果等）
		写明活动流程（时间、地点、范围、步骤、人员安排等活动细节）
		列出所需资源、经费预算
		提示注意事项（应急预案）
落款		策划单位名称/策划人 ××××年××月××日
附录		附上其他材料

任务描述

策划书也称策划方案，是指对某项活动或者工作进行富有创意的策划而形成的书面设计方案，一般包括活动策划书、商业策划书、营销策划书、广告策划书、项目策划书、网站策划书、公关策划书、婚礼策划书、宣传策划书等。

专题活动策划方案是为对外接待、参观、开业、庆典、新闻发布会、记者招待会、竞赛、捐助等大型活动制订的行动计划。

学习专题活动策划方案的写作知识，能够撰写可行的专题活动策划方案。

任务布置

目前城市中很多个人手中有大量闲置的书刊，这些书刊大多被作为废品卖掉，而农村普遍缺乏书刊，特别是中小学学生，好多学生除了课本几乎没有课外读物。为了让农村孩子得到更多书刊，了解更多知识，同时又不浪费资源，××学院的同学想举办一次爱心捐赠书刊的活动。

举办一次活动，需要考虑方方面面的问题，因此，活动开展前一定要对活动内容进行周密策划。一份好的策划方案是活动成功举办的前提。

为了保证这次活动的顺利进行，需要准备一份可行的活动策划方案。如果你是这次活动的主要策划人员，你将怎样完成这份策划方案呢？

要求：结构完整，要素齐备，语意明确，方法可行。

写作提示

一、策划方案的结构和写法

策划方案一般包括标题、正文、落款和附录四部分。

▶ 1. 标题

标题即活动策划方案名称，一般由"单位名称＋时间＋活动名称＋文种"组成，如"××公司2014年元旦迎新晚会活动方案"；也可用正副双标题的形式，如"送出一本书，成就一个梦——××学院爱心捐书活动策划方案"。

▶ 2. 正文

正文一般包括前言和主体。

（1）前言。介绍活动背景，交代策划的来龙去脉。简要交代活动的背景、意义、目的。可根据实际情况灵活掌握写作内容。前言应简明扼要，文字不宜过长。

（2）主体。主体部分主要介绍以下内容。

① 活动目标、意义及主题。活动目标要具体化，并需要突出重要性、必要性、可行性、时效性。在陈述目标时，该活动的核心构成或策划的独到之处及由此产生的意义都应该明确写出。专题活动要被广大公众接受，必须选择好主题。主题是整个策划活动的灵魂，是统领整个活动，连接各个项目、步骤的纽带。可以用简明扼要的语言概括出专题活动的创意点。主题可以是一句口号，如，北京奥运会主题"同一个世界，同一个梦想"，上海世博会主题"城市让生活更美好"。

② 活动流程。活动流程大致分为三个阶段：准备阶段（包括宣传准备、前期报名、赞助经费筹备等）、举办阶段（包括人员的组织配置、场地安排等，注明活动要采取的措施、方法，指导单位，具体的负责人、参与人及完成时间等）和后续阶段（包括结果公示、活动总结等）。

③ 所需资源与经费预算。列出所需人力资源、物力资源，可列为已有资源和需要资源两部分。活动的各项费用在根据实际情况进行具体、周密的计算后，用清晰明了的形式列出。

④ 注意事项。可以是流程安排之外的补充事项，也可以是考虑出现意外情况时的应急预案。

▶ 3. 落款

落款注明策划单位名称或策划人，以及成文日期。

▶ 4. 附录

若有与策划相关的数据资料、问卷样本或其他背景材料，可以附件的形式附在文后。

二、策划方案的写作要求

为了提高策划方案撰写的准确性与科学性，应把握以下几个主要原则。

▶ 1. 逻辑清晰

策划的目的在于解决活动开展中将要面临的问题，一般按照"发现问题—分析问题—解决问题"的逻辑来构思与编制。先要设定情况、交代背景、分析现状，然后把策划目的全盘托出，详细阐述具体策划内容，明确提出解决问题的对策。

▶ 2. 重点突出

要注意突出重点，抓住所要解决的核心问题，深入分析，提出可行的相应对策措施。

▶ 3. 切合实际

编制的策划书要用于指导活动的实施，要涉及活动中的每个人的工作及各环节关系的处理。因此一定要有针对性，要切合实际，具有实际的操作指导意义。

▶ 4. 创意新颖

新颖的创意是策划书的核心内容。要做到"点子"（创意）新、内容新。表现手法灵活多样，不拘泥于文字和表格，提倡图文并茂。

三、例文评析

【例文1】

爱心捐赠衣物活动策划方案

一、活动目的

我们每一年会购买一些衣物，而有些衣物也早已不合适宜。为了帮助那些家庭有困难的家庭和孩子，让他们感受到温暖和希望，特举办爱心捐赠衣物的活动，鼓励同学们捐赠一些旧衣物，伸出爱心之手，为他们送去温暖。希望通过活动激发大学生的爱心，弘扬助人为乐美德，提升大学生的社会责任感。

二、活动主题：汇聚爱心　传递温暖

三、活动组织

主办单位：福州职业技术学院

承办单位：福州职业技术学院财经系

参加人员：全院学生

四、活动时间：2016年12月21号 8∶00—17∶00

活动地点：综合楼大厅

五、活动流程

(一)活动前期准备

部门	负责人	负责工作	任务期限	备注
各班级	班长	在班级宣传活动,通知活动时间及地点,招募志愿者并登记	2016年12月15日8:00—17日20:00	志愿者人数不超过20人
系组织部	部门工作人员	在校园中组织各系学生积极参加活动并成为活动志愿者,并登记	2016年12月15日8:00—12月17日20:00	志愿者人数不超过40人
系宣传部	部门人员	打印海报及传单,设计印制宣传条幅,并在各系宣传,在校园中的各个宣传栏粘贴海报,写一份活动稿件,交由学校广播站进行宣传。	2016年12月15号8:00—月16号16:00	
系学习部	部门人员	负责联系楼管阿姨,拿到教室的钥匙,活动当天要用的桌椅可从那边搬出并可存放捐赠物品。并申请使用综合楼大厅	2016年12月20日17:00—24日8:00	在12月20日前要经学校同意在综合楼举办活动
系社团部	部门人员	负责到校外或是校内拉取赞助,提供活动经费	2016年12月10号8:00—15日8:00	
系文娱部	部门人员	负责整理报名的志愿者名单,并把志愿者分为四组,并通知志愿者集合时间地点	2016年12月18号8:00—19日20:00	确认各个志愿者的回复
系督导部	部门人员	负责监督各部门工作情况并协助	2016年12月10号8:00—19日20:00	

(二)活动当天(2016年12月21日)

时间	地点	负责人	项目内容	备注
8:00—8:30	综合楼大厅	系实践部	召集参加活动志愿者人员集合,并宣布志愿者分四小组,确定每一小组具体负责事项及每个小组负责人	各小组组长切实负责好责任,协调工作
8:30—9:00	综合楼大厅	第一、二组志愿者	负责布置整理活动现场,布置宣传横幅	
9:00—9:30	综合楼大厅	第三、四组志愿者	负责从教室活动所需搬桌椅	
9:30—16:30	综合楼大厅	第一组志愿者	活动正式开始,负责登记捐赠人员及物品	
9:30—16:30	综合楼大厅	第二组志愿者	负责检查捐赠衣物,然后进行消毒,再分类放置	
9:30—16:30	综合楼大厅	第三组志愿者	负责整理消毒好的捐赠物品装入包装袋,拍照并对每一件物品编号登记	
9:30—16:30	综合大厅	第四组志愿者	负责搬运已经整理好的物品到指定教室。维持活动现场秩序并监督其他小组的工作情况	
16:30—17:00	综合楼大厅	全体参加活动人员	整理好捐赠物品,并拍照留念,收好捐赠明细表,结束捐赠活动	

（三）活动后期工作

1. 整理活动场地，归还桌椅等物品。

2. 将捐赠的物品做出分类整理统计物品，做出最后的统计工作。

3. 选出当天活动照片，展示活动成果，展示在学校公告宣传栏上。

4. 把捐赠物资分别打包平均分配给各组志愿者，并要求志愿者在12月24日把捐赠物品送到闽侯县红十字会。（地址：闽侯县甘州路29号）

5. 活动总结和推广。

六、经费预算

序号	消费项目	单价(元)	数量	小计(元)
1	包装袋	0.5	1000个	500
2	纸箱	1	10个	10
3	矿泉水	1	三箱	65
4	登记本	5	1本	5
5	笔	2	5支	10
6	宣传条幅	50	1条	50
7	胶带	2	2卷	4
8	宣传单	0.5	200张	10
9	威露士消毒剂	56	4瓶	224
合计(元)				878

七、注意事项

1. 在招募志愿者时要确定参加活动的当天没有其他事情，会准时到达，不确定者不报名登记。

2. 志愿者认真对待自己的工作，耐心处理工作，并协助其他各组成员的工作。

3. 所有流程每个小组成员必须清楚，所捐物品必须认真登记好，不得私吞。

4. 所有捐赠物品要妥善保管，注意天气变化。

5. 若有突发情况，视情况决定，志愿者人数欠缺由系督导部指定人员替补。

6. 活动中要注意保管好个人私有物品。

福州职业技术学院财经系学生会
2016年12月6号

附件：

1. 捐物登记表

序号	年级	系别	姓名	联系方式	捐赠物品	备注

2. 志愿者报名表

序号	年级	系别	班级	姓名	联系方式	备注

【评析】这是一份学生社团活动的策划方案。篇幅短小，内容具体，流程清楚，时间、地点、人员、措施、经费及注意事项等交代得具体明确，操作性强。

【例文2】

交流经验、共创共荣
——2011年×××公司员工联谊会策划书

一、活动主题

交流经验、共创共荣

二、活动目的

在×××品牌产品销售额持续增长，新员工入职之际，为了向新加盟员工提供相应培训和与老员工交流经验、分享信息的机会，通过联谊活动形成紧密协作、积极向上的氛围，为未来发展奠定基础。

三、活动组织

时间：2011年8月27日（周六）

地点：××会馆

主办单位：×××步行街专卖店

参加人员：×××品牌店新老员工

四、活动执行方案

1. 准备工作：（2011年8月20日—26日18：00）

部门	人员	负责工作	任务期限
运营部	×××	沟通参加人员 汇总名单、制作参加人员简介ppt	8月25日10：00
	×××	培训课件等相关资料准备 确定讲师	8月26日17：00
	×××	场地联系、确定 活动物料准备	8月23日17：00
	×××	聚餐酒店预订 酒水准备、奖品购买	8月27日10：30
策划部	×××	策划方案书审批、确定	8月24日10：00
	×××	相机等设备检查、充电	8月26日17：00
	×××	条幅设计、印制	8月24日17：00
	×××	桌签、胸牌制作	8月25日17：00
	×××	主持词	8月26日17：00

2. 活动流程

时　　间	地点	项目内容	备　　注
08：30—9：00	××会馆会议室	签到、入座	自备名片
09：00—10：00		自我介绍	策划部为新老员工做 ppt
10：00—10：30		品牌及店面介绍	章程、规模、现状、发展等相关 ppt
10：30—11：50		管理培训	外部讲师
11：50—12：10		讨论、交流	交流经验
12：30—13：30	××酒店	聚餐	适度饮酒
13：40—14：20	××会馆	午休	会议室
14：30—15：30	××娱乐城	游戏①：结对而行	分组比赛、计分
15：00—16：30		游戏②：踩气球	分组比赛、计分
16：30—17：00		游戏③：不倒的树林	自由组合，交流体会
17：00—17：30		颁奖、合影	颁发个人奖、小组奖、团队奖
17：30—18：10		回顾并结束	集体合影

游戏项目规则

（1）结对而行：开始前先把每组人员中一人的左腿与另一人的右腿绑在一起，4组并排一起站在起跑线上，主持人喊"开始"时，各组齐出，最先到达终点者获胜。主要考查参加者的配合默契程度。

（2）踩气球：每组出2个人，每只脚上绑有3只气球，2组一轮上场，不分先后互踩对方脚下气球，5分钟后，脚上气球剩余数多者胜出。

（3）不倒的树林：每组8～10人围成一个圆圈，每人单手握住等长的一根直立空心管，大家一起换手，每个人都去接住前面一个人的空心管，要求所有空心管都不能倒地。出现倒地的则重新开始，直到换完一圈为止，用时最少的组胜出。

五、费用预算

序号	消费项目	单价	数量	小计
1	餐费			
2	场地费			
3	培训教材费			
4	酒水费			
合计				

六、注意事项：要求穿休闲装、运动鞋，方便户外活动。

策划人：×××步行街店店长××

2011年5月10日

【评析】这份策划书格式规范，要素完备；重点突出，详略得当；文表结合，条理清晰。内容详尽，便于操作。

四、答疑解惑

阅读策划书例文3，评析其优缺点。

【例文3】

生涯规划讲座策划书

一、活动主题：把握现在，展望未来

二、活动目的及意义：为了让同学们更清楚地了解自我，认清现实，在短暂的大学生活中更好地为自己定好位，能够严格的规划自己的生活，为自己以后有更好的舞台发展奠定良好的基础。

三、活动时间：2014年5月18日

四、活动地点：综合楼201教室（待定）

五、演讲人：张××主任

六、参与人员：14级工程系全体同学

七、工作安排

（一）活动前期工作

1. 由班团委讨论，集中同学的意见，策划活动及分配任务

2. 召开讲座前期的动员大会

3. 讲座的前期宣传，主要以海报的形式进行宣传

4. 印发策划书及相关的文本材料

5. 准备好讲座所需的道具

6. 邀请嘉宾及通知与会人员

7. 制作嘉宾牌

8. 申请会场

（二）活动当天流程

1. 主持人介绍本次讲座的意义及大会的流程

2. 主持人介绍本次讲座的嘉宾，宣布讲座正式开始

3. 张××主任进行如何规划大学生生涯的讲座

4. 欢送嘉宾

5. 由辅导员韩×老师对大会进行总结

6. 主持人宣布大会结束

（三）活动后期工作

1. 收拾、整理会场

2. 指导与会人员进行大学生生涯规划工作

八、经费预算

1. 矿泉水：2瓶×1.5元＝3元

2. 海报制作：10元

3. 嘉宾牌制作：2元

总计：15元

九、预期效果：希望通过本次活动，让同学们明确自己在大学生涯中的目标，能更好地规划自己的大学生涯。

评估反思

策划方案学习评价表

评估项目	自我评估	自我反思
认知层面	你觉得活动策划方案要说清哪些内容	
理解层面	你觉得自己写得好的有哪几点	
	还有哪些困惑	
发展层面	你下一步有什么行动	
	需要什么帮助	

任务演练

一、搜集案例

结合专业特点，课外上网搜集相关专业策划书经典案例进行借鉴学习。

二、撰写策划方案

5～6位同学组成一个小组，共同讨论、策划一次专题活动，写出策划方案，并付诸实践，以检验方案的可行性。

策划内容可以是校园文化节、趣味运动会、舍标舍歌比赛、学生自主创新成果展、迎新或毕业晚会等有意义的活动。

要求：创意新颖，具体可行，结构完整，语言通顺，条理清晰。

拓展阅读

不同的策划书有不同的结构内容，但一般都需要写清以下八大要素：

Why(为什么)——策划的背景、缘由。
What(什么)——策划的目的、基本内容。
Who(谁)——策划活动的参与人员。
Where(何处)——策划实施的场所。
When(何时)——策划活动开展的时间。
How(如何)——策划的具体措施。
How much(多少费用)——资源经费预算。
Effect(效果)——预测、评估策划的结果。

"冰桶挑战"：一个成功的策划

如果你还没有听说过"冰桶挑战"，那么说明你有些落伍了，这可是最近火得一塌糊涂的一个词。"冰桶挑战"终于"浇"到了中国。过去两天，包括雷军、罗永浩等国内知名IT

大佬纷纷加入其行列。虽然有部分网友质疑有作秀嫌疑，但不少挑战成功者依然向美国的ALS协会或是国内罕见病公益组织"瓷娃娃"进行捐款。

"冰桶挑战"的规则很简单：参与者只有两个选择，要么将一桶冰水从头浇下，要么向ALS协会捐赠100美元；挑战者成功完成后，可以公开点名3人参与挑战，点名者要么在24小时内完成，要么向ALS协会捐款100美元。而ALS是一种渐进性的神经退行性疾病，初期的症状包括肌肉无力或行动僵硬等，中文俗称"渐冻人症"。

"冰桶挑战"可是红得很。在过去的半个多月中，微软创始人比尔·盖茨、Facebook创始人扎克伯格和苹果CEO库克等名流，不惜湿身出镜，加入这项公益接力游戏之中。而从8月17日起，"冰桶挑战"来到中国，在国内率先参与此挑战的是IT界人士。

简单的一个游戏，取得了巨大的效果。统计数据显示，从7月29日至8月18日，"冰桶挑战"为ALS协会增加了307598名新的捐赠者，连同之前的捐赠者，一共为协会带来1560万美元的捐款，远超去年同时段的180万美元。在这个创意无价的社会，创意再一次证明了自己的价值，而且还把触角延伸到了公益领域。

很显然，"冰桶挑战"是一次成功的公益创新。不管如何，这个创意能够吸引到那么多人的关注和参与，能够吸引那么多的捐款，就充分证明了它的成功。这从一个侧面表明，在这个被贴上消费主义标签的社会，慈善依然具有强大的号召力和生命力。只是要将人们的慈善之心激发出来，取得最大的效果，并不是一件容易的事。

"冰桶挑战"之所以能够成功，特别是得到IT界人士率先响应，与其流淌着创新的力量和互联网思维的血液，密不可分。在"冰桶挑战"身上，可以看到有趣性、互动性、共享性、颠覆性等特征，而这正是互联网思维的特性。公益事业是一种道德事业，但是道德并不意味着要板着面孔，公益行为虽然高大上，但也同样可以放下身段，娱乐大众。在现代社会背景下，公益不是没有空间，而是关键看能不能走进人心。

"冰桶挑战"，就这么一个小小的策划，引起了这么多的关注，获得了这么大的成功，充分启示我们从事公益事业，也必须发挥创新的力量，注重互联网思维。

校园版"Running Star/奔跑吧，兄弟"活动策划书

一、活动前言

韩国超火综艺节目"Running Man"由于它强大的娱乐性和竞技性，吸引了全世界的注意力，可以说是风靡全球，然而坐在电脑前的我们无法身临其境，只能享受视觉效果，为之失落不已。今天，地理学院即将为大家提供尽情表现自我的机会，"Running Star"——专属于××大学的校园版"Running Man"，重磅来袭！一段段精彩的演出将由你来呈现！

二、活动目的

为了提高大学生的综合素质，发扬团队协作互帮互助的精神，使广大学生在活动参与中受到潜移默化的影响，思想感情得到熏陶，精神生活得到充实，道德境界得到升华，营造良好的校园文化氛围，加强各分站间的交流。

三、活动主题

Running Star

四、活动主办方

地理与环境学院

五、活动承办方

软件学院、传播学院、生命科学学院、体育学院、理电学院

六、活动时间

11月8日下午2：00

七、活动地点

健康小道

八、主持人

地理与环境学院文化部部长

九、参与人员

(一)嘉宾

地理与环境学院党员服务站站长

软件学院党员服务站站长

体育学院党员服务站站长

传播学院党员服务站站长

生命科学学院党员服务站站长

理电学院党员服务站站长

(二)参与人员主体

地理与环境学院党员服务站内部人员

软件学院党员服务站内部人员

体育学院党员服务站内部人员

生命科学学院党员服务站内部人员

传播学院党员服务站内部人员

理电学院党员服务站内部人员

十、活动安排

(一)活动前期工作

1. 由地理与环境学院党员服务站文化部负责写活动策划。

2. 由主办方和承办方各派出5名工作人员。

3. 由各学院党站办公室人员负责统计报名人数，最后地理学院服务队办公室总计。

4. 由各学院服务队实践部负责准备活动所需道具。

5. 由地理学院党站宣传部负责设计任务完成的标志，并负责拍照宣传。

6. 参与的各学院邀请参加此次活动的嘉宾。

7. 由各学院文化部部长向站内人员宣传，并讲明游戏规则，由地理学院服务队办公室随机组队，各组人员赛前互相熟悉，并想好队名、口号。

(二)活动当天流程

1. 工作人员提前半小时去健康小道布置任务点，参与人员提前15分钟到场。

2. 工作人员组织随机分组，共16个任务点，两人一组一个任务点，起点和终点各有一名计时员。

3. 主持人讲话，包括对嘉宾的介绍，主办方、承办方的介绍，竞技规则、竞技任务的介绍。

4. 竞技开始后，工作人员统计时间和标记个数，选出冠军。

5. 主持人宣布获奖名单，嘉宾颁奖。

6. 活动结束后各学院负责清理活动现场以及活动工具的回收返还工作。

竞技内容说明

（一）竞技规则

六人一队，一次出发两队，从起点（正大广场）背向出发，途中每300米会有1个任务点，只有完成任务才可以前往下一目的地。五分钟后下一组人（两队）出发，以此类推。总共有16个任务，每队完成8个任务，每队完成一个任务就会有工作人员贴以完成任务的标记，也可以选择直接通过，但是无法获得标记，完成最后一个任务即结束。由工作人员计时，少一个标记多算三分钟，用时最少的队伍获胜。最后到大学生结算中心集合进行评比和颁奖。

（二）竞技任务

1. 心中的第六感：蒙眼，转十圈，40秒内，在队友的提示下踢中距离自己十米的足球即可过关。

2. 吞水传音：一分钟内，一个队员嘴里喝满一口水然后向队友传达任务单上指定的一个词，依次向下传，由最后一名队友答出即可过关。

3. 踩纸张：全部队员都要站在所指定的八开纸张内，不超过范围坚持30秒即可过关。

4. 调调达人：将"我爱××大学"逐字加重音读出，在30秒内所有队员都完成任务即可过关。

5. 平衡木：其中一名队友在50秒内安全通过平衡木即可过关（途中掉落就重新开始）。

6. 倒水接力：40秒内一名队员叼着一次性水杯舀水，然后把水倒给下一个人叼着的水杯中，最后一人把水倒入容器中，达到指定容量即可过关。

7. 背对背夹气球：两位队员负责吹气球，另外两名队员背对背夹气球直到夹爆为止，夹爆十个即可过关。

8. 保龄球：用制作的纸球，打翻三米内的十个易拉罐瓶。

9. 跳绳：一分钟内做八个大象鼻子后，跳50个跳绳即可过关。

10. 你划我猜：两人用肢体语言比划词语或成语，一人猜，两分钟内答出五个即可过关。

11. 吹乒乓球：一盆水里面放一个乒乓球，25秒内将其吹出即可过关。

12. 绕口令：30秒内所有人员读完一遍绕口令即可过关。

13. 夹玻璃球：100秒内，一名队员用筷子夹起玻璃球给下一个人，完成三轮接力即可过关。

14. 定点投篮：一个队有五次机会，进三个即可过关。

15. 不听指挥：三名队员轮流和裁判比赛，先剪刀石头布，谁赢谁指上下左右方向，输的人若与赢的人同一方向则输，反之，继续，三人中有两人胜即可过关。

16. 趣味答题：在指定的抽奖箱内抽取六道题，答对即可过关。

（三）活动后期工作

1. 各院宣传部制作总结、简报，上报各院党委、校总站。

2. 参与人员撰写心得体会，总结活动经验。

十一、各学院具体分工安排

（一）地理学院

1. 前期策划并筹备活动。

2. 负责准备道具：题目卡二十个（选择题）、成语卡十个、任务点的卡十八个、绕口令卡片六个、任务点词语卡五个。

（二）生命科学学院

1. 派出五名工作人员参与活动。

2. 负责准备道具：报纸、蒙眼睛用的布一条、有刻度的容器。

（三）软件学院

1. 派出五名工作人员参与活动。

2. 负责准备的道具：一袋气球、两个玻璃球、抽题的小箱子。

3. 负责买一等奖和二等奖的奖品。

（四）传播学院

1. 派出五名工作人员参与活动。

2. 负责准备的道具：三瓶矿泉水、一次性筷子、纸球。

（五）理电学院

1. 派出五名工作人员参与活动。

2. 负责准备的道具：十个空易拉罐、一次性水杯、小水盆。

3. 负责买三等奖和纪念奖的奖品。

（六）体育学院

1. 派出五名工作人员参与活动。

2. 负责准备的道具：篮球、足球、跳绳、乒乓球各一个。

十二、经费预算

一等奖：学习用具 6×20 元＝120 元

二等奖：小玩偶 12×10 元＝120 元

三等奖：玻璃杯 18×5 元＝90 元

纪念奖：明信片 30×2 元＝60 元

道具：一次性水杯：5 元；矿泉水：10 元；气球：10 元

任务点的站牌：10 元

总计：425 元

赞助单位：×××校园活动网

十三、注意事项

1. 主持人必须明确比赛规则，同时把握好各个环节比赛时间，随机应变。

2. 注意整个活动中所有突发事件的处理。

3. 工作人员维持好现场秩序，防止过于喧闹影响活动进行。

4. 办公室做好通知工作，通知参与人员及时入场。

5. 活动前期对各个项目的可实施性进行试验，确保游戏的可行性。

××大学地理与环境学院团委、学生会

××××年×月×日

任务四 招标书和投标书

招标书的结构模板

标题		招标单位＋招标项目＋文种
正文	前言	简要说明招标的依据、原因、范围等
	主体	招标项目基本情况，如名称、质量、数量、价款等
		对投标方的条件要求
		招标步骤，即对招标工作所做的安排
	结尾	详细写明招标单位名称、地址、电话、传真、邮编、联系人等
落款		招标单位（盖章） ××××年××月××日

投标书的结构模板

标题		投标单位＋投标项目＋文种
称谓		受文单位：
正文	前言	投标的项目名称，投标单位的态度、能力
	主体	紧紧围绕招标书提出的目标、要求来写。投标企业的现状、具备条件、提出标价、完成项目时间、质量承诺、经营措施等
	结尾	投标单位名称、地址、联系人信息、邮编、电话、传真、银行账号等
落款		投标单位及法人代表（签名盖章） ××××年××月××日

任务描述

招标书和投标书是政府、单位或者企业在招、投标时所使用的文书。招标书是指招标单位为择优挑选投标者而将招标项目及其相应的条件、标准、要求等告知投标人时所使用的文书。投标书是指投标者为了中标而按照招标书提出的项目、条件和要求等而编制的，提出应标能力和条件的书面材料。投标书撰写得好坏直接影响中标结果。根据经济活动的内容，常见的招标书、投标书可分为工程建设招标书、投标书，大宗商品交易招标书、投标书，企业承包招标书、投标书等。

根据招标、投标的过程，可分为下列招、投标文书：招标委托书、招标通告、资格预审公告、资格审查结果通知书、投标邀请书、投标须知或投标说明、投标书、投标项目方案及说明、投标保证金保函、评标报告、中标通知书、落标通知书、招标及投标情况报告等。学习招标书、投标书的有关知识，了解招标公告、投标书的结构写法，能够按要求撰写投标书。

王华是一个热爱生活,喜欢创业的青年。平时经常关注网上有关招标、投标的信息,为未来的创业做些积累。而且,他的家人经营着一家小书店,已经有3个年头了,由于业务拓展目前正打算寻租一间更大的店面。最近,他看到××学校的店面出租招标通告,他就尝试着帮助家人写一份投标书,希望能够中标。这份投标书该怎样写呢?

要求:内容有针对性,表述准确、具体、严密,条理清楚。

【例文1】

××学院店面出租招标公告

(招标编号:FZDW2013002)

经上级批准,××学院拟将学校西向沿街3间店面出租,向社会公开招标。现将有关事项通告如下:

一、招标人:××学校。

二、租赁期限:二年。

三、招标项目、面积、报价:

1.××学院西向沿街店面(××区向阳路8号),共有3间,共36平方米。

2.承租学校店面应以书店经营形式,以出售成人高考、中央电大开放教育及奥鹏学习中心辅导教材为主,中小学课本和其他书籍为辅。

3.报名时竞标者需按招标规定交纳所需材料及竞标报价单,装袋密封。

四、报名须知:

1.公示时间:2013年5月6日至2013年5月12日。

2.报名时间:2013年5月13日至2013年5月17日。

(上午8:30—11:30;下午14:30—17:30;双休日除外)

3.报名条件:具有法人代表资格的企事业单位、个体经营者。

4.报名地点:××学院办公室。

5.招标方案:有意承租店面,履行租赁合同条款者,均可报名登记参加投标。报名时应持法人代表资格证、工商营业执照及个人身份证复印件(与原件相符)。报名时需交保证金人民币3000元整(未中标者如数退还)。招标人通过评标结果以最高报价者并符合我校租赁要求的为第一中标人(同等条件原承租人优先)。

五、开标时间:2013年5月21日下午15:00。

六、开标地点:本校二层会议室。

七、中标结果:经学校评标小组评议结果确认中标顺序。

八、注意事项:

1.承租学校店面的中标者必须严格遵守国家法律法规和符合学校租赁规定的要求。

2.中标者不得转租或经营其他业务,一经发现,出租方有权中止租赁合同。

咨询电话:8833××××

联系人:张老师 陈老师

××学院
2013年5月6日

写作提示

一、招标书的结构和写法

招标书一般包括标题、正文和落款。

1. 标题

标题可有多种写法：

（1）招标单位＋招标项目＋文种。

（2）招标单位＋文种。

（3）招标项目＋文种。

（4）直接以"招标书"命名。

2. 正文

招标书的正文包括：前言、主体和结尾。

前言简要写出招标的依据、原因、范围等。

主体部分是招标书的核心内容，主要包括：

① 项目基本情况，如名称、质量、数量、价款等。

② 对投标方的条件要求。

③ 招标步骤，即对招标工作所做的安排，包括招标的起止时间，招标文件的发送时间、地点、方式、价格，开标时间和地点等。

要根据不同的招标项目写清具体内容，如工程建设项目招标书要写明工程的规模、技术指标等内容；采购大宗商品招标书要写明商品名称、数量规格、价格、交货日期、结算方式等；承包或承租企业招标书要写清楚企业概况、投标者的条件等。

结尾是招标书重要的组成部分，要详细写明招标单位名称、地址、联系电话、传真、邮编、联系人、发文日期等，以便投标者参与。

3. 落款

招标单位及法人代表签名盖章，注明成文日期。

二、招标书的写作要求

1. 合理合法

招标是一种具有法律效力的经济活动。招标书的制作一定要严格按照国家颁布的有关招标的具体办法和技术规范，合理合法地撰写招标文书。

2. 格式规范

招标是操作性很强的经济活动，讲究一定的程序和形式。招标书的制作在格式上要遵循相关的规定，从而体现规范的特点。

3. 内容明确

招标一般都是一次性的成交活动，没有磋商的时间和余地，因此，招标的内容要求写得具体明确，表述要准确严密，避免产生歧义，避免经济和法律纠纷的产生，并为下一步签订合同做好准备。

三、投标书的结构和写法

投标书一般包括标题、称谓、正文和落款。

▶ 1. 标题

标题可有多种写法：

（1）投标单位＋投标项目＋文种。

（2）投标项目＋文种。

（3）直接以"投标书"命名。

▶ 2. 称谓

称谓即招标单位的名称，大多写招标单位的招标办公室。在标题下一行左顶格书写。

▶ 3. 正文

投标书正文主要反映投标者的态度和能力，一般由前言、主体和结尾构成。

前言表明投标的项目名称，简要交代投标的目的和依据，介绍投标单位的基本情况，以及对该投标项目的态度。

投标书的主体要根据不同的投标项目写清楚具体内容，并紧紧围绕招标书提出的目标、要求来写，如：

① 工程建设投标书主要写工程综合说明、单位标价、总标价、所用主要材料指标、开竣工日期、要求建设单位提供的配合条件等。

② 采购大宗商品投标书主要写生产厂家历史、产品规格、使用效果、供货单价总价、供货日期、承诺条件等。

③ 承包企业投标书主要写承包企业状况的简要分析、投标者的经营方针、投标基数和可行性论证、实现投标基数的主要措施等。

结尾写明投标单位名称、单位地址、单位联系方式（联系人信息、邮编、电话、传真、银行账号）等。

▶ 4. 落款

投标单位及法人代表签名盖章，注明成文日期。

如果有需要，可以附上利于己方中标的有关材料等。

四、投标书的写作要求

▶ 1. 重点突出，条理清楚

投标书的内容应紧扣招标书提出的要求来写，主要把投标项目、有利条件及项目分析情况写清楚，各项指标、措施都要重点突出地予以介绍；思路要清晰，条理要清楚。

▶ 2. 内容合法，语言准确

投标书内容必须符合国家有关法律法规的具体要求、质量标准和技术规范。有效的投标书是签订合同的依据，受到法律的约束和保护。写作时，表述语言和文字一定要准确、具体、全面、周密，尤其是对技术规格、质量要求的表述要绝对准确无误，以免日后发生纠纷。

五、例文评析

【例文2】

福州××招标有限公司招标公告

福州××招标有限公司受××××学院委托将对下列采购项目进行公开招标。

1. 项目名称：××××学院载货电梯采购项目
2. 招标文件编号：FZGC－G－2014－FS211－1
3. 招标项目内容：

合同包	品目号	项目名称	用途	数量	简要技术指标	采购单位	联系方式	地址
1	1	载货电梯	办公	1台	详见招标文件第二章投标人须知附件B	××××学院	黄老师 0591－83××0676	福州市

4. 最高限价：本项目预算价195000元为最高限价。

5. 投标人资格标准

（1）凡有能力提供本招标文件所述货物及服务的，具有法人资格的境内供货商或制造商均可能成为合格的投标人（须提供法人营业执照副本及税务登记证副本复印件）。

（2）根据闽检发〔2014〕7号文规定，投标人须提供有效期内的检察机关行贿犯罪档案查询结果告知函（由投标人住所地或业务发生地检察院出具），证明投标人参加本次政府采购活动前三年内的行贿犯罪档案查询结果，对于未提供行贿犯罪档案查询结果或者查询结果有行贿犯罪记录的投标人，其投标将被拒绝。（原件须胶装在投标文件正本中，副本附复印件）。

（3）投标人所投产品必须具备国家质量监督检验检疫总局颁发的《中华人民共和国特种设备制造许可证》；且应同时具有A级载货电梯的生产制造资格类型。

（4）投标人的安装维保单位必须具备省级及以上质量技术主管部门颁发的安装改造维修许可证。

（5）本项目不接受联合体投标。

6. 招标文件购买时间、地点

6.1 购买时间：凡有意参加投标者，请于2015年2月6日起至2015年2月25日，每日9：00至12：00，14：30至17：30（北京时间，下同）。

6.2 购买地点：福州市古田路×号15层福州××招标有限公司。

6.3 未在规定时间和地点购买招标文件的潜在投标人将失去投标资格。

7. 招标文件售价

招标文件纸质文本售价50元人民币，可自购电子光盘（售价50元人民币），如需邮寄请另加邮寄费50元，售后不退。

8. 投标截止时间

投标文件应于2015年3月3日15：00之前提交到福州市古田路×号15层福州××招标有限公司开标大厅，逾期收到的或不符合规定的投标文件将被拒收，并将其原封不动地退回投标人。

9. 开标时间、地点

9.1 开标时间：2015年3月3日15：00。

9.2 开标地点：福州市古田路×号15层福州××招标有限公司开标大厅。

10. 质疑期限：根据《中华人民共和国政府采购法》第五十二条规定：供应商认为采购文件、采购过程和中标、成交结果使自己的权益受到损害的，可以在知道或者应知其权益受到损害之日起七个工作日内，以书面形式向招标人（招标代理机构）提出质疑，口头质疑不予接受。公告发布之日起七个工作日后提出的质疑将不予接收。

11. 发布公告的媒介

与本次招标有关的公告信息同时在相关网站发布，请投标人关注。

12. 联系方式

招标代理机构：　福州××招标有限公司

地　　址：　福州市古田路×号15层

邮　　编：　　　350001

电　　话：　0591—83××2109/509　88××0341/42

传　　真：　0591—83××3305

联系人：　张××

电子信箱：　83××3301@163.com

13. 投标保证金缴交银行账号

开户名：　福州××招标有限公司

开户行：　中国建设银行福州市××支行营业厅

帐　号：　350018700070525170××

福州××招标有限公司
2015年2月6日

【评析】这是一份授权委托单位发布的招标公告，格式规范，条理清晰，内容完备，表述准确。

【例文3】

房屋门面租赁投标书

　　　　公司：

在切实遵守《中华人民共和国城市房地产管理法》、《中华人民共和国合同法》及招标文件规定的前提下，我方愿意：

1. 以拾贰万元人民币的商用房金获得××区长山公园房屋的使用权。

2. 我方保证在投标书里所作出的各项承诺有效。如果中标，则本投标书和贵公司签发的《中标证明通知书》即成为我们和贵公司之间的有约束性的协议文件。

3. 我方已按《招标通知书》的规定，随本投标书投交了投标保证金。该保证金本票（支票）由中国农业银行开出；保证金的金额为捌仟元人民币。

4. 如果我方在投标有效期内撤回投标，投资保证金将被贵方没收。

5. 我方接受贵公司所作出的评标决定。

6. 如果中标，我方同意按《招标通知书》和《租赁房屋使用条件》的规定，到贵公司签订《商业用房租赁合同》，按《中华人民共和国政府招投标法》和合同规定条款承担我方责任，并按期支付定金和租金。

7. 我方同意提供按照贵方可能要求的与其投标有关的一切数据或资料。

8. 我方理解，最高价不一定是中标唯一条件。

9. 我方按《招标通知书》的规定投交了各项投标文件，包括：

（1）公司法人代表身份证明

（2）法人授权委托书

（3）投标函

（4）投标保证金交存凭证复印件

（5）投标函附录

（6）对招标文件及合同条款的承诺及补充意见

（7）投标报价说明

（8）报价表

投标者：郑××（身份证号：　　　　　　　　　　　）

投标者法定通信地址：××市××区东山路100号

电　话：　180××113547

投标者（签名）：
2014年4月11日

【评析】 这是一份房屋门面租赁投标书。主要表明投标者态度和报价，并作出相应的承诺。结尾交代投标的有关材料及投标者联系方式。

【例文4】

培训楼工程施工投标书

根据××公司兴建培训楼工程施工招标书和设计图的要求，作为建筑行业的×级企业，我公司完全具备承包施工的能力与条件，决定对此项工程投标。具体说明如下：

一、综合说明

工程简况（工程名称、面积、结构类型、跨度、高度、层数、设备）：

培训楼一幢，建筑面积10700m^2，主体6层，局部2层。框架结构：楼全长80m，宽40m，主楼高28m，二层部分高9m。基础系打桩水泥浇注，现浇梁柱板。外粉全部，玻璃马赛克贴面，内粉混合砂浆采面涂料，个别房间贴壁纸。全部水磨石地面，教室呈阶梯形，个别房间设空调。

二、标价（略）

三、主要材料耗用指标（略）

四、总标价

总标价3408395.20元，每平方米造价370.23元。

五、工期

开工日期：××××年2月5日；

竣工日期：××××年8月20日；

施工日历天数：547天。

六、工程计划进度（略）

七、质量保证

全面加强质量管理，严格操作规程；加强各分项工程的检查验收，上道工序不验收，下道工序决不上马；加强现场领导，认真保管各种设计、施工、试验资料，确保工程质量达到全优。

八、主要施工方法和安全措施

安装塔吊一台、机吊一台，解决垂直和水平运输；采取平面流水和立体交叉施工；关键工序采取连班作业，坚持文明施工，保障施工安全。

九、对招标单位的要求

招标单位提供临时设施占地及临时设施40间，我们将合理使用。

十、坚持勤俭节约原则，尽可能杜绝浪费现象。

投标单位：××建筑工程总公司

负责人：李××（盖章）

电话：×××× 传真：×××× 电报：××××

附件：本公司基本情况介绍

××建筑工程总公司（公章）
××××年××月××日

【评析】这是一篇工程建设项目投标书。正文先介绍了工程简况，然后说明了标价、耗材指标、工期、计划进度等，对招标书作出了明确的回答。这可以说是投标单位的正式报价单，是评标决标的依据。本投标书还包括了保证工程质量的措施和达到的等级、主要施工方法、安全措施和对招标单位的要求等。文末附上公司基本情况，让他人对己方建立信心。

【例文5】

××市疾控中心采购窗帘项目投标文件
目　录

一、投标书 ………………………………………………………………………… 1

二、投标人（×××布艺公司）简介 …………………………………………… 2

三、投标产品技术指标说明 ……………………………………………………… 3

四、售后服务承诺书 ……………………………………………………………… 4

五、产品质量保证承诺书 ………………………………………………………… 5

六、开标一览表 …………………………………………………………………… 6

七、谈判报价分项明细表 ………………………………………………………… 7

八、投标人关于资格的声明函 …………………………………………………… 8

九、投标人资格证明文件及经营业绩证明文件 ………………………………… 9

一、投　标　书

××市政府采购中心：

1. 按照已收到的编号为 XRDOSCG－T2011026 的采购项目谈判文件要求，经我单位认真研究谈判文件有关要求后，我方愿按上述合同条款、技术规范进行投标。我方完全接受本次谈判规定的所有要求，并承诺在中标后履行我方的全部义务。我方的最终报价为总承包价，保证不以任何理由增加报价。如有缺项、漏项部分均由我方无条件负责补齐。

2. 一旦我方中标，我方保证在 2014 年 4 月 8 日交货完毕，在 2014 年 4 月 10 日施工完毕。

3. 我方郑重声明：所提供的投标文件内容真实。

4. 除非另外达成协议并生效，否则，中标通知书和本投标文件将构成约束双方合同的组成部分。

投标人：×××布艺公司(盖章)　　　　单位地址：×××温州××商城三楼
法定代表人：(签字或盖章)　　　　　邮政编码：×××××××
电话：1315477××××　　　　　　　传真：
开户银行名称：　　　　　　　　　　 银行账号：
开户行地址：　　　　　　　　　　　 电话：

2014 年 3 月 25 日

二、投标人(×××布艺公司)简介

×××布艺公司是一家专业从事窗帘加工销售及布艺设计的营业机构。自从 2000 年 6 月份开业以来，以独特的设计理念、精湛的缝制技艺及热情周到的服务不断开拓市场，赢得顾客的广泛认可及好评，目前，本店的年营业额已突破三百万元。

本店经营地址位于×××温州××商城三楼。具备专业的窗帘设计服务系统及缝制熨烫设备，同时拥有一支专业的窗帘设计加工技术队伍，目前共有从业人员 7 名，包括设计人员 2 名，缝纫工 3 名，安装及售后服务人员 2 名。所有加工及安装人员均为技术精湛，具备多年操作经验的资深技工。由于我们在经营过程中注重强化人员配备，进一步提高了服务质量，最大限度地保护了客户利益。

经营过程中我们坚持为客户提供质量过硬的产品，杜绝伪劣次品，所经营产品均为正规生产厂家的优质家纺产品或遮光产品。为充分保障消费者利益，我们坚持不断强化质量管理，严格控制无相关票证、质检报告、商品使用说明(标识)的产品上柜台。同时加大对销售人员的培训，丰富相关知识，做到真实、准确地向消费者传达商品信息。

在严把销售产品质量关的同时，我们还特别注重构建高效的售后服务体系。坚持在销售产品时明确告知消费者产品的保修年限、范围和保修条件等。经过多年努力，造就了一支专业的安装及售后服务队伍，使得售后服务响应速度不断提高，目前已经实现售后服务 2 小时内响应，24 小时内修复。

近年来，随着经营实力及服务能力的不断提高，客户范围明显扩展。除普通家庭用户外，我们还为各类单位用户提供产品及服务，包括宾馆酒店、医院、影剧院、办公楼、高档写字楼、学校、体育场馆、娱乐场所、商场及政府机关。先后承接了××公司办公楼窗帘安装工程项目、××市物流园区建设投资有限公司办公楼窗帘安装工程项目，以及××公司办公楼窗帘安装工程项目等窗帘制作安装工程。

三、投标产品技术指标说明

本次投标产品选用绍兴××有限公司生产的 80%遮光亚麻布料作为窗帘面料，该产品完全符合国家标准 GB5296.4—1998《消费品使用说明——纺织品和服装使用说明》、GB18401—2003《国家纺织产品基本安全技术规范》及 GB/T19817—2005《纺织品 装饰用织物》。具备卓越的遮光及阻挡紫外线功能，主要技术指标如下：

1. 成分：80%亚麻纤维，20%永久阻燃涤纶。

2. 门幅：150/280/300cm。
3. 染色牢度指标：
(1) 耐洗色牢度变色4~5级，沾色4~5级。
(2) 耐磨色牢度干磨4~5级，湿磨4~5级。
(3) 耐水色牢度变色4~5级，沾色4~5级。
(4) 耐光色牢度大于5级。
4. 水洗尺寸变化率：经向－0.9%，纬向－0.1%。
5. 断裂强力：经向1350N，纬向905N。
6. 安全及环保性能：
(1) 甲醛含量＜20(mg/kg)。
(2) 可分解芳香胺染料＜10(mg/kg)。
(3) pH值7.35。
(4) 无异味。

本次投标产品时特别为招标单位甄选的优质遮光布料，具备布面平整均匀、手感柔软、阻燃性能好（经多次洗涤仍保持阻燃性能）、耐化学性、抗虫蛀功能、无任何毒性、燃烧时无黑烟，无刺激性气味等特点、属绿色环保型产品。

四、售后服务承诺书

1. 保修年限、范围、保修条件

窗帘面料保修年限为3年，人为损坏情况不在保修范围，吊装脱落情况下保修期为5年。

2. 解决问题、排除故障的速度

投标人承诺在收到问题反馈后2小时内响应，24小时内排除故障。

3. 售后服务联系方式

联系人：张×，联系电话：1315477××××，维修点设于温州××商城一层。

投标人名称（盖章）：×××布艺公司
法定代表人或委托代理人（签字）：
2014年3月25日

五、产品质量保证承诺书

根据贵方2014年3月14日发布的编号为XRDOSCG－T2011026的采购项目公告，我方对该项目做出如下产品质量承诺：

1. 产品都属于厂家原装正品产品。

2. 产品"三包"内容：投标产品完全按照《中华人民共和国产品质量法》的规定实施"三包"。投标产品自安装完毕之日起7日内，发生性能故障，购买方可以选择退货、换货或修理；产品自售出之日起15日内，发生性能故障，购买方可选择换货或者修理修理；在三包有效期内，修理两次，仍不能正常使用的产品，由我方免费调换同型号同规格的产品或按有关规定退货；对于因使用、维护、保管不当造成损坏的、其他修理者拆动造成损坏的、或不可抗力因素造成损坏的不实行三包，但可实行收费修理。

投标人（盖章）：×××布艺公司
法定代表人或委托代理人（签字）：
2014年3月25日

六、开标一览表

项目名称：××市疾控中心采购窗帘及附属设备

招标编号：XRDOSCG——T2011026

标的内容	投标总报价（大写）	投标总报价（小写）	售后服务网点所在地	交货（工）期	质保期
××市疾控中心窗帘	陆万肆仟叁佰伍拾元整	64350.00	温州××商城	10天	3年

投标人：×××布艺公司（盖章）

法定代表人或委托代理人：（签字）

2014年3月25日

七、谈判报价分项明细表

项目编号：XRDOSCG——T2011026

项目名称：××市疾控中心采购窗帘及附属设备

序号	名称	品牌、规格、型号	产地	单位	数量	单价	总价	备注
1	××市疾控中心窗帘	波力牌80%遮光、亚麻布料	浙江	米	585	110	64350.00	包括挂钩、挂钩边、轨道等
金额合计	大写：陆万肆仟叁佰伍拾元整					￥64350.00		

谈判方全称（盖章）：×××布艺公司

法人代表或委托代表（签字）：

2014年3月25日

八、投标人关于资格的声明函

致：××市政府采购中心

我愿意针对编号为XRDOSCG－T2011026的采购项目进行投标。投标文件中所有关于投标人资格的文件、证明和陈述均是真实和准确的。若有违背，我公司承担由此产生的一切后果。

特此声明！

投标人（盖章）：×××布艺公司

法人代表或委托代表（签字）：

2014年3月25日

九、投标人资格证明文件及经营业绩证明文件

1. 营业执照；（共1页，附后）
2. 税务登记证；（共1页，附后）
3. 投标人法人身份证（共1页，附后）
4. 经营业绩证明材料（共3页，附后）

【评析】这是一份规范的项目投标文件。整个文件由投标书、企业概况、承诺书、技术指标说明、报价明细表、资格声明函等组成，对招标书作出了全面而明确的回答，有利于让招标方了解投标方的实力并感到安全可靠。前面有目录提示，后面逐项说明，文表结合，条理清楚。

六、答疑解惑

▶ 1. 阅读下文，思考并回答文后问题

资格性及符合性审查情况：

1. 福州××电梯制造有限公司在响应文件中未提供税务登记证副本、企业财务报表（或审计报告）、税务部门出具的企业依法缴纳税收证明，不符合报价资格的第<u>1</u>条款、第<u>2</u>条款的规定，经谈判小组评议，资格性审查不合格，按照无效报价处理。

2. 福建××电梯有限公司在响应文件中未提供企业财务报表（或审计报告）、税务部门出具的企业依法缴纳税收证明、社保部门出具的企业缴纳社保证明（名单中必须包含谈判报价人代表），不符合报价资格的第<u>2</u>条款的规定，经谈判小组评议，资格性审查不合格，按照无效报价处理。

3. 经谈判小组评议，广州××电梯工程有限公司的资格性与响应文件的符合性审查均合格。

以上是一次招标过程中对投标单位的文书材料进行审查的情况说明。从中，你受到了什么启发？

▶ 2. 补充招标书的内容

招标书例文 6 缺少了哪些内容？请按照招标书的写作要求补充完整。

【例文 6】

××集团公司修建计算中心大楼招标书

本集团公司将修建一栋计算中心大楼，由××市城市建设委员会批准，建筑工程实行公开招标，现将招标有关事项公告如下：

一、工程名称：　××集团公司计算中心大楼

二、建筑面积：　1000m²

三、设计及要求：　见附件

四、承包方式：　实行全部包工包料

五、索标书时间：　投标人请于 2014 年 6 月 25 日前来人索取招标文书，逾期不予办理。

投标人请将投标文书及上级主管部门的有关签证等，密封投寄或派员直接送本集团公司基建处。收件至 2014 年 7 月 5 日截止。开标日期定于 2014 年 7 月 6 日，在××市公证处公证下启封开标，地点在本集团公司第一会议室。

报告挂号：××××

电话：×××××××

联系人：×××

××集团公司招标办公室
2014 年 6 月 15 日

评估反思

招标书和投标书学习评价表

评估项目	自我评估	自我反思
认知层面	招标书和投标书写作要特别注意些什么	
理解层面	你觉得自己写得好的有哪几点	
	还有哪些困惑	
发展层面	你下一步有什么行动	
	需要什么帮助	

任务演练

▶1. 招标书、投标书案例评析

通过网络或其他途径查找招标书、投标书案例，并作出评析。

▶2. 投标书例文7存在不少问题，请指出并修改。

【例文7】

中国广州×××公司投标书

××××总公司领导：

研究了招标文件IMLRC—LCB9001号，对××铁路项目所需货物我们愿意投标，并授权下述签名人××、×××，代表我们提交下列文件正本一份，副本四份。

1）投标报价表。

2）货物清单。

3）技术差异修订表。

4）资格审查文件。

签名人兹宣布同意下列各点：

1）所附投标报价表所列拟供货物的投标总价为×××元。

2）投标人将根据招标文件的规定履行合同的责任和义务。

3）投标人已详细审查了全部招标文件的内容，包括修改条款和所有供参阅的资料及附件，投标人放弃要求对招标文件作进一步解释的权利。

4）本投标书自开标之日起90天内有效。

5）如果在开标之后的投标有效期撤标，则投标保证金由贵公司没收。

6）我们理解你们并不限于接受最低价和你可以接受任何标书。

投标单位名称：中国广州×××公司（公章）

地　　址：中国广州××区××街××号

电　　话：××××××

授权代表：××、×××

××××年××月××日

拓展阅读

按照《招标投标法》的规定，一个完整的招标投标程序，必须包括招标、投标、开标、评标、中标和签订合同六大环节。

▶ 1. 招标

招标是指招标人按照国家有关规定履行项目审批手续、落实资金来源后，依法发布招标公告或投标邀请书，编制并发售招标文件等具体环节。根据项目特点和实际需要，有些招标项目还要委托招标代理机构，组织现场踏勘、进行招标文件的澄清与修改等。由于这些是招标投标活动的起始程序，招标项目条件、投标人资格条件、评标标准和方法、合同主要条款等各项实质性条件和要求都是在招标环节得以确定，因此，对于整个招标投标过程是否合法、科学，能否实现招标目的，具有基础性影响。

▶ 2. 投标

投标是指投标人根据招标文件要求，编制并提交投标文件，响应招标活动。投标人参与竞争并进行一次性投标报价是在投标环节完成的，在投标截止时间结束后，再不能接受新的投标，投标人也不得再更改投标报价及其他实质性内容。因此，投标情况确定了竞争格局，是决定投标人能否中标、招标人能否取得预期招标效果的关键。

▶ 3. 开标

开标是招标人按照招标文件确定的时间和地点，邀请所有投标人到场，当众开启投标人提交的投标文件，宣布投标人名称、投标报价及投标文件中其他重要内容。开标最基本要求和特点是公开，保障所有投标人的知情权，这也是维护各方合法权益的基本条件。

▶ 4. 评标

招标人依法组建评标委员会，依据招标文件规定和要求，对投标文件进行审查、评审和比较，确定中标候选人。评标是审查确定中标人的必经程序。对于依法必须招标的项目，招标人必须根据评标委员会提出的书面评标报告和推荐的中标候选人确定中标人，因此，评标是否合法、规范、公平、公正，对于招标结果具有决定性作用。

▶ 5. 中标

中标，也称定标，即招标人从评标委员会推荐的中标候选人中确定中标人，并向中标人发出中标通知书，并同时将中标结果通知所有未中标的投标人。中标既是竞争结果的确定环节，也是发生异议、投诉、举报的环节，有关行政监督部门应当依法进行处理。

▶ 6. 签订书面合同

中标通知书发出后，招标人和中标人应当按照招标文件和中标人的投标文件在规定时间内订立书面合同，中标人按合同约定履行义务，完成中标项目。

任务五　经济合同

经济合同的结构模板

标题		合同性质或内容＋文种
约首		写明合同当事人、签约时间、签约地点等
正文	开头	简要说明订立合同的理由、目的或依据
	主体	列出合同的具体条款：标的及其数量、质量、价款或酬金，合同履行期限、方式和地点、违约责任、解决争议的方法等
	结尾	标明本合同共一式几份、保存情况、有效期限、附件等
约尾		双方单位全称和代表姓名，并签名盖章，以及有效地址、电话、银行账号等

任务描述

《中华人民共和国合同法》第二条规定：合同是平等主体的自然人、法人、其他组织之间设立、变更、终止民事权利义务关系的协议。经济合同是双方或多方当事人为了实现一定的经济目的，通过平等协商，明确相互的权利义务关系而订立的书面协议。

按内容分类，经济合同可分为：买卖合同，供用电、水、气、热力合同，赠与合同，借款合同，租赁合同，融资租赁合同，承揽合同，建设工程合同，运输合同，技术合同，保管合同，仓储合同，委托合同，经纪合同，居间合同等。学习经济合同的相关知识，掌握经济合同的写法，能写出合格的经济合同。

任务布置

张华想和同学一起租用一套两居室的房子。在中介的安排下，他们看了位于金山大道与江滨大道交叉口附近的明之都小区的一套两居室的房子，面积 50 平方米左右，有卫生间、阳台，还有电视机、空调、洗衣机，租金为一个月 1200 元，这些正符合自己的租房要求。中介提醒如果满意最好抓紧定下，因为想租这套房子的人已经有好几个了。于是张华随即按照中介的要求，先交了 1 个月的房租以及同等金额的押金，还有中介费 400 元，共计 2800 元，与中介签订了 1 年的房屋租赁合同。入住一段时间后，发现卫生间下水道经常堵，洗衣机根本不能正常使用，因此，与中介的纠纷随之产生……

张华和同学都非常懊悔，以前从不关心签合同之类的事，对合同知识的了解少之又少，加上缺乏社会经验，临到签合同的时候根本不知道要约定哪些内容以及怎样约定，以致给自己带来了不少的麻烦。

如果你是张华，该怎样签订合同才能有效保护自己的权益呢？查找相关资料，自己拟写一份经济合同。

要求：格式规范，条款完备，表述严谨，语言准确。

写作提示

一、经济合同的结构和写法

合同有其特定的结构形式，主要包括标题、约首、正文、约尾四个部分。

▶ 1. 标题

标题即合同的名称，一般由合同性质或"内容＋文种"组成，如"购销合同"、"建设工程合同"等。

▶ 2. 约首

约首包括合同编号、合同当事人、签约时间、签约地点等。

合同当事人即签订合同双方（或多方）的单位名称或个人姓名，要准确写出签约双方的全称、全名，并注明双方固定指代，如"甲方"、"乙方"、"丙方"。或依照合同内容称"供方"、"需方"，或"出租方"、"承租方"，或"卖方"、"买方"等，但不能用"你方"、"我方"、"他方"等指代。

▶ 3. 正文

（1）开头。正文的开头简要写明订立合同的目的、根据，可用"为了"、"根据"或"经双方协商，一致同意订立本合同，以便共同遵守"等惯用语开篇，然后用"主要条款如下"过渡，引出主体内容。

（2）主体。主体内容即合同的具体条款，由合同当事人各方共同约定，写明各方的权利和义务，这是经济合同最核心的部分。

经济合同必备的条款有：标的及其数量、质量，价款或酬金，合同履行期限、方式和地点，违约责任，解决争议的方法等，还可以根据具体情况补充其他条款。

① 标的及其数量、质量。

标的：标的是指合同当事人的权利义务所共同指向的对象。它可以是某种实物和货币，也可以是某项工程和劳务活动，还可以是某种脑力劳动的成果。

标的数量：合同必须写明标的数量，数字要准确、具体，计量单位必须精确。

标的质量：标的质量含使用材料、质地、性能、用途，甚至保质期等。标的（物）的质量需订得详细具体，如标的（物）的技术指标、质量要求、规格、型号等要明确。标的的质量一般都有国家强制标准或行业标准，合同的质量条款不得低于其规定。

② 价款或酬金。价款是取得标的物所应支付的代价，酬金是获得服务所应支付的代价。价款，通常指标的物本身的价款，但因商业上的大宗买卖一般是异地交货，便产生了运费、保险费、装卸费、保管费、报关费等一系列额外费用。它们由哪一方支付，需在价款条款中写明。要明确标的的总价、单价、货币种类及计算标准、付款方式和结算方式等。

③ 合同履行的期限、地点和方式。

履约期限：就是合同的有效期限，过时属违约，日期要写年月日全称。履行期限可以规定为及时履行或定时履行，或在一定期限内履行。如果是分期履行，应写明每期的准确时间及数量。

履行地点：是指双方约定的交接标的具体地点，要尽量写具体、准确。

履行方式：是指双方约定的交接标的的具体形式，包括时间方式和行为方式两方面。如，是一次交付还是分期分批交付；是送货还是自提；是公路运输、铁路运输还是空运、水运；是交付实物还是交付标的物的所有权凭证，以及如何包装、保管、验收、结算等，都应写明，以免日后引起纠纷。

④ 违约责任。指当事人一方或双方因为自己的过错，造成合同不能履行或不能全部履行而应当承担的责任。处理办法包括支付规定的违约金，支付赔偿金，强制履约，支付价金及逾期利息，修理、更换、重做、减价或退货等。

合同必须规定不按合同要求履行义务的制裁措施及发生意外事故的处理等内容。如果没有规定违约责任，一旦发生违约情况，就难以制裁违约一方，因此规定违约责任非常重要。

⑤ 解决争议的方法。此条款要约定在履行合同发生争议时解决问题的方式和程序，要明确注明在自行协商不成时，是通过仲裁机构仲裁还是到法院诉讼（二者选其一）。

（3）结尾。标明有效期限，合同的份数、合同的保存等。

4. 约尾

约尾写清楚双方单位名称和代表姓名，并签名盖章。

注明有效地址、邮政编码、电子邮箱、电话号码、开户银行及账号等。

二、经济合同的写作要求

▶ 1. 内容要合法

经济合同所涉及的内容必须符合国家的有关法律、法规和有关职能部门或行业的管理规定。同时，订立合同时，必须遵循平等互利、协商一致、等价有偿的原则。

▶ 2. 条款要完备

撰写经济合同时，一定要按规定的文本格式和要求进行，即合同所必备的各个构成部分不能缺少，关键条款不能遗漏，标的及其数量、质量，价款或酬金，合同履行期限、方式和地点，违约责任，解决争议的方法等各项内容都应考虑周详。一个条款写一项完整的内容。

▶ 3. 表述要准确

合同的表述必须准确、简明、严密。用词忌产生歧义，句意不能含混或有疏漏；数字应核对无误，金额应大写；标点符号使用正确、到位。行文具体、严密，尽量避免引起纠纷。

三、例文评析

【例文1】

房屋租赁合同（范本）

出租方（以下简称甲方）： 身份证号码：

承租方（以下简称乙方）： 身份证号码：

根据《中华人民共和国合同法》及相关法律法规的规定，甲、乙双方在平等、自愿的基础上，就甲方将房屋出租给乙方使用，乙方承租甲方房屋事宜，为明确双方权利义务，经协商一致，订立本合同。

第一条　甲方保证所出租的房屋符合我国法律、法规、规章对租赁房屋的有关规定。

第二条　房屋的坐落、面积、装修、设施情况

1. 甲方出租给乙方的房屋位于_____（区、县）_____路_____号。
2. 出租房屋面积共_____平方米（建筑面积/使用面积/套内面积）。
3. 该房屋现有装修及设施、设备情况详见合同附件。

该附件作为甲方按照本合同约定交付乙方使用和乙方在本合同租赁期满交还该房屋时的验收依据。

第三条　甲方应提供房产证（或具有出租权的有效证明）、身份证明（营业执照）等文件，乙方应提供身份证明文件。双方验证后可复印对方文件备存，所有复印件仅供本次租赁使用。

第四条　租赁期限、用途

1. 该房屋租赁期共____年。自____年__月__日起至____年__月__日止。
2. 乙方向甲方承诺，租赁该房屋仅作为_____使用。
3. 租赁期满，甲方有权收回出租房屋，乙方应如期交还。

第五条　租金及支付方式

1. 该房屋年租金为_____元（大写__万__仟__佰__拾__元整）。
2. 房屋租金支付方式为：_____。

甲方收款后应提供给乙方有效的收款凭证。

第六条　租赁期间相关费用及税金

1. 甲方应承担的费用：

租赁期间，房屋和土地的产权税由甲方依法交纳。如果发生政府有关部门征收本合同中未列出项目但与该房屋有关的费用，应由甲方负担。

2. 乙方交纳以下费用：

租赁期间，乙方所需水费、电费等由乙方按时交纳。甲方不得擅自增加本合同未明确由乙方交纳的费用。

第七条　房屋修缮与使用

1. 在租赁期内，甲方应保证出租房屋的使用安全。该房屋及所属设施的维修责任除双方在本合同及补充条款中约定外，均由甲方负责。

乙方向甲方提出维修请求后，甲方应及时提供维修服务。对乙方的装修装饰部分甲方不负有修缮的义务。

2. 乙方应合理使用其所承租的房屋及其附属设施。如因使用不当造成房屋及设施损坏的，乙方应立即负责修复或给予经济赔偿。

乙方如改变房屋的内部结构、装修或设置对房屋结构有影响的设备，设计规模、范围、工艺、用料等方案均须事先征得甲方的书面同意后方可施工。租赁期满后或因乙方责任导致退租的，除双方另有约定外，依附于房屋的不可移除的固定装修归甲方所有。

第八条　房屋的转让与转租

1. 未经甲方同意，乙方不得转租。
2. 甲方出售房屋，须在____个月前书面通知乙方，在同等条件下，乙方有优先购买权。

第九条　合同的变更、解除与终止

1. 双方可以协商变更或终止本合同。
2. 甲方有以下行为之一的，乙方有权解除合同：
(1) 不能提供房屋或所提供房屋不符合约定条件的；
(2) 甲方未尽房屋修缮义务的。
3. 房屋租赁期间，乙方有下列行为之一的，甲方有权解除合同，收回出租房屋；
(1) 未经甲方书面同意，转租、转借承租房屋。
(2) 未经甲方书面同意，拆改变动房屋主体结构。
(3) 损坏承租房屋，在甲方提出的合理期限内仍未修复的。
(4) 利用承租房屋存放危险物品或进行违法活动。
4. 租赁期满前，乙方要继续租赁的，应当在租赁期满____个月前书面通知甲方。如甲方在租期届满后仍要对外出租的，在同等条件下，乙方享有优先承租权。
5. 租赁期满合同自然终止。
6. 因不可抗力因素导致合同无法履行的，合同终止。

第十条　房屋交付及收回的验收
1. 甲方应保证租赁房屋本身及附属设施、设备处于能够正常使用状态。
2. 验收时双方共同参与，如对装修、器物等硬件设施、设备有异议应当场提出。当场难以检测判断的，应于____日内向对方主张。
3. 乙方应于房屋租赁期满后，将承租房屋及附属设施、设备交还甲方。
4. 乙方交还甲方房屋应当保持房屋及设施、设备的完好状态，不得留存物品或影响房屋的正常使用。对未经同意留存的物品，甲方有权处置。

第十一条　甲方违约责任处理规定
1. 甲方因不能提供本合同约定的房屋而解除合同的，应支付乙方本合同租金总额____％的违约金。甲方除应按约定支付违约金外，还应对超出违约金以外的损失进行赔偿。
2. 如乙方要求甲方继续履行合同的，甲方每逾期交房一日，则每日应向乙方支付日租金____倍的滞纳金。甲方还应承担因逾期交付给乙方造成的损失。
3. 由于甲方怠于履行维修义务或情况紧急，乙方组织维修的，甲方应支付乙方实际维修费用或折抵租金，但乙方应提供有效凭证。
4. 甲方违反本合同约定，提前收回房屋的，应按照合同总租金的____％向乙方支付违约金，若支付的违约金不足弥补乙方损失的，甲方还应该承担赔偿责任。
5. 甲方因房屋权属瑕疵或非法出租房屋而导致本合同无效时，甲方应退还乙方全部租金并赔偿乙方全部损失。

第十二条　乙方违约责任
1. 租赁期间，乙方有下列行为之一的，甲方有权终止合同，收回该房屋，乙方应按照合同总租金的____％向甲方支付违约金。若支付的违约金不足弥补甲方损失的，乙方还应负责赔偿直至达到弥补全部损失为止。
(1) 未经甲方书面同意，将房屋转租、转借给他人使用的；
(2) 未经甲方书面同意，拆改变动房屋结构或损坏房屋；
(3) 改变本合同规定的租赁用途或利用该房屋进行违法活动的；

(4) 拖欠房租累计____个月以上的。

2. 在租赁期内，乙方逾期交纳本合同约定应由乙方负担的费用的，每逾期一天，则应按上述费用总额的____％支付甲方滞纳金。

3. 在租赁期内，乙方未经甲方同意，中途擅自退租的，乙方应该按合同总租金____％的额度向甲方支付违约金。若支付的违约金不足弥补甲方损失的，乙方还应承担赔偿责任。

4. 乙方如逾期支付租金，每逾期一日，则乙方须按日租金的____倍支付滞纳金。

5. 租赁期满，乙方应如期交还该房屋。乙方逾期归还，则每逾期一日应向甲方支付原日租金____倍的滞纳金。乙方还应承担因逾期归还给甲方造成的损失。

第十三条　免责条件

1. 因不可抗力原因致使本合同不能继续履行或造成的损失，甲、乙双方互不承担责任。

2. 因国家政策需要拆除或改造已租赁的房屋，使甲、乙双方造成损失的，互不承担责任。

3. 因上述原因而终止合同的，租金按照实际使用时间计算，不足整月的按天数计算，多退少补。

4. 不可抗力系指"不能预见、不能避免并不能克服的客观情况"。

第十四条　本合同未尽事宜，经甲、乙双方协商一致，可订立补充条款。补充条款及附件均为本合同组成部分，与本合同具有同等法律效力。

第十五条　争议解决

本合同项下发生的争议，由双方当事人协商或申请调解；协商或调解解决不成的，按下列第____种方式解决（以下两种方式只能选择一种）：

1. 提请仲裁委员会仲裁。
2. 依法向有管辖权的人民法院提起诉讼。

第十六条　其他约定事项

1. _____
2. _____

第十七条　本合同自双方签（章）后生效。

第十八条　本合同及附件一式____份，由甲、乙双方各执____份。具有同等法律效力。

甲方：　　　　　　　　　　　　　　　乙方：
身份证号（或营业执照号）：　　　　　身份证号：
电话：　　　　　　　　　　　　　　　电话：
传真：　　　　　　　　　　　　　　　传真：
地址：　　　　　　　　　　　　　　　地址：
邮政编码：　　　　　　　　　　　　　邮政编码：
房产证号：
签约代表：
签约日期：　　年　月　日　　　　　　签约日期：　　年　月　日

签约地点：   签约地点：

附：设施、设备清单(略)

【评析】这份房屋租赁合同格式规范，内容完整，采用条文式写法，条理清楚，值得借鉴。由标题、约首、正文和约尾构成。约首部分交代清楚当事方的基本情况；正文前言写明订立合同的依据和双方态度；主体分条列出房屋地址、居间数、面积、租金及交纳日期、方式，双方的权利、义务，违约责任、争议解决方式等，表述具体，要言不烦；结尾说明未尽事宜、合同生效日期及合同份数；约尾是双方的签名盖章，以及地址、邮编、电话等。

【例文 2】

个人借款合同

甲方(借款人)：_____　　身份证号码：_____

乙方(贷款人)：_____　　身份证号码：_____

甲乙双方就借款事宜，在平等自愿、协商一致的基础上达成如下协议，以资双方共同遵守。

乙方贷给甲方人民币(大写)_____，于____年____月____日前交付甲方。

借款利息：_____

借款期限：_____

还款日期：____年____月____日。还款方式：现金/____支付。

违约责任：

1. 借款方的违约责任

(1) 借款方不按合同规定的用途使用借款，贷款方有权收回部分或全部贷款，对违约使用的部分，按银行规定的利率加收罚息。

(2) 借款方如逾期不还借款，贷款方有权追回借款，并从到期日起付日息____%。

(3) 借款方使用借款造成损失浪费或利用借款合同进行违法活动的，贷款方有权追回贷款本息。有关单位对直接责任人应追究行政和经济责任。情节严重的，由司法机关追究刑事责任。

2. 贷款方的违约责任

(1) 贷款方未按期提供贷款，应按违约数额和延期天数，付给借款方违约金。违约金数额的计算与加收借款方的罚息计算相同。

(2) 利用借款合同进行违法活动的，追究行政和经济责任。情节严重的，由司法机关追究刑事责任。

争议解决方式：双方协商解决，解决不成，提交_____人民法院。

本合同自_____生效。本合同一式两份，双方各执一份，合同文本具有同等法律效力。

甲方(签字、盖章)：　　　　乙方(签字、盖章 附身份证复印件)：

住址：　　　　　　　　　　　住址：

电话：　　　　　　　　　　　电话：

合同签订日期：　　　　　　　合同签订日期：

【评析】这是一份个人借款合同。主要写清借款数目、借款利息、借款期限、还款日期，以及双方的违约责任及争议解决方式。篇幅简短，但内容明确、完整。

【例文3】

买 卖 合 同

订立合同双方：

供方：明达市××电扇厂，地址：明达市永青路×号

需方：通林市××商场，地址：通林市如意街×号

根据《中华人民共和国合同法》及有关规定，为明确供方和需方的权利和义务，经双方协商一致，签订本合同。

一、产品名称：××牌遥控落地电扇。

二、产品数量：500台。

三、单价：400元。

四、货款总额：贰拾万元整（￥200000元）。

五、产品质量：按××××年国家颁布标准执行。

六、交货日期：××××年××月××日前全部交清。

七、交货地点：通林市××火车站。

八、交货办法：铁路托运，由供方负责办理，运费由供方支付，途中损失由供方承担。

九、付款方式：银行转账。××××年××月××日一次付清。延误一天，需方向供方交付相当于货款总额5%的滞纳金。

十、产品验收：需方销售后，由需方技术人员跟踪抽查，如发现确因原产品质量问题，供方负责保修或更换，其所需费用由供方承担。

十一、违约责任：供方误期十五天交货，按每台原价10%赔偿，误期一个月交货，按每台原价20%赔偿。需方中途减少购买台数或全部退货，供方按每台原价60%退款。

十二、解决争议方法：本合同执行中如果发生争议，先协商解决，协商不成，向当地人民法院提起诉讼。

十三、本合同未尽事宜，由双方另行商定。

十四、本合同正本一式两份，双方各执一份；合同副本两份，送各自的主管部门备案。

供方（盖章）	需方（盖章）
法定代表人：郑×	法定代表人：赵××
委托代理人：王××	委托代理人：林××
开户银行：××银行××支行	开户银行：××银行××支行
账号：××××××××××	账号：××××××××××
传真：×××—××××××××	传真：×××—××××××××

签约地点：明达市××饭店

签约时间：××××年××月××日

【评析】 这是一份买卖合同，由标题、约首、正文和约尾构成。采用条文式写法，条款齐全，内容完备，结构完整，条理清楚。

四、答疑解惑

▶ 1. 阅读下文并回答后面的问题

甲公司与乙公司订立一份合同，约定由乙公司在十天内，向甲公司提供新鲜蔬菜6000公斤，每公斤蔬菜的单价1元。乙公司在规定的期间内，向甲公司提供了新鲜小白菜6000公斤，但甲公司拒绝接受这批小白菜，理由是自己的职工食堂炊事员有限，不可能有那么多人力用于洗小白菜，以前与乙公司长期合作，经常向其购买蔬菜，每次买的不是大白菜就是萝卜等容易清洗的蔬菜，乙公司应该知道这种情况，小白菜不是甲公司要的蔬菜。乙公司称合同的标的是新鲜蔬菜，小白菜也是蔬菜，而当下小白菜最新鲜，所以就送了小白菜过去，没有违反合同的规定。双方由此产生争议。

（1）这个案例引起纠纷的原因是什么？

（2）签订合同时要注意什么？

▶ 2. 指出下面合同条款中存在的问题，并加以改正

1. 交货地点：福州。
2. 包装要求："袋装。"
3. 标的数量："煤炭五车。"
4. 履行时间：力争于年底前全部交货。
5. 质量标准：（机床）噪音不刺耳。
6. 验收要求：乙方当场验收。
7. 付款方式：货到全付款。

▶ 3. 补充合同条款

在一则苹果买卖合同中，标的写的是"优质红富士"。货到后，买主发现苹果个头大小不一，相当一部分苹果带疤，因此表示拒收。一场纠纷由此产生……

为避免纠纷，请对本合同中的标的物"优质红富士"苹果进行准确表述（可从外观大小、光泽度、着色度等方面进行具体规定）。

_____

_____

_____

评估反思

经济合同学习评价表

评估项目	自我评估	自我反思
认知层面	经济合同应具备的基本条款有哪些	
理解层面	你觉得自己写得好的有哪几点	
	还有哪些困惑	
发展层面	你下一步有什么行动	
	需要什么帮助	

任务演练

例文4这份合同存在不少问题。请运用所学经济合同的有关知识,认真进行修改。

【例文4】

购 销 合 同

立合同人:××果品商行(甲方)
　　　　　××农场(乙方)

根据《中华人民共和国合同法》等有关法规的规定,经双方协商,签订本合同,以资共同信守,严格履行。

第一条　品名、计量单位、数量、价格:

品名	计量单位	数量	单价(元)	总价(元)
水蜜桃	斤	3000	8	24000
鸭梨	斤	6000	3	18000
苹果	斤	5000	3.5	17500
合计人民币金额(大写): 　　伍万玖仟伍佰元整				

第二条　产品质量与标准:乙方出售给甲方的水果要在八分熟时采摘。

第三条　交货期限:乙方在采摘后要在一个星期内分三批交货。

第四条　交货方式、包装运输方式及费用负担:乙方负责以柳条筐包装,及时将货物运送至甲方仓库。包装筐费和运输费由甲方承担。

第五条　验收方式:乙方将水果送到后,甲方依次过磅照验。

第六条　结算方式和期限:每批水果交货当日,甲方应通过银行托付方式将货款支付给乙方。

第七条　违约规定:在正常情况下,若甲方拒绝收购,应处以拒收部分价款20%的违约金;乙方交货量不足,应处以不足部分价款30%的违约金。

第八条　其他约定:乙方如因突发的自然灾害不能如数交货,应及时通知甲方,并互相协商修订合同。

本合同一经签字,即具有法律约束力,双方必须全面履行合同规定的义务,不得单方任意变更或解除,若遇不可抗力,不能履行合同,应及时通知对方,以书面形式变更或解除合同。

第九条　本合同一式两份,购销双方各执一份,两份具有同等的法律效力。

第十条　本合同有效期自2013年12月1日至2014年12月1日。

甲方:　××果品商行(盖章)　　　　　乙方:　××农场(盖章)
地址:　××市金达路100号　　　　　　地址:　××市白沙农场
电话:　591××××　　　　　　　　　　电话:　5934××××
代表人:　×××　　　　　　　　　　　代表人:　×××
开户银行:　　　　　　　　　　　　　　开户银行:　　　
账号:　　　　　　　　　　　　　　　　账号:　　　
　　年　　月　　日　　　　　　　　　　　　年　　月　　日

拓展阅读

课外上网查找阅读《中华人民共和国合同法》《中华人民共和国劳动合同法》，增加合同知识，增强自我保护意识。

大学生打短工因没签合同受骗　谁来为他们撑起保护伞

导读：眼下正值暑假，不少大学生选择在这段时期兼职打工。近日，记者调查了解到，由于大部分大学生缺乏社会经验，在暑期打工期间或多或少遇到了被用人单位拖欠工资、或少发工资等情况。

所得工资与应发工资差太多

在荆州某大学上大二的黄薇介绍，暑假在城区一家幼儿园打工，刚上班时谈好的工资是一个月800元，单天是20元。7月4日至8月6日，黄薇上了一个月零两天班，本应拿840元工资，可最后园长只付了640元，理由是该幼儿园员工工资是从每月8日到下月8日为一个月。"可园长从一开始就没跟我说过啊。"对此，黄薇表示很不解。

为凑学费帮父母减负，湖北知行学院大三学生李丽暑假在荆州找了份暑期工，帮一家英语培训学校做电话宣传，每天不断地给家长打电话，至于工资怎么算的，该培训学校负责人一直不愿正面回答。"你打电话就有提成，一个10元钱。"

打工半个月后，李丽准备回家陪父母，该英语培训学校相关负责人给李丽发了170元工资，不明原因的李丽问对方原因，谁知对方回答："你给家长打通电话后，他让自己的孩子来培训了才算有提成。"

在采访的数十位有过暑期工作经验的大学生中，60%的学生称没有按照工作开始谈好的价格发放工资。面对这种情况，他们也很无奈："算了，谁叫我们没经验呢，当初没和他们说清楚，发工资时我们也无凭无证。"

用人单位为省事不提供合同

昨日上午，记者来到城区商业街，以求职者的身份来到写有招聘的店里询问，很多用人单位均称只招长期工，不招暑期工，原因多半是"培训一个新人上手需要花费大量时间，而暑期工往往做一两个月就走了，对我们来说一点也不划算"。

在中央大道地下商城内，记者看到一家服装店外张贴着招聘暑期工的牌子，于是以求职者的身份进去打听情况。见记者十分有意向的样子，老板爽快地称："你明天就来上班吧，每个月底薪1100，提成另算。"

"这里签不签劳务合同呢？"记者以之前受过骗为由想与老板签了合同后再上班。

"我们这里的暑期工都没有签合同啊，你们做的时间短，签什么合同呢？"老板称，自己店内以往招的暑期工从未签过合同，而在店内打工的学生提出的最大要求就是按时发工资。

记者走访发现，一些为大学生提供暑期打工机会的岗位主要涉及发传单、促销员、服装店导购员、餐厅服务生等几大类，这些用人单位均表示"暑期工工作时间太短了，所以我们不签合同"。而当记者提出如果打工结束后，领取的工资与当初承诺的工资不相符怎么办时，他们均表示"不会出现这样的情况"。

建议暑期打工要有维权意识

本报法律顾问称，按照目前的法律法规，暑期工并不属于正式的劳动关系，在劳动法中还没有明确相关规定，如果出现劳资纠纷等情况，可以采用一般劳动法进行维权。

"学生暑期工或做兼职,因为工作时间短,用人单位一般不会与他们签订书面合同或协议,没有协议,但双方会达成口头协议,一旦出现劳资纠纷,容易形成'公说公有理,婆说婆有理'的局面,维权工作很难进行。"有关人士提醒大学生在暑期打工时可保留一些与打工有关的相关凭证(如工作证、上下班打卡记录等)。一旦遇到纠纷,这些凭证都可以作为证据,证明自己的工作情况。

学生利用暑期打工争取生活费和积累社会经验是好事,但一定要谨慎,要学会分辨兼职信息的真假,以免上当受骗。在打工时如能有意识地提出签订书面协议,对保护和优化暑期工的打工环境也有很大的帮助。

项目五 了解公务文书

任务一 通知

通知（以一般通知为例）的结构模板

标题		发文机关＋事由＋文种
主送机关		受文机关
正文	通知缘由	常写发布通知的意义、根据，有的通知还增有背景
	通知事项	需要周知或执行的事项
	结尾	可提出希望、执行要求，或尾语"特此通知"，或作其他说明，也可采用秃尾形式
落款		制发机关 ××××年××月××日

任务描述

中共中央办公厅、国务院办公厅在《党政机关公文处理工作条例》中指出："通知适用于发布、传达要求下级机关执行和有关单位周知或者执行的事项，批转、转发公文。"由此将通知分为发布性通知，指示性通知，周知性通知，批转、转发性通知四类。掌握四类通知的写法。

任务布置

假如你是某公司行政秘书何雯，下面是行政经理吴明交待给你的工作任务。

便　　条

何雯：

　　为了进一步提高公司员工的业务，推进公司业务的发展，公司将于2015年3月19日上午9时至下午5时在总公司第一会议室召开培训工作会议。请你写份会议通知，要求各分公司培训部经理、经理助理参加会议。

　　谢谢！

行政经理　吴明
2015年3月17日

写作提示

公文一般由份号、密级和保密期限、紧急程度、发文机关标志、发文字号、签发人、标题、主送机关、正文、附件说明、发文机关署名、成文日期、印章、附注、附件、抄送机关、印发机关和印发日期、页码等组成。本书介绍的几类公文在无需特殊说明的情况下，只对标题和正文的结构与写法进行具体阐述。公文的其他要素的结构与写法详见《党政机关公文处理工作条例》和《党政机关公文格式》。

一、不同类型通知的结构和写法

▶ 1. 发布性通知

发布性通知是指用以发布法规、规章的通知。

（1）标题。发布性通知的标题通常由三要素组成：发文机关、被发布的法规或规章名称和文种。例如，"中共中央办公厅、国务院办公厅关于印发《党政机关公文处理工作条例》的通知"，与一般元素标题相比，其事由部分常带有"印发"或"发布"字样。

（2）正文。发布性通知正文部分较为简短，一般包括两层内容：一是明确指出所发布的法规或规章，该法规或规章的施行或生效日期及相关事项说明；二是提出贯彻执行的希望或要求，此项内容通常使用习惯性语句，如"请认真贯彻执行"、"请照此执行"等。例如，"《党政机关公文处理工作条例》已经由党中央、国务院同意，现印发给你们，请遵照执行"。其后有被印发的原文作为附件。

▶ 2. 指示性通知

指示性通知是上级机关对下级机关就某一事项作出具体规定或者就某一问题作出具体指示时使用。

（1）标题。指示性通知的标题由三要素构成：发文机关、事由和文种，例如，"国务院关于促进房地产市场持续健康发展的通知"。

（2）指示性通知的正文与一般通知正文的结构相同，一般为"发文缘由＋通知事项＋结尾"。

发文缘由，常写发布通知的意义、根据，有的通知还列有背景。在发文缘由的末尾，有些通知加写承启语，如"现通知如下"、"现将有关事项通知如下"、"特通知如下"等。

通知事项，这部分是受文单位执行的依据，因此，要明确地交代出应知和应办的事项，即工作的任务和要求。结构安排上一般采用分条列项式写法，用序号表明层次；也可采用分列小标题式写法，将通知内容分为几个方面，分别进行阐述。

▶ 3. 周知性通知

周知性通知是指要求受文机关知晓某一事项的通知，例如会议通知、迁址办公通知、成立或调整机构通知、启用印章的通知等。

（1）标题。周知性通知的标题由三要素构成：发文机关名称、事由和文种。例如"××学院关于召开暑期安全工作的通知"、"××学院关于成立新闻传播系的通知"。

（2）周知性通知的正文与一般通知正文的结构相同，一般为"发文缘由＋通知事项＋结尾"。

发文缘由，与指示性通知写法相同。

通知事项，传达需要下级机关周知的事项。与指示性通知不同，周知性通知的通知事项一般只要求下级机关周知，并无强制执行的意图与内容。

会议通知的内容可分为单一与复杂两种。内容单一的，只需交代清楚会议议题、目的、时间、地点、与会人员等即可；而内容复杂的通知，则需要告知会议名称、议题、时间、地点、与会人员、会议议程、要求、需准备的资料、发言提纲以及会议安排、接待手续等，有的还须注明会议食宿、交通费用归何方承担，有无专车迎候等。成立某一机构的通知应写明设置机构的目的、依据、名称、组成人员、办公地址及相关内容。调整或撤销某一机构的通知应写明调整或撤销的缘由、依据等。启用印章的通知应写明经由哪级组织批准、使用何种印章、成立何种机构，同时还应宣布原用印章即时作废。

▶ 4. 批转、转发性通知

批转、转发性通知包括两种情形：一是用于批转下级机关公文，通称"批转性通知"；二是用于转发上级机关，同级机关和不相隶属机关的公文，通称"转发性通知"。此类通知与发布性通知相同，其后均有被批转、转发的原文作为附件。具体写法如下：

（1）标题。一般由三要素构成：发文机关名称，被批转、转发的文件标题和文种。如"国务院批转财政部、国家计委《关于进一步加强外国政府贷款管理若干意见》的通知"、"国务院办公厅转发《人事部关于在事业单位试行人员聘用制度意见》的通知"。

在实际写作中，由于批转、转发性通知涉及对原文标题的引用，为避免"长蛇阵"标题，注意以下几个方面：

① 压缩介词"关于"，在整个标题中只保留一个"关于"，如"×××关于批转《×××关于×××意见》的通知"；对这种标题，应将"批转"之前的"关于"删除。

② 压缩相同且又重叠的文种，如"×××转发《×××关于×××的通知》的通知"，应将发文机关的文种名称删除，保留文件发源处的"通知"文种，即"×××转发《×××关于×××的通知》"。

③ 减少中间环节，不要层层转发。如"××县人民政府转发××市人民政府转发《××省人民政府关于×××的通知》"，为防止重叠和烦琐，可省略中间层次，即简化为"××县人民政府转发《××省人民政府关于×××的通知》"。

（2）正文。批转、转发性通知的正文通常写明三层内容：

① 写明被批转、转发的文件。如批转性通知"国务院同意《财政部、国家计委关于进一步加强外国政府贷款管理若干意见》，现转发给你们"、"现将《××省人民政府关于××

×意见》转发给你们"。

② 阐述批转、转发该文件的重要性和必要性,该部分阐述视情况可省略。

③ 提出贯彻执行的意见和要求。执行要求部分通常使用习惯用语"请遵照执行"、"请认真贯彻落实"、"请研究执行"等。该部分可以是一部分也可以是若干段。

需要说明的是,发布性通知,批转、转发性通知均带有"公文",该公文就是被印发的本机关公文、被批转的下级机关公文、被转发的上级机关和不相隶属机关公文。这些公文居于公文格式中的附件位置,但却不是真正意义上的"附件",它们仍应被视为"正件"的一部分,因此,也无需在正文下方、落款上方标注附件说明。不是所有的通知都带有附件。一部分通知常有附件,如会议通知后的"回执"、"交通路线图"等,这些附件才是真正意义上的附属文件,要在正文之后加以附件说明即标识"附件"和"附件名称"。

二、例文评析

【例文1】

中共中央办公厅　国务院办公厅
关于印发《党政机关公文处理工作条例》的通知

各省、自治区、直辖市党委和人民政府,中央和国家机关各部委,解放军各总部,各大单位,各人民团体:

《党政机关公文处理工作条例》已经党中央、国务院同意,现印发给你们,请遵照执行。

中共中央办公厅
国务院办公厅
2012年4月16日

(此件发至县团级)

【评析】这是一份用来发布法规的通知。由于"条例"属于法规体公文,因而需要借助"通知"的名义进行发布,于是就形成了"主体(通知)——附件"的外在结构模式。其中,"通知"起到"文件头"的作用,是形式上的主件,只担负将《条例》运载出来的任务,而《条例》则是实质上的件,是行文的目的所在。

【例文2】

国务院办公厅关于继续深入扎实开展安全生产年活动的通知

各省、自治区、直辖市人民政府,国务院各部委、各直属机构:

近年来,各地区、各部门、各单位深入贯彻落实科学发展观,按照党中央、国务院的决策部署,大力推进科学发展、安全发展,持续开展"安全生产年"活动,取得积极进展和明显成效,各类事故总量和重特大事故大幅度下降,事故伤亡人数大幅度减少。为进一步加强安全生产工作,有效防范和坚决遏制重特大事故,切实维护人民群众的生命财产安全,经国务院同意,现就继续深入扎实开展"安全生产年"活动有关事项通知如下:

一、总体要求

全面贯彻落实党的十七大和十七届三中、四中、五中、六中全会及中央经济工作会议精神,以邓小平理论和"三个代表"重要思想为指导,深入贯彻落实科学发展观,认真贯彻落实《国务院关于坚持科学发展安全发展促进安全生产形势持续稳定好转的意见》(国发〔2011〕40号)精神,坚持以人为本,以科学发展安全发展为总要求,以深入扎实开展"安全生产年"活动为载体,以强化预防、落实责任、依法治理、应急处置、科技支撑、基础建设为主要措施,以进一步减少事故总量、有效防范和坚决遏制重特大事故为工作目标,切实把各项责任落实到位,把各项政策措施落到实处,全力以赴做好安全生产各项工作,全面促进全国安全生产形势持续稳定好转,以安全生产的新成效迎接党的十八大胜利召开。

二、牢固树立科学发展安全发展理念,夯实安全生产的思想基础

(一)大力宣传落实科学发展安全发展理念。各地区、各部门、各单位要积极组织宣传、认真贯彻落实国发〔2011〕40号文件精神,围绕以"科学发展、安全发展"为主题的"安全生产年"活动,切实把科学发展安全发展的理念落实到生产经营建设的每一个环节和岗位,使之成为衡量本地区、本行业领域和各生产经营单位安全生产工作的基本标准。各级政府和部门要把安全生产工作作为重中之重,各级领导干部要自觉践行科学发展安全发展理念,大力实施安全发展战略,切实坚持安全第一。正确处理好发展与安全的关系,实现安全与发展的有机统一。各企业要大力推进安全生产,企业负责人要始终把安全作为企业发展的前提和基础全面提高职工的安全意识、技能和素养,以安全发展促进企业健康可持续发展。

(二)(略)

三、坚持预防为主,切实抓好隐患排查治理。

(一)(略)

(二)(略)

四、坚持落实责任,切实肩负起安全使命。

(一)(略)

(二)(略)

五、坚持依法治理,规范生产经营建设秩序。

(一)(略)

(二)(略)

国务院办公厅(印章)

2012年2月14日

【评析】这是一份指示性通知。文中先用一段文字阐述了安全生产工作的重要性,以此作为行文的依据和缘由,然后从五大方面列举了具体通知事项,对下级机关就安全生产工作作出具体规定和指示。

【例文3】

××市人民政府批转市公安局

《关于进一步加强消防宣传工作实施意见》的通知

各区、县人民政府,各委、局,各直属单位:

市人民政府领导同意市公安局《关于进一步加强消防宣传工作的实施意见》,现转发你们,望遵照执行。

××市人民政府(印章)

20××年××月××日

【评析】这是一份批转性通知。上级机关对下级机关文件批准并转发所属的其他下级单位。例文3的标题包括三个部分:发文机关名称、被转发的文件标题和文种。正文部分首

先表明文件已被批准，然后提出贯彻执行的要求。

【例文 4】

福建省教育厅办公室转发省政府办公厅
关于优化调整建设工程防雷许可工作的通知

各设区市教育局、平潭综合实验区教育局，有关省属高校，厅属有关学校、单位：

  现将省政府办公厅《关于优化调整建设工程防雷许可工作的通知》(闽政办〔2016〕204号)转发给你们。请按照通知要求，做好建设工程防雷许可的报批工作。

  附件：闽政办〔2016〕204号

福建省教育厅办公室
2016年12月30日

  【评析】 这是一份转发性通知。标题包括发文机关名称、被转发的文件标题和文种。正文写明被转发的文件，然后提出贯彻执行的要求。

【例文 5】

某省经济和信息化委员会
关于召开2014年全省企业技术创新工作座谈会的通知

各设区市经贸委、平潭综合实验区经发局、省行业技术开发基地、有关行业协会：

  为贯彻落实全省工业和信息化工作会议精神，研究部署2014年全省企业技术创新工作，经研究，决定召开全省企业技术创新工作座谈会。现将有关事项通知如下：

一、会议内容

1. 贯彻落实全省工业和信息化工作会议精神，总结2013年全省企业技术创新工作。
2. 企业技术创新工作经验介绍及交流(含技术提升诊断工作、技术创新能力建设、产学研合作、公共服务平台建设、质量标杆企业经验交流等)；
3. 研究部署2014年全省企业技术创新工作；
4. 各设区市经贸委(经委、经发局)、综合实验区经发局、省行业技术开发基地负责人、有关行业协会汇报2013年工作及2014年工作思路。

二、会议时间、地点

报到时间：2014年2月18日下午15：00—22：00

会议时间：2014年2月19日(星期三)上午8：30开始。会期2天。

报到地点：经贸会展中心(某街第×号)一楼大堂。

会议地点：经贸会展中心(某街第×号)五楼圆形会议室。

三、参会对象

1. 各设区市经贸委(经委、经发局)、综合实验区经发局分管企业技术创新的领导、技术进步科(处)负责人各1人；
2. 39家省行业技术开发基地负责人各1人；
3. 经委相关处室负责人；
4. 邀请省直有关部门相关业务处室负责人，部分高校科研处长参会；
5. 部分产学研合作重点企业。

四、其他事项

1. 请各设区市经贸委(经委、经发局)、省行业技术开发基地、有关行业协会在2月

15日前将2013年下半年以来征集到的企业技术需求、项目成果和对接项目及跟踪情况发送到省工业技术需求和项目成果对接中心(E-mail：fjdjjd@126.com)；

2. 请各参会单位于2月15日前将《会议回执》传真或发邮件至我委技术进步处。

联系人：朱　红

联系电话：87832934　　传真：

E-mail：jmjs@163。com

附件：1.2014年全省企业技术创新工作座谈会会议回执
　　　2.驾车路线及交通路线
　　　3.会议日程

某省经济和信息化委员会
2014年2月12日

附件1：

2014年全省企业技术创新工作座谈会回执

单位	姓名	性别	职务	电话	邮箱	预定房间要求

附件2：交通线路图(略)

【评析】这份会议通知交代清楚了会议的目的、内容、时间、地点、与会人员等信息，条理清楚。附件中的回执方便主办方了解参会者信息和交通、日程安排，为参会者出席会议提供了有用的信息。

三、答疑解惑

指出例文6的错误之处。

【例文6】

关于61路、98路临时改道的通知

近期因路政建设工程，61路、98路临时改道，具体安排如下：

一、61路

因内河整治工程需要，晋安北路温泉支路口至金鸡山路口路段已十分狭窄，公交车辆车身较宽，无法正常行驶期间，从12月7日起，61路改道至金鸡山公园。即起讫站点改为福大学生广场至金鸡山公园(53路终点站)，取消琯尾街、省生殖保健中心、外贸汽修厂站，改设市按摩医院、洋下新村、金鸡山公园站点。

二、98路

因江滨西大道部分辅道污水管网施工，从12月7日起，98路终点站临时改为帮洲长寿路口，即起讫站点为公交福湾站至帮洲长寿路口，临时取消福机、福州东南眼科医院、宁化新村、南禅山、福四中等站点，待道路恢复后即恢复原线路运营。

2011年12月7日

评估反思

通知学习评价表

项　　目	自　我　评　估	自我反思
认知层面	你掌握了几种类型的通知	
	每种类型通知的结构与写法是否都掌握	
	会议通知的基本要素有哪些	
	能否准确写出每种类型通知的标题	
理解层面	你认为最好写的是哪种类型通知	
	文种选择上有哪些困惑	
发展层面	周知性通知包括哪些内容	
	与通告有哪些区别	

任务演练

根据以下内容写一份通知：

某市中小企业服务中心为缓解我市中小企业融资难、融资贵问题，搭建银行与中小微企业融资合作平台，更好地推动我市经济发展，拟举办市中小企业融资政银企对接会。2016年11月5日向各中小企业发出通知，要求市府办、经信局、财政局、金融办、厦门银监局、总商会分管领导，建设银行、中国银行、兴业银行、邮政储蓄银行等20家银行有关工作人员参加会议。时间定于2016年11月12日，9：00—12：00；会议地点在市中小企业公共服务大厅。活动主要内容是20家银行在市中小企业公共服务大厅设立宣传展板和咨询台，与中小企业代表现场进行一对一的咨询对接，并提供各行产品宣传手册。

温馨提醒：会议地点附近车位紧缺，请大家尽量绿色出行；凡拟参加此次对接会的企业请于2016年11月11日前，登录中小在线培训频道网站（px.xmsme.gov.cn）报名或发电子邮件至指定邮箱。联系人：谢燕；联系电话：0591-2211065；电子邮箱：xmsmerzb@126.com。

拓展阅读

通知与通告的区别：

中共中央办公厅、国务院办公厅在《党政机关公文处理工作条例》中指出，通告适用于在一定范围内公布应当遵守或者周知的事项。

指示性通知和周知性通知也具有遵守或周知的作用，指示性、周知性通知与通告的主要区别如下：

▶ 1. 受文对象不同

从受文对象看，通知的对象是下级机关，与发文机关具有行政隶属关系，而通告的对象是一定范围内的社会公众。

2. 行文要求不同

从行文要求看,通知除需周知外,有的还须办理或执行,而通告则要求遵守或周知。

3. 行文内容不同

从行文内容看,通告可以使社会公众广为知晓,而通知则局限于机关内部。

任务二 通报

通报(以表彰通报为例)的结构模板

标题		发文机关+事由+文种
主送机关		受文机关名称
正文	概述先进事迹	叙述先进事迹,包括时间、地点、任务、经过和结果
	分析评价	明确其性质意义或概括其主要经验
	奖励决定	提出表彰,写明表彰内容
	提希望	发出号召
落款		制发机关 ××××年××月××日

任务描述

《党政机关公文处理工作条例》中指出,通报适用于表彰先进、批评错误、传达重要精神和告知重要情况。由此,将通报分为表彰通报、批评通报和传达通报三类。表彰通报,是表彰先进集体和先进个人的通报。批评通报,是批评错误,以示警诫的通报。传达通报,是传达重要精神和告知重要情况的通报。掌握三类通报的写法。

任务布置

2014年6月14日上午,会计系2012级会计与审计专业学生刘××(男,学号:201210×××),新闻传播系2012级播音与主持专业学生兰××(女,学号:201213××),在全国大学生英语等级考试中使用手机作弊,根据《××大学学生违纪处分条例》,学校决定给予刘××、兰××校外察看一年处分,察看期为2014年6月24日—2015年6月23日。请思考××大学教务处会以什么形式将该事件告知全校学生,以达到对当事人及所有在校生进行教育的目的?

写作提示

一、通报的结构和写法

1. 标题

通报的标题由三要素组成:发文机关、事由和文种。如"共青团××市委关于表彰肖

××等同志英勇救人的通报"、"国务院办公厅关于江西省上栗县'3·11'特大爆炸事故情况通报"、"公安部关于九月以来接连发生特大火灾事故的通报"。

▶ 2. 正文

通报的正文包括：发文缘由、通报事项、分析评价、奖惩决定和希望要求。

（1）发文缘由。一般要求写出发文意义、根据、背景或事项概要，或发文机关对此事的态度。这一部分是正文的"帽子"，不一定每篇通报都有"帽子"，也不一定每段缘由都写全上述项目，这要根据实际行文来确定。

（2）通报事项。通报事项可写表彰事迹，错误事实与事故经过，重要精神、情况，这是正文的主体。通报的目的是为了陈述事实，以便使人们了解事情经过，因而这一部分要详写。

表彰通报与批评通报都要求写明事情发生的时间、地点、当事人或单位、结果。表彰通报要抓住主要的先进事迹，批评通报要抓住主要的错误事实或事故过程，传达通报要抓住所要传达的重要精神和情况。

（3）分析评价。对所通报事项的性质和意义、造成的影响进行客观的分析评价。

（4）奖惩决定。这部分是对表彰先进或批评错误作出嘉奖或惩处的决定措施。表彰通报与批评通报均需要运用决定形式向下级机关表达本级机关奖惩意见，而传达通报一般无决定内容，所以不需设置决定的部分。

（5）希望要求。在表彰、批评通报中该部分是激励人们学习先进典型或让人们引以为戒；在传达通报中，该部分是提出指导性意见，以指导全局工作。

以上为通报正文的结构与写法，需要说明的是，这是通报内容大致的排列顺序。在具体写作中，一些通报会调整上述项目的排列顺序，如先"奖惩决定"再"分析评价"；或略去某个项目，如略去"缘由"或"号召要求"等。

二、例文评析

【例文1】

××省化工总公司党委关于
授予张××"优秀共产党员"荣誉称号的通报

各分公司党委、总公司党委各部门、各直属机构：

张××同志是××分公司所属天宏化工厂管道维修工人，共产党员。20××年8月12日上午8时30分，该厂成品车间后处理工段油气管道突然爆炸起火。正在利用公休日清理夜间施工现场的张××被爆炸气浪猛烈推倒，头部、右臂和大腿等多处受伤，鲜血直流，鞋子也被甩出很远。在这危急关头，张××强忍剧痛，迅速爬起来，顾不得穿鞋和查看伤势，踩着玻璃碎片，冲入烈火之中，迅速关闭了喷胶阀门、油气分层罐手阀、蒸汽总阀。接着先后用了10余个干粉灭火器扑救颗粒泵、混胶罐等处的大火，在随后赶来的保安人员的援助下，共同英勇奋战十余分钟，最终将大火全部扑灭，避免了火势的蔓延。

张××同志在身体多处受伤、火势凶猛并随时可能发生更大爆炸的万分危急关头，将个人生死置之度外，果断处理突发事件，为遏制火势蔓延，防止事故扩大，减少国家财产损失，作出了突出的贡献。他的行为体现了为保护国家财产和人民利益而置个人生命安危于度外的崇高精神品质，谱写了一曲保持共产党人先进性的正气之歌。

为了表彰张××的英雄行为和崇高的革命精神，总公司党委研究决定：授予张××

"优秀共产党员"荣誉称号，将张××奋力灭火的英勇事迹通报全公司，晋升二级工资，并颁发灭火奖励 10000 元，以资鼓励。

希望各分公司党委、各直属机构组织广大共产党员和干部职工以张××为榜样，落实安全生产责任，努力做好本职工作，为化工行业的改革与发展作出更大的贡献。

××省化工总公司党委（印章）

20××年8月18日

【评析】这是一篇表彰通报。正文结构由通报事项、分析评价、奖励决定和希望要求四部分构成。全文结构合理，格式规范，语言通俗流畅。美中不足的是对事件过程的叙述还可以概括一些。

【例文 2】

××市食品酿造公司关于
××食品厂司机××擅自开车到北戴河游玩的通报

公司所属各单位：

20××年 8 月 8 日晚，××食品厂司机××以磨合汽车为借口，擅自驾驶"630"食品防尘车并带上五人从××分厂去北戴河游玩。10 日 8 点抵达北戴河，至 12 日夜间 12 点才返回公司。行程六百多公里。

××的行为，违反组织纪律，错误实属严重。车队负责人在问题发生后未及时向公司汇报，这种做法也是错误的。为了严肃纪律，维护公司利益，同时教育××本人，经公司研究决定：对司机×××予以通报批评，扣发三个月奖金，并责令其上交全程所用汽油费。

望各单位接此通报后，组织员工们及时学习、讨论，从中吸取教训，把各项工作提高到一个新水平。

××市食品酿造公司（印章）

20××年8月14日

【评析】这是一篇批评通报。正文第一部分写当事人的错误事实和经过，具体交代了时间和地点，即通报事项；第二部分对当事人的错误进行了分析评价，同时作出了处理；第三部分对各单位提出了希望要求。

【例文 3】

公安部关于九月以来接连发生特大火灾事故的通报

各省、各自治区，直辖市公安厅、局：

今年入秋以来，广东、广西、湖南等地相继发生多起特大火灾，造成了重大人员伤亡和财产损失。现将有关情况通报如下：

9 月 1 日，广东省顺德市桂州镇×××打火机厂（私营），因员工装配打火机试火引燃堆放在工作台上的打火机爆燃成灾，造成 22 人死亡，45 人受伤，烧毁塑料打火机 75 万支，厂房面积 437 平方米，直接财产损失 409.5 万元。……（以下按时间顺序叙述了 11 起火灾事故的情况，均包括时间、地点、结果等要素）。

近期大火增多，反映出消防工作还存在着许多薄弱环节，火险隐患仍很严重。当前天气渐冷，用火用电增多，即将进入火灾多发季节，各地务必吸取火灾教训……（以下是具体要求，约 350 字）。

公安部（公章）

20××年××月××日

【评析】这是公安部所发的一份传达情况通报。全文按照时间顺序，采用概括叙述的方法，分别列举了九月份以来全国各地发生的多起火灾事故。对每起火灾事故的叙述，都完整地载明其发生的时间、地点、起因及后果等诸项要素，并向各地公安机关提出了具体要求，值得注意的是，传达通报的写法上与表彰、批评通报有所不同，即它往往采用"白描"的手法客观地叙述事实，讲究"直陈其事"，一般不去过多地分析事件的起因，也很少进行议论。

三、答疑解惑

修改例文4通报。

【例文4】

关于职工杜晨违反劳动纪律造成重大火灾事故的通报

我公司职工杜晨违反规定，在仓库吸烟，导致火灾，给企业财产造成了重大损失，使企业形象受到了严重损害。公司将对杜晨同志严肃处理。

希望公司各部门对职工加强安全生产意识的教育，重视劳动纪律管理，认真检查并排除火灾隐患，从此次事故中汲取教训，引以为戒，避免此类事故再次发生。

××商业集团公司
20××年2月20日

评估反思

通报学习评价表

项　　目	自　我　评　估	自我反思
认知层面	你掌握了几种通报	
	是否能区分每种通报的适用范围	
	通报的正文构成要素有几部分	
理解层面	哪类通报最容易掌握	
	通报和通知、通告、决定的区别	
发展层面	你接下来怎么练习通报写法	
	需要什么帮助	

任务演练

2014年5月12日下午5点多，王强、朱刚同学外出购买宣传用品，当他们走到批发市场南侧时，突然听到一女子的喊声："有人抢包了！"两位同学顿时一惊，只见一个二十几岁的男子手里抓着一黑色女包狂奔而至，后面跟着一追赶的女子。王强同学急中生智，高喊："有警察！"歹徒一愣，脚步放缓，随即，又朝前狂奔而去。两位同学紧追上去，王强同学猛然把手中刚买的用品砸向歹徒，歹徒绊了个趔趄，两位同学就势扑了上去，把歹徒擒住。周围群众拨打了110，大家一起把歹徒送上了警车。请根据上述事件以××学院校长办公室名义拟写一份通报。

拓展阅读

中共中央办公厅、国务院办公厅在《党政机关公文处理工作条例》规定了十五类文种，其中指出"决定。适用于对重要事项作出决策和部署、奖惩有关单位和人员、变更或者撤销下级机关不适当的决定事项。"、"命令（令）。适用于公布行政法规和规章、宣布施行重大强制性措施、批准授予和晋升衔级、嘉奖有关单位和人员。"、"通报。适用于表彰先进、批评错误、传达重要精神和告知重要情况。"

具体说，三个文种用于奖励时的区别如下：

（1）命令（令）中的嘉奖令用于嘉奖有关单位及人员，被嘉奖的有关单位及人员应在全国或某一地区某一系是具有普遍意义的典型，被嘉奖者一般授予荣誉称号。

（2）决定，具有奖励有关单位及人员的用途，这里所说的有关单位及人员的先进事迹，应在全国或某一地区某一系统乃至某一部门具有较大影响。与嘉奖令不同的是，奖励决定的典型性与受奖程度均不及嘉奖令，奖励决定的发文机关不一定像命令那样，必须由国务院、国务院各部委、省市人民政府等机关发布，决定可以由各级行政机关及人民团体、企事业单位使用。被奖励者不一定授予荣誉称号。

（3）通报中的表彰通报，是用以"表彰先进"集体或个人的通报。这里的集体和个人，仅为系统或部门内部的先进典型。与奖励决定的发文机关相一致，表彰通报的发文机关可以是各级行政机关、企事业单位、人民团体。被表彰者不一定授予荣誉称号。

决定和通报用于批评错误时的区别如下：

（1）决定，具有惩戒有关单位及人员的用途，这里的有关单位及人员的错误或过失往往比较严重，只有发布惩戒错误的决定，才可教育相关单位或人员。

（2）通报中的批评通报，是本系统或部门内部批评违法违纪，或出现较大事故的集体或个人的通报。这里的错误或事故，固然具有影响，但毕竟有一定限度，倘若运用决定行文，即提升了批评性质的严重程度。

任务三　报　告

报告（以汇报工作报告为例）的写作模板

标题		发文机关＋事由＋文种
主送机关		受文机关
正文	报告缘由	写明报告意义、根据、背景或事项提要
	报告事项	一般包括各方面或某方面工作所取得的成绩、经验与问题以及解决办法等
	结尾	常用尾语："特此报告"、"专此报告"等作结尾
落款		制发机关 ××××年××月××日

任务描述

《党政机关公文处理工作条例》中指出，报告适用于向上级机关汇报工作、反映情况，回复上级机关的询问。由此将报告分为汇报工作报告、反映情况报告、答复上级机关询问报告。掌握报告的适用范围及写法。

汇报工作报告，指汇报本机关工作的报告。它包括汇报例行工作、成绩经验、问题教训、今后打算，汇报完成上级机关交办事项的结果，汇报执行上级机关指示的进度等工作事项。反映情况报告，指反映本机关、本地区情况的报告。

反映情况报告包括反映本机关、本地区发生的重大事件，带有倾向性的新问题、新现象、新动向等。一般来说，在发生特殊情况、较大事故、突发事件时，常常采用这种报告。

答复询问报告，指答复上级机关询问事项的报告。与前两类不同的是，答复询问报告是被动行文，它须针对上级来文所询问的内容或交办的事项进行答复。

在实际运用中，报告与其他一些"报告"也容易混淆。其他报告是指调查报告、读书报告、学术报告、形势报告以及气象报告等。鉴别的原则只有一个，那就是是否符合作为行政公文中的报告的定义，上述"其他报告"都不是行政公文，因而不在我们讨论之列。

任务布置

通过查找资料，找出三篇分别属于汇报工作、反映情况、答复上级机关询问三种类型的报告，阅读并记录报告的主要内容。

写作提示

一、报告的结构与写法

报告一般由标题、主送机关、正文和落款组成。

▶ 1. 标题

报告的标题由三个要素组成：发文机关、事由和文种，如"××学院关于2014年学生安全工作报告"、"××乡人民政府关于我乡旱灾情况报告"、"××市人民政府关于治理××河水污染状况的报告"。

▶ 2. 主送机关

主送机关即受文机关。

▶ 3. 正文

正文由发文缘由、报告事项和结尾构成。

（1）发文缘由通常写明报告意义、根据、背景或事项提要。报告发文缘由与报告事项的衔接之处常常采用承启语，即"现……报告如下"等。

（2）报告事项是正文的主体，不同类型的报告具有不同的写法。

① 汇报工作报告的事项一般包括各方面或某方面工作所取得的成绩、经验与问题以

及解决办法等。工作成绩要求写出做了哪些工作,采取了哪些措施和做法,结果是怎样的;经验是对所取得成绩的规律的认识与总结;问题是指工作中的缺点、不足或遇到的困难;解决办法主要是指今后的打算及努力方向。

② 反映情况报告的事项一般由情况或问题发生的经过、原因、责任分析、处理意见、应吸取的教训等部分构成。撰写时要围绕报告的主题,对情况作出实事求是的记叙,并进行客观具体的分析,提出切实可行的措施。

③ 答复询问报告的事项首先写明什么时候接到上级机关提出的问题或询问的事项,然后针对上级提出的问题或者询问事项作出回答。问什么,答什么;既不要所答非所问,也不要擅自主张,借题发挥。

《条例》中明确规定:"不得在报告等非请示性公文中夹带请示事项。"因此,无论哪种类型的报告,都不能在报告事项后附带请求事项,这样违背了报告的行文规则。

二、例文评析

【例文1】

××学院行政管理系
关于首届行政管理专业学生毕业论文指导工作的报告

××学院:

按照教学计划的规定和我校《学生毕业论文工作管理办法》的要求,20××年2月至6月,我系积极稳妥地开展了首届行政管理专业(以下简称行管专业)学生毕业论文指导工作。在院领导的关心支持下,在同志们的共同努力下,现在此项工作已经结束。总的来看,工作完成得比较顺利,取得了一定成绩,结果较为圆满。根据学院的要求,现将毕业论文指导工作报告如下:

一、主要工作情况

由于首次组织行管专业毕业论文指导工作,我们缺乏经验,因此,本着早做准备、精心组织、边实践边摸索的原则开展工作。全部工作主要包括以下步骤:

1. 印发论文参考选题。(略)

2. 安排论文讲座。(略)

3. 落实指导教师。(略)

4. 开展个别指导。(略)

5. 组织成绩评定。(略)

二、主要成绩与效果评价

回顾毕业论文指导工作,我们认为成绩是主要的,应当给予充分肯定。(略)

1. 首次组织毕业论文指导工作,是在摸索过程中完成的。(略)

2. 撰写毕业论文,不仅进一步培养了学生们的科学精神,而且对强化写作训练,增强分析、研究和解决问题的能力,发挥了重要作用。(略)

3. 首届论文指导工作,是在我系师资力量比较紧张的情况下完成的。部分教师首次承担这样的工作,为了确保质量,大家共同研讨,向有经验的同志请教,整个指导过程完成得比较顺利。(略)

4. 指导教师的工作,得到了学生们的充分肯定。在谈到毕业论文写作收获时,同学

们有以下共识：（略）

总之，首次毕业论文指导工作是一次有益的尝试，成绩是主要的。它既保证了行管专业教学计划的完整执行，提高了毕业论文质量，也使教师得到了锻炼，为继续开展这项工作积累了经验。

三、存在问题及改进意见

我们认为毕业论文指导工作尚有值得改进之处。

1. 在印发论文参考选题之后近半年的时间里，忽略了对学生在选题和收集资料方面的指导和督促，失去了提前下发参考题目的意义。今后这个环节的工作需要抓紧。

2. 对毕业论文写作方法的总体指导还不够。在学生写作论文之前，系里组织过一次专题讲座，但由于时间紧，有些问题无法展开，致使部分同学在开始写作时无从下手。今后，要加强论文写作的集体指导。

3. 收尾阶段工作不够扎实，答辩工作比较仓促。主要原因是安排不太合理。今后应适当调整课程安排，抓紧前期工作，以便节省时间，切实搞好论文成绩评定，有成效地开展论文交流、答辩工作，以便学生相互借鉴，取长补短，并且更加科学准确地评定毕业论文的成绩。

我们要继续发展成绩，不断改进工作，吸取第一次毕业论文指导工作的经验教训，把以后各届学生的毕业论文指导工作做得更好。

特此报告。

行政管理系（印章）
20××年7月12日

【评析】 这是一份汇报工作报告。正文围绕主旨，首先介绍了工作背景和对工作的总体肯定性评价。通过文种承启语"报告如下"引出报告的事项，即"主要工作情况"、"主要成绩与效果评价"和"存在问题及改进意见"，文章最后以"特此报告"的习惯用语作结。文章展开内容采用分条列项法，对毕业论文指导工作所取得的成绩、经验与问题以及解决办法等向学院作了较详细汇报。

【例文2】

××市人民政府关于××煤矿"×·××"窒息事故的情况报告

×××：

20××年××月××日13时左右，××乡××煤矿井下工人在开切眼时，误穿原小煤窑巷道的采空区，致使大量有害气体涌出，2名掘进工人窒息死亡。事故发生后，市委、市政府领导高度重视，市委书记×××立即批示："一是安排好死者的善后工作；二是调查事故原因，依法依规处理；三是举一反三，开展煤矿行业安全检查，防止安全事故再次发生"，并指派×××副市长赶往××煤矿指导事故调查和处理善后事宜。市委副书记，市长××接到事故报告后，立即指示："迅速查明事故原因，严肃依法处理，并在全市高危行业中再次全方位地开展一次隐患彻查"，并传达了××××州长要求对××煤矿事故严肃处理的指示。现将有关事故情况汇报如下：

一、事故单位基本情况

××煤矿位于××市××乡××村，"五证一照"齐全有效，矿井保有储量79.1万吨，设计生产能力3万吨/年，正进入"三改九"设计阶段，矿井开拓方式为平硐开拓，缓倾斜煤层,煤层倾角16°～18°,煤层高0.4～0.6m,煤尘无爆炸性,自燃倾向性为二类。20××年度省经委鉴定为低瓦斯矿井,矿安全管理人员、特殊工种人员持证均在有效期内。

二、事故发生经过(略)

三、死者基本情况(略)

四、事故处理措施

1.××月××日对××煤矿已下达停产通知书,责令停止一切生产活动。

2.暂扣××煤矿《安全生产许可证》。

3.××月××日前,市安委会办公室迅速向各乡镇人民政府、街道办事处、市直相关部门下发了《关于加强安全生产工作的紧急通知》,一是要认真吸取事故教训,举一反三,严格现场监督管理,防止类似事故发生;二是要对辖区内煤矿、非煤矿山、烟花爆竹、危化物品、重点建设及建筑工程等行业开展全面的安全生产大检查,排查安全隐患,对不具备安全生产条件和存在重大安全隐患的企业要进行停产通知整改;三是对安全生产许可证到期的非煤矿山企业要严格执行市安监局下达的停产通知要求,认真进行一次全面检查,做到断电、停药,严格明停暗开、日停夜开的现象发生;四是个煤矿企业要组织全体从业人员进行一次安全学习,针对此次事故对井下生产系统进行全面的检查,严格落实矿领导带班下井制度,凡发现有老窑水、采空区的地方必须停产。对怀疑有老窑水、采空区的地方做到有疑必探,先探后掘,排除安全隐患,确保煤矿的安全生产;五是进入盛夏炎热季节,要做好防火事故发生。

4.对全市已进入技改程序的煤矿企业,要严格按照《初步设计说明书》及《安全专篇》进行技改,严禁边建设边生产。

××市人民政府(印章)
20××年××月××日

【评析】这是一份反映情况报告。介绍事故发生的单位的基本情况、事故发生的经过、死者基本情况及处理意见整改措施等部分构成。对事故情况作出具体的记叙,并提出切实可行的整改措施。

【例文3】

××集团公司关于张××同志职称评定问题的答复报告

××市人民政府办公室:

接市办5月20日查询我单位张××同志有关职称评定情况的通知后,我们立即进行了调查。现将有关情况报告如下:

××同志是我集团公司二分厂工程师。该同志1962年起曾在××工学院受过四年函授教育,学习了有关课程。由于"文革"而未能取得学历证明。因缺乏学历证明,在今年上半年职称评定时,根据上级有关文件精神,我单位职称评委会决定暂缓向上一级职称评委会推荐评定他的高级工程师职称,待取得学历证明后补办。该同志认为这是刁难,因而向市政府提出了申诉。

接到市政府办公厅查询通知后,我们专程派人去××工学院查核有关材料,得到××工学院的支持,正式出具了该同志的学历证明。现在,我集团公司职称评委会已为××同志专门补办了有关评定高级工程师的推荐手续,并向该同志说明了情况。对此,他本人已表示满意。

特此报告。

××集团公司（印章）
20××年5月28日

【评析】这是一份答复报告。正文开门见山写接到市办查询通知及已进行了调查，这是行文的背景。接着以文种承启语导出主体。主体根据上级机关的询问作出答复。包括写张××一事的缘由、调查和处理的情况，有理有据。

三、答疑解惑

关于申请拨给灾区贷款专项指标的报告

省行：

××月××日，××地区遭受了一场历史上罕见的洪水袭击，×江两岸乡、村同时发生洪水，灾情严重。经初步不完全统计，农田受灾总面积达38000多亩，各种农作物损失达100多万元，农民个人损失也很大。灾后，我们立即深入灾区了解灾情，并发动干部群众积极开展生产自救。同时，为了帮助受灾农民及时恢复生产，我们采取了下列措施：

一、对恢复生产所需的资金，以自筹为主。确有困难的，先从现有农贷指标中贷款支持。

二、对受灾严重的困难户，优先适当贷款，先帮助他们解决生活问题。到××月××日止，此项贷款已达××万元。

由于这次灾情过于严重，集体和个人的损失都很大，短期内恢复生产有一定的困难，仅靠正常农贷指标难以解决问题。为此，请省行下达专项救灾贷款指标××万元，以便支持灾区迅速恢复生产。

盼复，不胜感激！

××银行××市支行
20××年××月××日

报告学习评价表

项　　目	自我评估	自我反思
认知层面	报告有哪三种适用范围	
	汇报工作报告的结构	
理解层面	哪种报告最好写	
	有哪些困惑	
发展层面	如何提高报告的写作	
	需要什么帮助	

任务演练

根据下面提供的材料,请以××市商业局的名义向××省商业厅起草一份报告。

(1) 20××年2月20日上午9点20分,××市××百货大楼发生重大火灾事故。

(2) 事故后果:未造成人员伤亡,但烧毁三层楼房一幢及大部分商品,直接经济损失792万元。

(3) 施救情况:事故发生后,市消防队出动15辆消防车,经4个小时扑救,火灾才被扑灭。

(4) 事故原因:直接原因是电焊工××违章作业,在一楼铁窗架电焊火花溅到易燃货品上引起火灾,但也与××××百货公司管理局及员工安全思想模糊,公司安全制度不落实,许多安全隐患长期得不到解决有关。

(5) 善后处理:市商业局副局长带领有关人员赶到现场调查处理;市人民政府召开紧急防火电话会议;市委、市政府对有关人员视情节轻重作了相应处理。

拓展阅读

报告要短小精悍,写作时应该注意以下几个方面:

(1) "避繁就简",这里所讲的"繁"主要是指现象拼凑,事实罗列,也就是通常所讲的"流水账";"简"是指注意综合分析、寻求规律、讲究提炼、显示本质。

(2) "厚积薄发",所谓"厚积"是指占有材料要多,这样写"报告"时才能"以一当十",言简意赅、一语中的就是"薄发"。

(3) "舍得删削",报告草稿写成后,要通过修改,把那些可用可不用的字、词、句删掉;化冗长繁杂的句子为短小精悍的句子;要"脱靴摘帽",削减开头的"套话"和结尾的"空话"。

任务四 请示、批复

请示的结构模板

标题		发文机关+事由+文种
主送机关		应为具有隶属关系的上一级领导机关或上一级业务主管机关
正文	请示缘由	写请示问题或事项的原因、背景、理由
	请示事项	请示问题或待批事项
	结尾	常用"以上问题,请批复"、"请指示"、"当否,请批准"、"当否,请批复"等
落款		制发机关 ××××年××月××日

批复的结构模板

标题		发文机关＋（表态用语）＋（请示机关）＋事由＋文种
主送机关		报送请示的下级机关
正文	批复缘由	引述来文作为批复依据，常引语的结构是"你单位＋请示标题＋发文字号＋收悉"
	批复事项	针对请示给予明确答复
	结尾	阐述要求，或用"此复"、"特此批复"等尾语或秃尾
落款		制发机关 ××××年××月××日

任务描述

《党政机关公文处理条例》中指出，请示适用于向上级机关请求指示、批准。由此将请示分为求示性请示与求批性请示。求示性请示，是请求上级机关对请示事项给予政策、认识上的指示的请示。求批性请示，是请求上级机关对请示事项给予批准、认可的请示。

使用请示应当慎重，凡属本机关职权范围内可以解决的问题，或上级机关以往政策中明确的问题，不应在请示之列。

《条例》中指出：批复适用于答复下级机关请示事项。请示分为求示性请示、求批性请示，因此，批复也对应地分为指示性批复与审批性批复。指示性批复，是针对下级机关要求给予政策、认识上的指示的批复。审批性批复，是针对下级机关要求给予批准、认可的事项的批复。

任务布置

试从行文性质与行文时限上分析报告与请示的区别。

写作提示

一、请示的结构与写法

请示一般由标题、主送机关、正文和落款构成。

▶ 1. 标题

标题由三个要素构成：发文机关、事由和文种，如"××石化集团公司关于组建职工大学的请示"、"××关于妥善解决军官配偶工作调动和易地安置问题的请示"。

标题中一般不采用"申请"、"请求"等词语，以避免与文种"请示"在语意上的重复。

▶ 2. 主送机关

主送机关，应为具有隶属关系的上一级领导机关或上一级业务主管机关，即负责受理请示之机关。

主送机关应只有一个，如还须呈送其他上级机关，应采用抄送形式。

3. 正文

正文由发文缘由、请示事项和结尾构成。

（1）发文缘由。写请示问题或事项的原因、背景、理由。它是请示事项能否成立的前提条件，也是上级机关批复的根据，原因讲得客观、具体，理由讲得合理、充分，上级机关才好及时决断，予以有针对性的批复。

（2）请示事项，是请示正文的核心，这里有请示问题也有待批事项。请示事项应具有可行性与可操作性，对需要上级机关审批的事项，应进行具体明确的说明，为了有利于审批，还可进一步提出切实可行的办法、措施与建议。这部分内容要单一，只宜请求一件事。

（3）结尾，请示的结语部分，要明确提出请示要求。求示性请示常用"以上问题，请批复"、"请指示"等；求批性请示常用"当否，请批准"、"以上要求，请予审批"、"当否，请批复"等。

二、请示的特点和行文规则

与报告比较，请示的主要特点如下：

（1）一文一事。为便于领导批复，请示行文必须一文一事，即每份请示只能提出批复一个事项、解决一个问题。这点与报告不同，报告可以是一文多事。

（2）请批对应。一请示，一批复；请示的目的是对本单位无法解决或无权决定的事项请求上级机关给予指示或批准帮助解决。受文者应及时对请示事项作出肯定或否定的答复，提出自己的意见和要求。批复就是专为反馈请示事项而设的文种。报告是向上级机关汇报工作，让上级机关了解情况，无须回复。

（3）事前行文。请示应在问题发生或处理前行文，不可先斩后奏。报告的时限原则是可以在事前、事后或工作进行中行文。

请示的主要行文规则如下：

（1）单头请示。单头请示即主送一个机关，不可多头主送，是为了防止上级机关、主管机关之间互相推诿，从而贻误工作；也为了防止多头批示的口径不一致。如还须呈送其他上级机关，应采用抄送形式；如某单位属双重上级领导，也要根据请示内容的性质，主送一个上级机关，抄送另一个上级机关。请示一般不可直接呈送上级机关负责人，也不抄送下级机关。

（2）逐级请示。《条例》中指出："党委、政府的部门向上级主管部门请示、报告重大事项，应当经本级党委、政府同意或者授权；属于部门职权范围内的事项应当直接报送上级主管部门。"因此，请示一般按隶属关系逐级请示，不得越级行文。

（3）受文与发文者不可用"负责人"。《条例》中指出："除上级机关负责人直接交办事项外，不得以本机关名义向上级机关负责人报送公文，不得以本机关负责人名义向上级机关报送公文。"请示的受文者和发文者一般不可用"负责人"。

三、批复的结构与写法

批复一般包括标题、主送机关、正文和落款。

1. 标题

批复的标题可以分为下面三种形式：

（1）五元素标题：发文机关＋表态用语＋请示机关＋事由＋文种，如"国务院关于同意吉林省撤销江源县设立白山市江源区的批复"，这个标题与一般三元素标题相比，增加了表态用语"同意"，还增加了请示机关（原发文机关）"吉林省"。

（2）四元素标题：发文机关＋表态用语＋事由＋文种，如"国务院关于同意建立扶持动漫产业发展部际联席会议制度的批复"，与五元素标题相比，这个标题省略了请示机关"文化部"；与三元素标题相比，这里有表态用语"同意"。

（3）三元素标题：发文机关＋事由＋文种，如"卫生部关于对婴幼儿食品中营养强化剂使用问题的批复"。

▶ 2. 主送机关

主送机关即报送请示的下级机关。

▶ 3. 正文

批复的正文由引语、批复事项和结尾构成。

（1）引语是引述来文作为批复依据的开头用语，就是批复的"发文缘由"。为了严谨，引语常常标明发文字号，这既是履行公文来往程序，也是礼节性回应。

常用引语的结构是：你单位＋请示标题＋发文字号＋收悉，如，你省（你单位）＋《关于申请将江源县恢复为白山市市辖区的请示》（请示标题）＋（吉政文〔2006〕56号）（发文字号）＋收悉。

这种引语形式，不仅适用于批复，也适用于批答函。

像大多数公文一样，批复在发文缘由（引语）后，常常由承启语（现批复如下）转入批复事项。

需要说明的是，也有某些批复省略引语，直接进入批复事项的。

（2）批复事项需针对请示给予明确答复，通常有两种处理方法：

① 针对求示性请示的解答。求示性请示的目的是请求指示，因此上级机关不需批准任何事项，应当针对请示内容给予政策、认识上的解答。

② 针对求批性请示的批答。由于求批性请示的目的是请求批准，因此上级机关应明确"准"与"不准"。答复意见时要注意以下三种情况：

对于完全同意的，写上肯定性意见，一般要求复述原请示主要内容，不能只笼统写上"同意你们的意见"；部分同意的，在叙述同意部分内容外，还要说明不同意的理由；对于完全不同意的否定性批复，既要否定请示事项，也要否定请示的理由。

四、例文评析

【例文1】

山东省人民政府关于开通威海—××××海上货运航线的请示

国务院：

我省威海市自开通至××××海上客货运输航线以来，客货运输量日益增加。××××年通过合资经营的"金桥"轮运输进出口货物总量2500多个标准集装箱。去年我省对××××出口已达3.13亿美元，跃居我省出口国别和地区的第3位。从发展趋势看，今后对××××出口仍有大幅度增长。但因为"金桥"轮是客货两用船，且以客运为主，吨位小，远远不能满足双方进出口货物运输的需要。我省许多出口货物到仁川港后，需转运釜山，既延误了时间，又增加了费用，急需开通威海至釜山航线。威海港为国家一类开放港口，拥有万吨级泊位1个，5000吨级泊位2个，千吨级泊位3个，其他设施也日趋完善，已具备了开通釜山航线的条件。为此，特申请批准开通威海—×××海上货运航线。该航线由山东省所属的海运公司负责经营。

当否，请批复。

山东省人民政府（印章）
××××年3月19日

【评析】这是一份求批性请示。文中用精练的文字讲明"为什么请示"，即请示的缘由与背景。接着明确"请示什么"，即请示审批事项——"申请批准开通威海—××××海上货运航线"。全文语言精练、理由充分、请求事项明确。

【例文2】

××省高级人民法院关于交通肇事
是否给予被害者家属抚恤问题的请示

最高人民法院：

据我省××县人民法院报告，他们对交通肇事致被害人死亡，是否给予被害者家属抚恤的问题，有不同意见。一种意见认为，被害者若是有劳动能力的人，并遗有家属要抚养的，给予抚恤。另一种意见认为，只要不是由被害者自己的过失所引起的死亡事故，不管被害者有无劳动能力，都应酌情给予抚恤，我们同意后一种意见。几年来的实践经验证明，这样做有利于安抚死者家属。

妥否，请批复。

××省高级人民法院（印章）
××××年××月××日

【评析】这是一篇请求指示的请示。正文内容简洁明了，请示事项单一明确。以"据……报告"作为行文依据、背景，然后对交通肇事致被害人死亡是否给予其家属抚恤的问题提出两种不同意见，同时表明行文单位的倾向意见，最后，请求上级单位给予指示。

【例文3】

××市人民政府关于同意明珠园居民区命名的批复

××区人民政府：

你区《关于明珠园居民区命名的请示》（××政〔200×〕×号）收悉。经研究，现批复如下：

同意将位于姚家镇西部，东至××区人民武装部、省警官学校，西至二环东路，南至省人民检察院，北至省轻工学院、省物业管理学校的区域，命名为明珠园。

××市人民政府（印章）
20××年××月××日

【评析】这是一份请批性批复。这篇批复事项完全同意请示的内容，批复事项将请示的事项复述一遍。

【例文4】

××县人民政府关于××乡人民政府兴建砖瓦厂问题的批复

××乡人民政府：

你乡20××年4月16日《关于兴建砖瓦厂的请示》（××发〔××××〕×号）收悉。经

研究,现答复如下:

改革开放以来,农村盖房使用砖瓦量确实明显增加,因此各乡纷纷兴建了砖瓦厂。据调查,我县已经有40%的农户盖了新房;约30%的农户近年内不拟盖新房,砖瓦需求量相对趋于缓和。其余拟盖房户所需砖瓦的数量,我县现有砖瓦厂完全可以满足。因此,凡申报新建砖瓦厂的请求一律不予同意,以免供过于求,出现新的问题。

特此批复。

××县人民政府
20××年4月20日

【评析】这是一份指示性批复。文中不批准请求事项。引文之后以"经研究,现答复如下"引出否定新建砖瓦厂的理由。这份批复由于不同意请求事项,因而重点放在表述不同意的理由和根据。以调查了解的数据作为理由和根据,针对性强,令人信服。

五、答疑解惑

指出公文例文5的错误之处,并加以修改。

【例文5】

关于拟建科学馆的请示报告

县政府:

我校是××镇的中心小学。学校建筑面积1.2万平方米,在校学生、教职工800多名。多年来学校防火设施比较简陋,除简易防火工具外,仅有消防栓1处,且因年久失修,达不到喷射要求,一旦发生事故,后果不堪设想。市消防部门多次检查、提出建议,但因缺少资金一直没有按重点防火单位标准建设。为确保安全,做到常备无患,急需修建地下消防栓4处(3栋教学楼各1处,实验室1处),需拨款5万元(计划附后)。此外,为加强学生动手能力的培养,拟建一座科学馆,急需资金50万元(计划附后)。

特此报告,请批准。

××县××镇××小学
20××年3月3日

请示、批复学习评价表

项 目	自 我 评 估	自我反思
认知层面	你了解请示和批复的适用范围吗	
	请示与报告的区别是什么	
	请示和批复的行文要求是什么	
理解层面	请示和批复写作中有哪些困惑	
发展层面	如何让请示得到满意的批复	
	需要什么帮助	

任务演练

20××年5月13日，××公园办公室。赵园长说："为了丰富广大游客的娱乐活动，也为了提高咱公园的社会效益和经济效益，咱们准备新增游乐设施'太空飞行器'。"刘秘书说："资金怎么解决？"赵园长说："咱园出，已经计划好啦，这个项目总投资55000元，其中设备30000元，基建25000元，全部资金向工商银行贷款解决。"刘秘书问："那资金怎么回收，怎么还贷？"赵园长说："这也计划好了，慢慢还贷吧，拟定乘坐太空飞行器收费标准每人次15元。"刘秘书说："收费标准得报批呀。"赵园长说："这正是我要交代你做的事。小刘，你就'乘坐太空飞行器收费标准'问题给××市园林局写个公文。"假设你是刘秘书，请结合所学向××市园林局写份公文。

拓展阅读

一、请示与报告混用的历史原因

在1951年9月29日政务院发布的《公文处理暂行办法》（以下简称《暂行方法》）中还没有请示文种，只有报告文种并且该《暂行办法》规定，向上级陈述或请示事项要用报告。报告情况是报告，请示问题也是报告。"打个报告来"的口头禅就是从那个时候流行起来的。1957年10月，国务院秘书厅的《关于公文名称和体式问题的几点意见（稿）》将请示从报告中分离出来，指出，"报告和请示必须分开使用，报告中不能写请示事项，但请示中可以反映情况、陈述意见、说明理由，以便于上级处理"，可惜这个意见稿没有得到有效贯彻。1981年2月27日，国务院办公厅发布的《国家行政机关公文处理暂行办法》虽然将请示与报告分开了，并规定了各自的适用范围，但是两者被归在一个类别中，直到1993年11月21日国务院办公厅发布的《国家行政机关公文处理办法》才将报告和请示区分为两类文种。由于受到之前请示与报告混同使用的习惯影响，实践中往往因袭旧弊，该用请示时习惯于"打报告"，拟写报告时夹带请示事项，甚至出现"两者兼顾"的"请示报告"。

二、请示与报告混用的现实原因

一些论者认为，请示中只能写请示原因和请示根据，提出请求事项，不能陈述情况；报告中只能陈述情况，汇报工作，不能提出措施意见。由于这种认识，一些人在向上级机关汇报情况、提出工作打算时，不知该用请示还是报告，于是干脆用请示报告。这是造成请示与报告混用的现实原因之一。实践中，一些工作报告会在重点陈述工作情况之后指出存在的问题，并对今后的工作提出意见，而一些情况报告会在最后部分提出措施和意见。但是，如果报告中涉及需上级机关解决的问题或批准的事项，就应该以请示另行上报，在报告中则可用"上述事项另行专题请示"等来反映。请示中所陈述的情况是作为请求事项的理由提出来的，有时为了写明请示缘由，陈述情况所占的篇幅可能较大，这时不妨将陈述情况作为请示的附件来处理。此外，有的机关对公文把关不严，对来文不加初审，对夹带请示事项的报告也给予批复而不是退回，使得下级机关误以为行文没有问题。这也是造成请示与报告混用的现实原因之一。其实，对于一些报告，比如突发事件报告、考察报告等，上级机关若有批示，可以用督办件等方式处理，而不应该用批复来答复。

任务五　函

函的结构模板

标题		发文机关＋（表态用语）＋事由＋文种
主送机关		受文机关
正文	发文缘由	去函说明发函意义、根据或背景等；复函应有引语，复函引语的结构是：你单位＋来函标题＋发文字号＋收悉
	函事项	去函说明具体事项，或商洽事宜，或要求主送机关协办的事项，或请求批准的事项，或要求解决的问题等；复函要有针对性地写答复事项
	结尾	一般以尾语"恳请协助"、"盼复"、"请予复函"、"当否，请审批"、"此复"、"特此函复"等作为结尾
落款		制发机关 ××××年××月××日

任务描述

《党政机关公文处理条例》中指出，函适用于不相隶属机关之间商洽工作、询问和答复问题、请求批准和答复审批事项。由此可将函分为商洽函，问答函，请批、批答函。商洽函是不相隶属机关间商洽工作的函。问答函是不相隶属机关间询问和答复问题的函，是询问函与答复函的合称，为一组对应函。请批、批答函是不相隶属机关间请求批准和答复审批事项的函，是请批函与批答函的合称，为一组对应函。学会函的写法。

任务布置

查找一份请批函件，并指出其与求批性请示的区别。

写作提示

一、函的结构与写法

函一般由标题、主送机关、正文和落款组成。

▶ 1. 标题

函的标题构成：发文机关＋（表态用语）＋事由＋文种，如"××集团公司关于商洽委托代培涉外秘书的函"、"金亮时装有限公司人力资源部关于人事调查的函"、"××省文化厅关于同意香港艺人×××在××市演出的复函"。这里的表态用语是"同意"。

2. 正文

函的正文一般由发文缘由、函事项和结尾组成。

（1）发文缘由。如果是去函（不论是商洽函、询问函或请批函），应说明发函意义、根据或背景等。如果是复函（不论是答复函还是批答函），应有引语，即引述来函的标题和发文字号，表示收悉并进行了研究处理。复函引语的结构是：你单位＋来函标题＋发文字号＋收悉。

（2）函事项。凡是去函，均应说明具体事项，如商洽事宜、要求主送机关协办的事项、请求批准的事项、要求解决的问题等。凡是复函，要有针对性地写答复事项，即针对发函所提出的商洽、请求、询问等问题作出具体明确的答复。批答函与批复写法相同。

（3）结尾。结尾一般以尾语表示，尾语是礼节性用语，不同类型的函有不同的尾语。

商洽函的尾语常用"恳请协助"、"不知贵方意见如何，请函告"、"望大力协助，盼复"等。

询问函的尾语常用"盼复"、"请予复函"、"即请函复"等。

请批函的尾语常用"请审查批准"、"当否，请审批"等。

答复函、批答函的尾语常用"此复"、"特此专复"、"特此函复"、"专此函告"等。

二、例文评析

【例文1】

××集团公司关于商洽委托代培涉外秘书的函

××大学文学院：

本集团公司新近上岗的秘书人员缺乏专业的涉外秘书知识，业务素质亟待提高。据报载，贵院将于今年9月开办涉外秘书培训班，系统讲授涉外秘书业务、公关礼仪、实用文书写作等课程。此培训项目为我集团公司新上岗的涉外秘书人员提供了一个难得的在职进修机会。为能尽快提高本集团公司涉外秘书人员的从业素质，我们拟选派8名在岗秘书人员随该班进修学习，委托贵院代培。有关代培费用及其他相关经费，将按时如数拨付。

妥否，请函复。

××集团公司（印章）
20××年7月20日

【评析】这是一份商洽函。正文由发函的缘由、函事项和结语组成，语言简洁。

【例文2】

××时装有限公司人力资源部关于人事调查的函

××经贸有限公司人事部：

我公司正在进行人事调整工作，根据省政府关于重视选拔任用"海归"人才的精神，我部拟推荐万×同志担任某部门负责人工作。为查实万×同志的情况，烦请贵部协助我公司调查以下问题：

一、万×同志在贵公司工作的起止期。

二、万×同志在贵公司两次受奖是何奖项？

三、贵公司对万×同志表现的评价。

请予复函。

××时装有限公司人力资源部
20××年4月8日

【评析】这是问答函中的询问函。发文单位××时装有限公司人力资源部与受文单位××经贸有限公司人事部是不相隶属关系。发文单位明确地向受文单位提出了需要询问的事项，请对方予以答复。

【例文3】
××经贸有限公司人事部关于万×同志情况的复函

××时装有限公司人力资源部：

你部《关于人事调查的函》(××发〔20××〕×号)收悉。关于万×同志的情况，经我部与相关部门研究现函复如下：

一、万×同志在我公司工作起止时间为20××年9月1日至20××年2月10日。

二、万×同志的两次获奖，一次为公司20××年先进工作者；一次为销售部20××年业绩突出奖。

三、我公司认为，万×同志是个很好的管理人才，其业务熟练，能独当一面；严于律己，能够以身作则，积极进取，敢于挑战新任务。不足之处是偶有急躁情绪，有时欠缺合作精神。

特此函复。

××经贸有限公司人事部
20××年4月18日

【评析】这是问答函中的答复函。复函单位××经贸有限公司人事部依据××时装有限公司人力资源部的三点询问一一答复。复函内容具体明确，言简意赅。

【例文4】
关于拟录用2016届大中专毕业生的函

×发〔2016〕18号

×省人事厅：

根据中共×省委组织部、×省人事厅《关于××××年省级机关录用应届高校、中专学校优秀毕业生的通知》规定，我们对拟录用到我厅机关工作的大中专毕业生按规定程序进行了统一考试、面试、体检、政审。经厅党组研究，拟录用大中专毕业生30名。现将有关录用审批材料报上，请审批。

附件：录用审批材料30份

×省安全厅
×年×月×日

【评析】这是一份请批函。语态得体，文字简洁，先写发函的背景、依据，继而写做法、态度，最后结语提出请求。

【例文5】
关于批准录用×××等×名同志为国家公务员的函

×省安全厅：

你厅《关于拟录用2016届大中专毕业生的函》(×发〔2016〕18号)收悉。根据中共×省委组织部、×省人事厅《关于部分省级机关从××××年应届高校、中专毕业生中考试录用国家公务员和机关工作人员的通知》的规定，经考试、考核合格，批准录用×××等×名同志为国家公务员。

特此函复

附件：录用人员名单

×省人事厅
×年×月×日

【评析】这是一份批答函。正文先引叙来函，作为复函背景、依据。答复内容依据明确，态度鲜明。文章以"特此函复"作结，行文简练准确，文字语气合乎批准机关身份。

三、答疑解惑

修改例文6。

【例文6】

××公司培训部关于租借育英学校第一阶梯教室的请求

××学校领导：

为了开展岗位技术培训，我公司拟举办一个300人的"计算机应用技术培训班"。因我公司培训场地不是很够，需向贵校租借第一阶段梯教室，拟用时间是六月二十五日至六月二十六日。

因事情紧急，一定要尽快答复我们。

××公司培训部（印章）
20××年6月22日

评估反思

函学习评价表

项　目		自我评估	自我反思
认知层面		你了解函的适用范围	
		求批请示与求批函的区别是什么	
		会写复函的格式	
		不同类型的函各有哪些尾语	
理解层面		函是公文的"轻骑兵"要得短小精悍，你练习中写了几份函	
发展层面		函是平行文，讲究用语的礼貌和谦逊	

任务演练

1. 根据下列材料拟写一份商洽函

2016年12月20日，××学院院长对办公室李秘书说："小李，我校师资力量太差，想派10位年轻教师到某师范大学旁听进修一年。他们已经同意我校派人员进修，但这些教师住宿问题，无法解决。你尽快写份商洽函，请他们想办法解决问题。并说明，住宿费用按他们学校有关规定办理。""记住，是正式公函啊！"校长又补充说。

2. 根据下面询问函写一份答复函

某市化工厂关于电脑维修事宜的询问函

××市宏大企业有限公司：

我厂于一年前购进贵公司组装生产的电脑，一年来使用情况良好，但近来发现总是在正常运行过程中，突然自动关闭系统或重启系统。特发函向贵公司询问，贵公司在我市何处设有维修部，应如何送交维修，预计维修费用多少，以及付款方式等。

特此函询

×× 市化工厂厂（公章）

2017 年 2 月 10 日

×× 市宏大企业有限公司在 ×× 市尚未设立维修网点，公司决定派出售后服务部经理并一名技师前往贵厂上门维修。请替 ×× 市宏大企业有限公司写这份答复函。

（询问函发文字号为：×函〔2017〕1号）

拓展阅读

商务信函属于商务礼仪文书范畴，是指企业与企业之间，在各种商务场合或商务往来过程中所使用的简便书信。主要作用是在商务活动中用来建立经贸关系、传递商务信息、联系商务事宜、沟通和洽商产销、询问和答复问题，处理具体交易事项，种类包括联系函、推销函、订购函、确认函、索赔函等多种，文种特性如下：

▶ 1. 语气口语性

每一封商务信函的往来都是不同的企业之间或者企业领导者彼此之间的一种情感交流。人都是感性的，所以商务信函更多地体现了感性的一面，而不是人们想象的商务信函应该用一种特殊的"生意腔"。信函读起来应该使人感到非常热情、友好，就像朋友之间的谈话那样简单、自然、人性化。无论是歉意的道歉函，还是善意的劝说函，或者购买函，完全可以通过信函中的语气、语调来表现。

▶ 2. 内容直接性

企业每天都要阅读大量信函文件。商务信函不需要用华丽的词句。所以，商务信函要写得简明扼要、短小精悍、切中要点。用简洁朴实的语言来写信函，使信函读起来简单、清楚、容易理解。当涉及数据或者具体的信息时，如时间、地点、价格、货号等，要用语精确，使交流的内容更加清楚，这更有助于加快商务活动的进程。

▶ 3. 态度真诚性

商务信函要能够充分体现真诚、礼貌，不管说什么，都要带着诚意去说。把写好的商务信函拿起来读一遍，确保如果此时对方正在电话中与你通话，他一定能够感受到你的自然、真诚和礼貌。这里所说的礼貌，并不是简单用一些礼貌用语，而是体现了一种为他人考虑、多体谅对方心情和处境的态度。

▶ 4. 主旨单一性

商务信函具有纯粹的业务性，一般要求专文专事，内容集中单一、围绕公务、突出主旨。

▶ 5. 格式规范性

商务信函结构类似于一般的书信，有称呼、有正文、有署名。外贸商务函、电函的写作则必须依照国际惯例，用英语或对方国家所使用的语言书写，在文法和书写格式上也要符合对方的语言规范和习惯。

▶ 6. 地位平等性

商务信函是两个平等法人之间的往来文书，反映双方平等、互惠互利的关系。商务信函的写作应相互尊重，以礼相待。

▶ 7. 要求时限性

商务信函是在商务活动的每个环节中形成的，每封信函都是一定时限内的双方意愿的明确表达。因此，接收对方的信函后必须及时回复。目前，信函的传递越来越多地使用图文传真、电子邮件等快速传递形式，以适应这一特点的需要。

道 歉 函

××市兴达贸易有限公司：

贵公司20××年××月××日函收悉。函中所诉20××年1月7日《购买电脑桌合同》中，所收的35套黄花牌电脑桌部分出现接口破裂一事，深表歉意，此事已引起我方高度重视，现已就此事进行调查。

经有关部门查实：我厂生产的××××型黄花牌电脑桌，出厂时，经质检部门检验全部为优质产品。函中所提的部分电脑桌出现接口破裂，是由于我方工人在出仓时搬运不慎造成的。对贵公司的损失，我公司再次深表歉意，并请贵公司尽快提供电脑桌受损的详细数字及破损程度，以及公证人证明和检验证明书，我公司将以最快的速度按实际损失给予无条件赔偿。

对此，我们将引以为戒，查找工作中存在的问题和不足，制定改正措施杜绝此类事件的发生。希望能够得到贵公司谅解，继续保持良好的贸易往来关系。

候复！

××市光明家具有限公司
20××年8月9日

项目六 Chapter 6 完成毕业准备

任务一　求　职　信

求职信的结构模板

标题	求　职　信	
称谓	尊敬的××（或职务）：	
正文	开头	个人简介以及求职意向
	主体	重点介绍与招聘岗位对口或者相关的专业背景和工作经历
		适当展示自己的职业素质和特长
	结尾	表示胜任工作的决心、恳请对方给予机会
祝颂语	此致 敬礼	
落款	求职者姓名 　　　　　　　　　　　　　××××年××月××日	

任务描述

求职信，是求职者为了谋求岗位向用人单位或领导介绍自己的基本情况、能力特长，表达求职意向的一种专业文书。求职信包含了自我介绍、自我推销和行动建议等内容，多采用描述式语言，并有所侧重地介绍自己与用人单位相匹配的能力和特长方面。求职信分为自荐信和应聘信，其中毕业生更常用的是自荐信，是毕业生顺利谋求职业的必备材料之一，关系到毕业生能否顺利获得面试机会。根据实际情况，学会写求职信。

任务布置

模拟一个岗位，写一封求职信，要求如下：

（1）挑选自己感兴趣的某用人单位的某一岗位，客观公正地陈述求职者本人的基本情况、能力特长。

（2）了解求职信的基本组成部分：封面、自荐信（重点部分）、个人简历、附件（证明材料、获奖证书等）。

（3）思考：求职的目的是什么？自己哪些能力特长与该岗位匹配？你的优势是什么？为什么想选择这一岗位？

写作提示

一、求职信的结构和写法

求职信一般由封面、自荐信、个人简历和附件四个部分组成。

▶ 1. 封面

封面设计以美观大方为基本原则，一般来说，封面最重要的是体现求职者的学校、姓名、专业、年级等最基本的内容。封面上可以用图片或文字来设计一个主题，主题最能凝练求职者的特点，让用人单位可以间接感受求职者的印象风格。封面主要运用在传统的纸质版求职信当中，如今电子版的求职信也可以不设计封面。

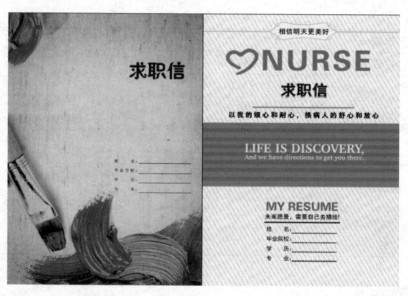

▶ 2. 自荐信

自荐信是求职信中最重要的部分。自荐信通常以一页 A4 纸为最佳，1～2 页内为宜，一般包括标题、称呼、正文和落款四个部分。

（1）标题。可以直接用"求职信"即可。

（2）称呼。顶格写，一般为"尊敬的××领导"，尽量具体了解到用人单位具体的负责人的姓名和职务是最好的办法，如果无法了解到，也可以采用通用的"××单位人事部"之类的写法。

（3）正文。正文由开头、中间、结尾三部分组成。

开头一般为问候语。之后的写法可以多样的，或进行自我介绍，或直接说明自己求职的目的、获取职位信息的渠道，或说明自己的优势、表达求职愿望。这些内容要简洁说明，不要赘述。

中间部分一般要将个人的基本情况、能力特长进行说明。

基本情况通常包括个人的学习经历、学习成绩整体情况，英语、计算机等技能水平如何，工作实习实践经历情况，有参加过工作的可以结合工作经验写，参加过实习的可以结合实习经验写，担任学生干部工作、社会实践等内容也可以写，重点是将自己最突出的内容展示出来。能力特长尽量与工作岗位进行匹配或靠近，如该公司需要具备文艺特长的人才，那么如果求职者有文艺特长就可以写进去。在描述完基本情况和能力特长之后，可以表明自己如何适合该岗位，以及自己能为用人单位做什么，给出哪些建议。也可以对用人单位的美誉度或公司文化理念进行赞赏，让人了解你的诚意。

结尾部分一般有祝颂语如"此致 敬礼"、"静候佳音"等，也可以留下具体的联系方式。

（4）落款。落款包括署名和时间日期。

3. 个人简历

个人简历主要是将求职者要应聘的岗位、个人的基本信息、能力特长进行罗列，是用人单位快速了解求职者的一种文书。个人简历和求职信既有相似之处，又有所不同。招聘会上更多地使用个人简历，以方便求职者和用人单位双方更有效地了解对方。这一部分将单列章节进行讲解。

4. 附件

对于大多数应届毕业生来说，附件通常是指证明材料，如各种获奖证书、四六级英语证书、计算机水平证书、职业资格证书等。学校发放的毕业生就业推荐表也是很好的附件之一。一般应聘时，可以提供给用人单位证明材料的复印件即可，原件只用于核对信息。

附件的挑选也应当以匹配岗位为宜，不需要所有附件一并附上。

二、例文评析

【例文1】

求 职 信

尊敬的李先生：（收信人称谓）

您好！

我看到贵公司在××就业指导中心网站上的信息，招聘市场助理人员，我对这个职位非常感兴趣。我是××学校××学院市场营销专业的四年级学生，有市场调查和客户服务的工作经验。我有信心为贵公司作出贡献。（对职位表示兴趣）

我的优势是具备市场调查和推广的工作经验。当我在大学学习市场营销专业时，为快速食品和高科技行业向中国市场投放产品做过市场营销计划，作为××公司市场代表，我负责开发公司赞助商，其职责就是调查和联络潜在赞助商。这项工作取得了捐款额增长10%的成绩。另外，由于曾经在××做过零售工作，使我具有强烈的客户服务意识。（胜任特征介绍）

我相信，凭我的市场营销技巧和真诚渴望在高科技行业发展营销事业的态度，会使我成为贵公司一名很有价值的员工。（胜任特征介绍）

非常感谢您抽时间考虑我的申请，我期待着能有机会与您见面。（对用人单位表示

感谢)

　　　　　　　　　　　　　　　　　　　　　×××(亲笔签名)
　　　　　　　　　　　　　　　　　　　　　××××年××月××日

　　【评析】这篇求职信将求职者的信息采用广告形式,最直接了当地将信息获取渠道、个人意愿、个人基本信息、个人所具备的优势和工作经验一一展示出来。虽然不是将求职的所有信息都全面展示,但重点突出个人的优势,与岗位相匹配,就已经足够吸引用人单位的阅读和兴趣。

三、答疑解惑

例文2是一份求职信,请指出存在的问题并修改。

【例文2】

尊敬的领导:

　　您好!

　　首先衷心感谢您在百忙之中浏览我的自荐信,为满腔热情和对计算机工作热衷的我开启一扇希望之门。当您翻开这封求职信时,首先感谢你们给予我这样一个展示自己的机会,当您在为贵单位的发展壮大而求贤纳士时,请接受我的毛遂自荐。(语意重复,累赘)

　　我叫××,是一名即将于××××年××月毕业于×大学×学院×专业的学生。借此择业之际,我怀着一颗赤诚的心和对事业的执着追求,真诚地推荐自己。(不用一再表达自己的意向)

　　我热爱×专业,在校期间,曾多次包揽学院专业技能大赛一等奖,并作为唯一一名学生参与学校的数字化校园建设课题研究,于××××年××月到××月之间独立完成××建设方案。另受有关领导委托,在××××年××月到××月独立编写×教材(人民邮电出版社出版)。(介绍自己的专业能力,语气可以更加谦虚一些)

　　就个人技能来讲,精通PASCAL、ASP+SQL SERVER编程,熟悉ASP.NET和DELPHI编程,并对网络安全有一定的了解,从××××年××月在网络知名技术论坛的官方论坛上担任×版主至今。自我认为具有一定的工作能力及组织协调能力,具有较强的责任心,能够吃苦耐劳、诚实、自信、敬业。我有很强的动手能力,并且能脚踏实地的努力的办好每一件事。(自我评价部分,语言可以再简洁些,语气不宜显出主观强势彩色)

　　积极参加操作性较强的实习和设计,前些天在接受××晚报(省级晚报)记者专访时,我就特殊地强调了当今大学生的实际动手能力太差的问题,因为我深知,在现今社会中,空有理论是远远不够的,需要将所学理论应用到实际中去。(上下文衔接不当,本段有夸大个人能力之嫌)

　　感激贵公司在百忙中看阅我的自荐信,我很希望能加盟贵公司,进一步发挥我的潜力。(没有说明个人能力与公司在哪些方面的契合度)

　　期待您的答复!

　　此致

　　敬礼

　　　　　　　　　　　　　　　　　　　　　　　　自荐人:×××
　　　　　　　　　　　　　　　　　　　　　　　　××××年××月××日

评估反思

求职信学习评价表

项　　目	自我评估	自我反思
认知层面	你做好求职的准备了吗	
	对职业生涯是否进行规划	
	是否参加过职业面试	
理解层面	对求职岗位有哪些认识	
	你有哪些求职优势和劣势，有哪些困惑	
发展层面	你下一步有什么行动	
	需要什么帮助	

任务演练

从求职网站中选取 2～3 个岗位，根据岗位描述撰写不同的求职信。

拓展阅读

网络求职也称为"网申"。由于科技的发展，信息的网络化日益显著，网络已经成为我们工作、生活、招聘、求职必不可少的帮手，所以在网上找工作也已经成为广大求职者的重要途径之一。网络求职的特点：覆盖面广、方便、快捷、时效性强，同学们在家可以先筛选求职信息，在面试或去招聘会之前可以做更多充足的准备。

网络求职也有些小技巧，下面提供一些求职技巧供大家参考：

▶ 1. 择时而动

上网的高峰一般集中在中午和下午5点到午夜，这段时间内上网传输速度极慢，填写有关求职表格还会出现错误信息。避开这段时间，特别是晚上6点到8点这段时间，同样的设备能让你享受"飞"起来的感觉。

▶ 2. 多开窗口

同时多打开几个浏览器窗口，有助于节省传输时间，也可以在一个窗口输入个人信息，在另一个窗口查看就业信息。

▶ 3. 留意首页

一般每个网站都会在首页放上"最新消息"，很多求职者都忽略了这一点，其实"最新消息"里往往包含了最新的招聘信息和政策信息。另外，首页上的网站内部结构与索引也十分重要，如果时间允许最好不要错过。

▶ 4. NEW 的诀窍

在网站上，不少标题旁都有"New"字样，表示最新更新过。对于首次访问该网站的求职者来说，"New"的意义并不大，但当你下次再访问时，只要留意"New"旁更新的栏目就可以了，这样可以省下大量的时间。

▶ 5. 关心政策

许多政府人事网站都有"政策法规"栏，在初步确定求职地域后，应关注当地的人事政策，要对应届大学毕业生就业政策、户口迁移等相关内容，有一个大致的了解。

▶ 6. 随时下载

有些招聘页面的内容较多，岗位、条件罗列一大堆，担心来不及看和漏看，所以最好的办法就是下载网页。可以先建一个名为"求职"的文件夹，把选中的网页下载到自己硬盘上的"求职"文件夹目录下，等离线后再慢慢查看。

▶ 7. 注意保密

建议可以在登记时使用英文名字（不要用汉语拼音，那等于没有保密），但学历、工作经验等必须真实，不然你会有被网站内部"封杀"的可能。同时注意在接到面试通知时要告诉招聘单位你的真实姓名。

▶ 8. 订阅邮件

部分网站还提供信息邮件，求职者只要在家里打开电子邮件信箱就能得到最新消息，方便又快捷。越来越多的求职网站开辟了这个业务，如果网站上有可订阅的求职信息邮件就别错过。

▶ 9. 及时联系

招聘岗位的空缺往往是暂时的，如发现条件符合的岗位就要及时联系，否则会错失良机。许多招聘单位都注明了自己的 E-mail 地址和联系电话，要尽快采取适当的联系方法寄去自己的简历。有些单位要求求职者自报薪酬，不用客气，实事求是地提。

▶ 10. 友情网站

求职网站上的"其他网站"、"友情网站"、"友情链接"栏目里可能有有用的内容，至少会有许多相关招、应聘站点，特别是不同区域的人才网站，值得一看。

▶ 11. 积累网站

目前国内的求职网站并不算很多，因此找到理想的网站后，最好把它收到"收藏夹"内，以便下次能迅速查询。

▶ 12. 整理信息

把网上有益的求职信息和网站通过笔记本、Word 或写字板摘录下来，以便定期拜访。对填写了简历的网站和单位要重点记录。有的网站有个人信息记录密码，最好把密码写在本子上，以免忘记。

▶ 13. 保持联络

求职不会一蹴而就，要做到持之以恒。在接到录取通知后也要写信或发 E-mail 表示感谢，以便下次联络。

▶ 14. 建立个人主页

为让有关单位全面了解你的情况，最好的办法是建立个人主页，在个人主页中把你的有关情况都罗列出来，一目了然。

▶ 15. 补充

搜索前注意选择发布时间，避免重复浏览，谨慎选择那些常年招聘的公司和职位。

任务二　个人简历

个人简历模板

基本资料：				
姓　　名：		性　　别：		在此粘贴照片
出生年月：		政治面貌：		
学　　历：		专　　业：		
语言等级：		第二语言：		
特长或证书：				
联系地址：				
其　　他：	QQ：		MSN：	
个人主页：				

教育背景：		
年　月—	年　月	最终学历
年　月—	年　月	培训深造

工作实习经历：		
时间	企业	职位
年　月—年　月		
年　月—年　月		
年　月—年　月		

获奖情况：

自我评价及职业规划：		
求职岗位		职业目标
自我评价		
职业规划		

任务描述

　　个人简历是求职材料的重要组成部分之一，是求职者向用人单位提交自己学习、工作和生活概述的一种文书，也是用人单位分析、比较、筛选和录用应聘者的主要依据。个人简历通常采用一览表的形式，讲求真实、准确、独特，能给用人单位留下深刻印象。个人简历使用频率高于求职信，要认真书写和制作，使求职者更容易获得面试的机会。学会制作个人简历。

任务布置

撰写一份个人简历，要求如下：

（1）整理自己在工作（含实习和社会实践）方面、学习方面、技能水平、获奖荣誉等材料。

（2）思考自己感兴趣的工作岗位，尽可能地多了解该岗位的性质和特点。

（3）参加一次招聘会，感受用人单位和求职者双方的不同心态。

（4）与优秀的毕业生进行一次求职前的经验分享交流。

写作提示

一、个人简历的分类、结构及写法

▶ 1. 个人简历的分类

从内容上，个人简历分为一般性的个人简历和有针对性的个人简历。一般性的个人简历比较全面的介绍个人的履历、特长、能力等。针对性的个人简历是在求职者对岗位进行分析之后，与岗位进行匹配个人条件。从求职成功率来说，有针对性的个人简历命中率更高。

从形式上，个人简历可以采用的格式有按时间顺序格式、按功能特点格式和综合型的格式，综合型是采用时间和功能二者结合的方式。应届毕业生采用时间顺序格式撰写为多。

▶ 2. 个人简历的结构

个人简历一般由标题和正文组成。

（1）标题。标题可以写"个人简历"、"求职简历"，新型的个人简历也可以直接将姓名、联系电话等基本信息列在简历最前面。

（2）正文。正文一般包括个人基本信息、求职目标（岗位）、教育背景、工作实践经历、获奖情况、技能能力、兴趣爱好、自我评价（自我评价也可以不写）等。

① 个人基本信息，包括姓名、性别、出生年月、家庭住址、联系电话、其他联系方式（邮箱、QQ、微信等）、籍贯、民族、学历、学位、学校、专业、毕业时间、政治面貌、正面免冠近照。这些内容一般放在简历最前面，便于用人单位取得联系。在排版过程中也可以进行适当地取舍。如有放上个人照片，则可以省略性别。所有基本信息当中，姓名、联系电话是必须保留的。同时要确保信息及时更新，便于联系。

② 求职目标（岗位），说明求职者对岗位的兴趣和意向，用人单位能快速地获取求职者的目标岗位，便于后续的沟通。

③ 教育背景，主要体现求职者的受教育程度。教育背景中可以描述求职者所学的专业课程、课程成绩，有辅修的专业、第二学位的专业、进修的课程也可以写。用人单位通过教育背景了解求职者的智力水平和专业水平。如果在学术科研上有所造诣的毕业生，也可以将已经发表和获奖的论文与科研成果写进去。

④ 工作实践经历，对于应届毕业生来说，主要是在校期间参与的勤工俭学、兼职、

实习、暑期社会实践等。要注意将工作实践过程中所取得的成绩、成效写出来。可以用若干个形容词或数据来说明，突出自己的经验和能力。

⑤ 获奖情况，在求职信中可以作为附件材料来使用，在个人简历中可以进行罗列。一般性的个人简历中通常不分类别地将所有的获奖内容列出来。而针对性的个人简历则对获奖情况进行分门别类地列出。后者更能吸引用人单位的眼球。

⑥ 技能能力，将个人专业技能水平和其他必备的能力进行展示，如语言能力、计算机能力、会计资格证、报关资格证等。说明技能能力主要是为了增强胜任岗位的可能性。

⑦ 兴趣爱好，个人的兴趣爱好也可以与岗位进行匹配，有的岗位需要求职者既具备专业能力又能有相关的兴趣爱好。如公司通常希望行政人员岗位能有一定的文体特长，方便开展文化体育活动。

⑧ 自我评价，可以用三言两语简要地突出自己的性格特征，给予自己比较中肯的评价，加深用人单位对自己的认识或纠正用人单位对自己的认识偏差。

▶ 3. 个人简历的写作要求

（1）内容真实客观，不浮夸。如技能方面对于"精通"、"熟练"、"流利"这些形容词要慎用，简历中尽量不用"我如何如何"这样的主观语言来表述。

（2）突出重点，切忌堆砌。个人简历"一份走天下"的求职成功率是较低的，应当根据实际求职岗位进行局部调整，研究清楚招聘条件后，再重新整理一份适合该岗位的简历。有的个人简历内容非常多，也要进行适当地取舍。

（3）格式规范。一般求职网站上有模板可以套用，但建议毕业生可以自行设计，或对模板进行适当的调整。一份简历的美观程度如何也反映了毕业生的求职态度和对办公软件的运用熟练程度。

除以上写作要求外，制作个人简历时还要注意以下几点：

（1）建议个人简历用一张 A4 纸制作，字体采用计算机默认的字体，如宋体、楷体、仿宋、黑体等。可以优选 1~2 种字体即可，最好不用五花八门的字体。

（2）由于 Word 或 WPS 存在版本高低的问题，在不同版本的软件上显示的效果不同，所以用通用字体是相对稳妥的。电子版个人简历建议另存为低版本的文件格式，以保证各版本软件都能打开且不乱码。

（3）在字号上，除了标题可以大一些，如小三号到小二号之间，正文字体在小四号到小三号之间为宜，五号以下字体过小不便于浏览。

（4）有使用照片的应当尽量用彩色免冠近照，如有要求彩色生活近照也应当挑选正面、清晰、阳光的照片为宜。

（5）在语句方面，建议多看几遍，检查是否存在错别字、用词不当、病句等现象。在版面色彩上，可以使用 1~2 种颜色来修饰，如黑蓝两色、黑灰两色、黑绿两色等，这好比化妆，浓淡相宜，可以让简历更加赏心悦目。

二、例文评析

【例文1】

		张三		
出生年月：	1992年2月	籍贯：	××省×市	
政治面貌：	中共党员	联络方式：	18×××	照片
地址：		×××		
邮箱：	×××	求职意向：	××	

教育背景
2011.9—至今　　××××大学　　××学院　　××专业　　研究生
2007.9—2011.7　××××大学　　×学院　　　××专业　　本科生

实习经历
××.5—至今　　×××××学院　　××××兼职辅导员
　　从事着整个年级××名学生的思想教育和日常行为管理工作，积极做好年级党团管理、团日活动、晚点教育，承担学院奖助贷管理、学术科研建设、心理辅导工作等，对待学生工作具有高度的责任感和事业心；学会了适应高强度压力的工作环境，锻炼了较强的语言表达、沟通协调等能力。
××.9—××.7　　××××××××（学生工作）　　办公室主任
　　协助辅导员进行各类文档制作、宿舍调整、材料汇编、档案整理、财务管理，拟定两委各类文件通知，协调两委各部门开展工作；提高了文字撰写能力，提升人际交往能力，增强工作细心和耐心程度。
××.9—××.2　　××××××学校　　公共课老师
　　认真制订授课计划，进行公共课授课，认真做好课堂考勤，主动配合班主任积极完成班级管理工作；锻炼了较强的时间管理能力，培养了工作责任心和进取心，增强情绪管理能力。

获奖情况
××—××年，××大学"优秀研究生干部"
××—××年，××征文三等奖　　　　　　　　　　　　　　××优秀共青团员标兵
　　　　　　××大学"优秀研究生干部"　　　　　　　　　　××征文"二等奖"
××—××年，××征文"一等奖"　　　　　　　　　　　　××学院"优秀共青团员"

技能
职业技能：××参加××班，顺利拿到结业证书；还顺利拿到××资格证书、××资格证、××资格证书、××证书等；
英语、IT技能：CET—6，具有良好的英语听说读写能力，全国计算机等级考试二级证书（VF），熟练操作Word、Excel、PowerPoint等办公软件。

【评析】这份个人简历较之表格形式的个人简历，更加便于排版，可以撰写更多的内容，采用简单的分割线快速分类分栏，不同模块用加粗的字体突显，一目了然，体现了求职者清晰的逻辑和较强的文字概括能力。这种简历也是较受用人单位欢迎的简历。

三、答疑解惑

例文2是一份个人简历，请指出存在的问题，并予以修改。

【例文 2】

个人简历

1. 个人信息

姓名	林×	籍贯	××	出生日期	1990.02	照片
政治面貌	团员	民族	汉	学历	大学本科	
所在院校	×××			专业	××	
邮箱	××@qq.com			手机	18××××	

2. 求职意向：××管理

3. 知识结构

主修课	××管理学、××管理学、××技术学、××管理、××基础……
其他课	大学英语、高等数学、C++语言、办公自动化、网络技术、中国近代史、思想道德修养与法律基础、马克思主义基本原理、毛泽东思想与社会主义理论体系概论、信息系统分析与设计、信息服务与用户研究
	目前平均学分绩点：2.80

4. 综合素质

专业技能	外语水平	计算机能力
×管理系统，OFFICE办公软件	大学英语四级	国家计算机一级、省计算机二级
主要实践	社会实践： 2011年暑期超市收银员 2010—2011年第一学期杂志推销员 2011年10月房地产兼职发传单 专业实践： 2009—2010学年第一学期义工 2010—2012学年第二学期至2011—2012学年第二学期任×助理 2012年9月×实习	
兴趣爱好	喜欢阅读书籍、喜欢美食、有时会和同学一起逛街购物	

评估反思

个人简历学习评价表

项 目	自 我 评 估	自我反思
认知层面	你了解简历的基本内容和格式吗	
	能自己设计一份简历吗	
理解层面	个人简历最重要的是什么模块	
	你认为最难撰写的是哪些内容	
发展层面	如何将简历与岗位进行匹配	
	工作之后的简历撰写与刚毕业时有什么不同	

任务演练

（1）从招聘信息中选择1~2个岗位，结合岗位进行个人简历撰写。

（2）学生之间互相进行个人简历点评。

（3）开展一次简历制作大赛。

（4）带上个人简历到招聘会现场参加一次面试。

拓展阅读

【例文3】

毕业生写简历的几种小技巧

简历技巧1：成绩低怎么办？

成绩的"好"与"不好"本身就是一个相对的概念，因为不同的行业对于成绩的要求也是不一样的，比如投行和咨询行业公司对于成绩的要求较高，而制造行业的公司则相对没有那么高；在一个行业里面，不同的公司要求也是不一样的。同时，一些专业性较强的公司，比如IT公司，就会更看重相关课程的成绩，而不是总的成绩。

针对这种情况，大家可以从以下两个方面来着手：

（1）突出相关的、高分的课程。建议大家将"相关的"、"相对高分的"课程写到你的简历里面去，而"不相关"、"相对低分的"的课程就可以从简历中删除。成绩不高的同学可以采取这种方法来从一定程度上弥补这个硬伤。

（2）突出工作、实习、社团经历。"理论"与"实践"不可能总是"两全其美"，当你"理论"知识基础不扎实、学习成绩不高的理由是因为你更多地关注了"相关实践活动"的积累的话，一般情况下，HR会选择原谅这位应聘者的。

简历技巧2：英语缺证怎么办？

这时我们又要求助于最重要的专业经验部分了，借工作经验让HR们推断出你的相关能力。比如，你想说自己英语口语能力强，如果在工作经历里面的某项中有一句话"工作语言为英语"，那么结论就很明白，而且说服力也很强。

简历技巧3：毕业学校不好怎么办？

你的毕业学校不好，但你可以展示你参加过学校范围外的学术活动，或者参加过这样那样的培训计划；如果你没有足够高的学历，但是却从事过通常意义上高学历者负责的工作；如果工作经验非常丰富，你的简历甚至可以根本不包括教育经历这一部分。

任务三　实习报告

实习报告结构模板

标题	实习报告	
前言	对实习的背景、经历和收获进行概述	
正文	实习计划	写明实习的目的、具体任务、实习时间地点及步骤、实习纪律安全
	实习环节	具体任务过程，也是具体的实习记录内容
	实习效果	实习的成果，经验和不足
	实习体会	对实习的认识，提出问题和建议
落款	实习人姓名 ××××年××月××日	

任务描述

实习报告是毕业生完成所学课程并根据教学计划开展实习之后，向指导老师和教学管理部门提交的有关实习情况的书面材料。指导老师要根据实习报告进行评分，实习报告是检验教学成果的重要依据之一，也属于报告文书。了解实习报告形成的各个流程，制订实习计划，学会观察实习过程，及时总结实习心得，最终撰写一份实习报告。

任务布置

召开一场实习动员大会，邀请指导老师进行实习任务的具体布置和说明，要求如下：

（1）人人参与至少一次见习活动，根据自己的兴趣爱好，寻找合适的岗位开展见习。见习要多加观察、勤问多思，最好能形成见习心得，为实习做准备。

（2）在实习前，全员参加实习动员大会，提前了解实习的内容和要求。如果是集中实习，要进行分组，确定实习小组负责人、小组指导老师，然后分组进行细化指导和实习安排。如果是分散实习，学生需要尽早对接好自己的实习单位，及时开展实习工作。分散实习也可以是学生之间自由组合，既能互相交流学习又能确保相对的安全。

写作提示

一、实习报告的结构、内容及写法

实习报告一般由标题、前言、正文和落款组成。在内容上，包括实习计划、实习环节、实习效果、实习体会。通常，教学管理部门会提供实习手册模板供实习生使用。

▶ 1. 标题

标题可以由专业名称和文种构成，如信息技术专业实习报告，可以由实习单位和文种

构成，如"在某单位的实习报告"，也可以只写"实习报告"。

▶ 2. 前言

前言是对实习的背景、经历和收获进行一个概述。

▶ 3. 正文

正文主要是描述实习的内容，包括实习计划、实习环节、实习效果、实习体会。

(1) 实习计划可以是由学校统一制订，也可以是个人自行制订。实习计划通常要写明白实习的目的、具体任务、实习时间地点及步骤、实习纪律安全。

(2) 实习环节即具体任务过程。

(3) 实习效果即实习的成果，可以是经验也可以是不足。

(4) 实习体会。对实习的认识，提出问题和建议。

▶ 4. 落款

在报告的结尾写上本人姓名和报告日期，也可以在报告标题下方署上实习单位、本人姓名和报告日期。

二、实习报告的写作要求

(1) 做好计划。

(2) 注意搜集资料，及时撰写每天或每周的实习小结。

(3) 结合实习岗位，认真实习。

(4) 客观陈述、文风朴实，多采用专业语言，简洁精确。

三、例文评析

【例文1】

实 习 计 划

一、实习组织领导

实习在校教务处、院系领导下进行，由本专业教师带队，负责实习生的组织管理及实习单位的协调工作，实习单位的有关老师负责实习生的业务指导。

实习指导组负责人：……

实习指导组成员　　组长：……

　　　　　　　　　组员：……

二、目的要求

1. 通过实习，使学生能将所学的基础理论、基础知识和基本技能运用于社会实践之中。培养学生实际工作与管理、科研能力。

2. 通过实习，巩固学生的专业思想，掌握现代信息技术手段与运用能力及提供信息服务的实际技能。

3. 通过实习，让学生了解大中型企业和各类信息中心的实际工作情况，尤其是企业信息化现状与现代化管理的实际情况。

4. 通过实习，不断取得反馈信息，不断改进本专业的教学工作，提高教学质量。

三、实习任务

1. 参加企业或信息中心的管理信息系统分析、设计，或在信息产业部门进行信息资源的管理、组织与开发，信息分析与评价，竞争情报及其智能系统开发，网络信息资源管理与利用等具体工作,并了解和参与相关科研项目。

2. 了解各企业信息管理与信息系统研发动态与发展方向。

3. 调查各类企业和信息中心的现状,在实习中积累撰写毕业论文的资料。

4. 在实习的全过程中,加强政治思想教育。

四、实习时间、地点及步骤

1. 集中实习阶段:7周(2012年11月26日—2013年1月11日),实习地点:各企事业信息管理部门和各信息中心、网络中心、咨询公司、广告公司等各个部门,主要以福州市为主。

2. 实习对象:09信管专业所有学生,共59人。

3. 实习步骤:

(1) 召开实习动员大会,通过双向选择和择优排队方法安排学生实习。

(2) 实习阶段主要由指导教师负责与实习单位和实习学生沟通,了解情况,解决出现的问题。学生要按要求填写实习手册,完成实习任务。

(3) 实习结束后一周内交一份实习的个人总结、实习小组总结、指导教师总结,同时上交实习报告并填写实习手册相关内容(按学校规定写),实习带队教师结合实习单位评语和实习总结、报告,给每个学生评出最终实习成绩。

五、实习纪律

1. 遵守实习单位的规章制度。

2. 努力工作,认真完成实习任务,多为实习单位做好事。

3. 听从带队老师、实习指导老师的指挥,服从工作分配。

4. 爱护实习单位的一草一木,严禁破坏毁损公共物品。

5. 准时上下班,上班时不做私事,不得擅离职守。

指导教师意见:

指导教师签名:

年　　月　　日

【例文2】

学生毕业实习单位联系表

大学生毕业实习是实现本科专业教学培养目标的重要教学环节,是全面贯彻党的教育方针,实现理论教学与社会实践相结合的重要方式。感谢贵单位对我校学生实习教育的支持。务请您在百忙之中,抽时间填写表内各项,以便加强联系与合作。

学生姓名	林×	性别	女	学号	××	联系电话	××
学院	××			专业		××	
实习单位(全称)	××公司					联系电话	××
详细地址	××					邮编	××
单位负责人	蔡××	部门负责人	林××	联系人	××	单位休息时间	周末

续表

指导教师情况	姓名	性别	年龄	学历	职务	职称	从事专业时间	备注
	林××	男	×	本科	经理	无	×年	主管销售部

实习单位简介：

　　××公司是一家经国家相关部门批准注册的企业，本着"客户第一，诚信至上"的原则，与多家企业建立了长期的合作关系。其成立于2003年，公司主要经营计算机系统集成；计算机及外部设备、电子产品、网络产品、家用电器批发，代购代销；办公设备的维修及租赁。

　　××公司在OA及IT界内为品牌公司……

接收单位意见：

单位公章：
年　月　日

　　注：实习学生落实实习单位后，应将本表寄送学校指导教师，实习结束后由学校指导教师粘贴于学生毕业实习手册。

【例文3】

学生分散实习申请表

学号	××	姓名	林×	性别	女
专业	××	联系电话	××	实习起止时间	××
实习单位全称		××		单位联系电话	××
实习单位指导教师姓名	林××	职称	经理	联系电话	××
校内指导教师姓名	钟××	职称	讲师	联系电话	××
实习单位地址	××				
实习住宿地	××				
申请理由与承诺					

　　理由：为了提高自己专业知识水平，使得自己所学能够理论与实际相结合，在适当的岗位上提高自己的专业能力，以在实习前联系好相关单位。

　　承诺：本人自愿参加分散实习，在实习期间，本人严格遵守国家法律法规和学院及实习单位的各项规章制度，按照《××本科学生毕业实习工作的规定》和实习计划完成实习任务；本人及本人家长承诺对本人在分散实习期间的人身财产安全和一切行为及其产生的后果负完全责任；实习结束后，按时返校。

　　学生签名：林××　　　生家长签名：××　　　××××年××月××日

实习单位意见	指导教师签名： 年　月　日 单位领导签名：　　　（单位盖章） 年　月　日	学院意见	指导教师签名： 年　月　日 主管领导签名：　　　（单位盖章） 年　月　日

　　注：本表原件由学院归档保管，学生本人、校外学生实习单位各执复印件一份。

实 习 记 录

第一周(××××年××月××日—××××年××月××日)

实习第一天,我们在和人事部负责人打了个照面后,由负责人带领着去参观公司,在参观公司的路途中,负责人向我们粗略介绍了公司的情况。据了解,××公司是一家极富创新性的高科技公司,为××一级代理商,主要经营计算机系统集成;计算机及外部设备、电子产品、网络产品、家用电器批发,代购代销;办公设备的维修及租赁等。而后,根据我们招聘时的实际意向和公司的需求,公司将我安排在了销售部,让我跟着销售经理进一步学习。

在这周的学习中,销售经理大概给我介绍了销售部需要做的事,每个产品的特征,产品如何进行推广和销售等,有些名词,诸如××等专业术语,第一次听到时尤其感觉云里雾里,那一刻,明白自己需要学习的地方还有很多很多,自己只是一个没经过磨炼的稚嫩菜鸟,所有东西都只有从基层的业务做起,踏踏实实,一步一个脚印,才能担得起更有挑战性的任务。

时间:××××年××月××日

第二周(××××年××月××日—××××年××月××日)

可能是实习生的缘故,实践的经历还缺乏,第二周销售部多是让我干一些琐碎事,诸如装订个材料、传递一份文件之类,但是性格使然,也算近水楼台先得月先得月,我总是趁着传递和前辈休息的工夫,抽问一句:"您好,这个材料是用来××用的么?"前辈们很友好,一般都会回答,有的空闲时还会把一整个体系说出来,末了,还会问你是否懂了。感谢他们!通过虚心求教、老老实实的工作,我竟然发现原本简单枯燥的工作也是有乐趣的。在这周的学习中,我记住了在每次发过传真后,过三五分钟都要打电话跟本人确认收到没有。收发文件也需要有足够的耐心和责任心。我认识到实习就好像一个大学生走出象牙塔走向社会的过渡阶段,它为即将毕业的学生们做好了工作的铺垫,它能够缩短学生们转变成一个成熟的职场人士的时间。认真对待实习的人,可以从这将近两个月的时间里学到一些职场的规则,树立自己的职业观和价值观;认为实习只不过是个应付差事,随便对付一下了事的人,在浪费光阴的同时,也在职业的起点上落在了别人的后面。希望自己每天都能进步一点点。

时间:××××年××月××日

第三周(××××年××月××日—××××年××月××日)

对于之前的一些文件已经稍稍熟悉了些,做事也更加迅速完善了,因为接触了较多的销售材料和各类表格,空闲下来的前辈们开始慢慢教我些靠近专业的内容了。我开始了解到与客户洽谈的一些程序和细节,一来,开始在网上寻找客户,各类信息材料的生产商和配件商,而后摘录下来,登记成表;二来,则是寻找表中可能需要公司产品的客户,给他们打电话,询问他们的情况,并留下联系方式。在这周,我学到了对于一些敏感客户,说话要注意措辞、语气。因为对公司情况不是特别清楚,加上也没有打电话的经验,只有多听多学才能进步。

时间:××××年××月××日

第四周(××××年××月××日—××××年××月××日)

期待了3个星期,终于可以跟着业务员出去实战一次了。刚开始觉得销售只是运气使然、死皮赖脸，遇到一个心情好的就成交，但看到前辈不断地向顾客介绍推销过程中，我发现销售不仅需要高度的激情和恒心，还需要有不俗的表达能力和交际能力，更是需要有一定的技巧，如何给人一种干净的感觉、如何脸上带着微笑却不做作，如何给顾客留下一个良好的印象，如何表现顾客是上帝这一原则，都需要经验和技巧。无论在何处工作，细节都是必须要注意的，因为细节决定成败。

时间：××××年××月××日

第五周（××××年××月××日—××××年××月××日）

……在征得了负责人的同意后，我被批准进入我觉得很高级的科技部学习一下。于是，又见到了电脑组装，观摩了几次便也被允许试装一下。按顺序进行了各个部件的安装，据说这样电脑组装起来才不会有所损坏，而且组装起来更加迅速。经过几次真正的实践，我熟悉了硬件组装过程，看起来虽然简单，但整个流程下来还是很费心的，我也深深体会到工作和上课学习的不同。

时间：××××年××月××日

第六周（××××年××月××日—××××年××月××日）

经过前5周的相处，我和这里的前辈们有了较深的感情，在大家的热心帮助和关爱下取得了相应的进步，但是觉得在以下地方还有不足之处：首先，在思想上个人主义较强，随意性较大；其次，工作主动性还是不够，对工作的预见性和创造性不够；另外，业务知识方面特别是与客户接触沟通方面没有足够的经验，所掌握的沟通技巧还不够扎实等。

转眼六周已过，光阴荏苒，我们实习的日子也即将划上终点。在这六周的时间里，前辈们用不同的形式，不同的方法传授给我他们的经验，从他们身上，我真的学到了很多。我开始慢慢总结与反思我是不是对每件事情都全力以赴做到最好，是不是有的时候我的认识太过偏激或肤浅。我相信我对最后的一周更有信心，也更期待了。

时间：××××年××月××日

第七周（××××年××月××日—××××年××月××日）

到了快总结反思的时候了，这7周我努力地克服自己浮夸的心理，按照"要么不做，要做就要把它做好"的标准要求自己，于是我获得了更多的知识，我懂得了更多的道理！而在这期间，我也总结了公司的一些有待改进之处。首先，由于公司规模较小，正处于发展阶段，在员工管理上较为混乱，职责不够明确，公司没有一个有效地激励机制，造成一些员工的工作积极性和效率不高。其次，公司产品库存繁杂，很多配件没有明确的数据，更没有销售预测和较为合理的库存管理，这也造成大量的产品积压和库存成本，由于电子产品更新较快，一些产品甚至积压后成为淘汰品，造成大量的资金浪费。公司在库存管理方面，应该用较为明确合理的库存管理，精确记录每件产品和配件，包括产品的品种、数量和日期，形成完整的库存现状，这也省去繁杂的人工作业，节省人力、提高效率，降低库存风险和库存成本。短短的7周，感谢那些帮助过我的老师，谢谢他们在自己多年工作经验的基础上给我的指导，对于我初来乍到的冒犯给予宽容，对我傻乎乎的问题给予详细的解答，对我细节做得不到位时候进行严厉的批评和指正，谢谢！难忘师傅在走的时候对我说的："再接再厉，好好发展"！

时间：××××年××月××日

实 习 作 业

题目：
1. 阅读相关销售类的书籍，学习相关案例并汇报读书心得。
2. 跟随部门负责人进行市场调研，掌握市场动态，了解公司的销售目标。
3. 聆听部门会议，了解上级公司下达的销售任务，作相关记录。
4. 收集、归纳、整理客户资料，了解客户群的分布，并进行分析，谈感受。
5. 学习制作各类表格，建立客户档案。

实 习 总 结

为期7周的实习就这样画上了句号，若要用一句话来总结这段时间的实习，"学以致用、脚踏实地"这句话最合适了。在这段时间里，真切领悟了工作的不易，自身能力的不足，和只有通过脚踏实地的努力才能获得最后成功这一真理。

实习之前心里其实就有了一系列的调整，我知道我没有什么值得炫耀的资本，也不具备足够的理论水平和扎实的动手操作能力，我有的只是真诚的态度、较好的学习能力和适应能力。我需要用我的优势去弥补我的不足，我只有脚踏实地、埋头苦干、努力钻研、虚心请教、认真总结，才可以真正学到东西。因此，一进实习单位，我摒弃了挑三拣四、怨东怨西的脾气，不因为一件事情简单而觉得大材小用，不因为一件事情困难而打退堂鼓，刚到任两天，听到负责人说这孩子很踏实、态度好，我觉得我有了一个好的开头。

由于在实习前就联系了单位，因此我选择了分散实习，和两位同学在××公司实习。××公司是一家经国家相关部门批准注册的企业，其本着"客户第一，诚信至上"的原则，与多家企业建立了长期的合作关系。……一到办公地点，看到门口摆着的一张张奖状，心里由衷地佩服，并决定要在这里好好学习，让7周有所收获。

刚来的时候，可能是实习生的缘故，实践的经历还缺乏，但是我并没有浪费时间，而是近水楼台先得月，将装订的材料、文件认真地浏览，运用自己学到的课内知识仔细阅读思考，并趁着传递的当和前辈休息的当，抽空问一句："您好，这个材料是用来××用的么？"前辈们很友好，一般都会回答，有的空闲时还会把一整个体系说出来，让我收获颇丰。于是我了解到了实习就好像一个大学生走出象牙塔走向社会的过渡阶段，它为即将毕业的学生做好了工作的铺垫，缩短学生转变成一个成熟的职场人士的时间。认真对待实习的人，可以从这将近两个月的时间里学到一些职场的规则，树立自己的职业观和价值观；认为实习只不过是个应付差事，随便对付一下了事的人，在浪费光阴的同时，也在职业的起点上落在了别人的后面。

这7周的时间里，在公司的时候，我阅读相关销售类的书籍，学习相关案例并汇报读书心得；跟随部门负责人进行市场调研，掌握市场动态，了解公司的销售目标；有幸参与聆听了部门会议，了解上级公司下达的销售任务，并做相关记录；跟随负责人收集、归纳、整理客户资料，了解客户群的分布，制作各类表格，建立客户档案，并进行分析。我发现其实打杂也可以信心满满，饶有生趣。而跟随着负责人跑业务的时候，我也改变了销售只是运气使然、死皮赖脸，遇到一个心情好的就成交的错误认识，在前辈不断地向顾客介绍推销过程中，我发现销售不仅需要高度的激情和恒心，还需要有不俗的表达能力和交际能力，更是需要有一定的技巧，细节决定成败！

在 7 周的时间里，我遇到了许多挫折，开始打杂有些心烦意乱，每天早出晚归和校园里散漫形成的混乱作息激烈冲突。所幸的是在老师的教导下，我渐渐学会了自我调节，学会在重复的事情里寻找乐趣来充实自己。我时刻提醒自己，在不久的将来，我也是必须从基层的业务做起，任何单位都不会把一件有挑战性的事情交给一个没经过磨炼的稚嫩菜鸟。耐得住寂寞，才能守得住繁华。

这 7 周的时间里，我努力地克服自己浮夸的心理，按照"要么不做，要做就要把它做好"的标准要求自己，于是我获得了更多的知识，懂得了更多的道理！而在这期间，我也总结了公司的一些有待改进之处。首先，由于公司规模较小，正处于发展阶段，在员工管理上较为混乱，职责不够明确，公司没有一个有效地激励机制，造成一些员工的工作积极性和效率不高。其次，公司产品库存繁杂，很多配件没有明确的数据，更没有销售预测和较为合理的库存管理，这也造成大量的产品积压和库存成本，由于电子产品更新较快，一些产品甚至积压后成为淘汰品，造成大量的资金浪费。公司在库存管理方面，应该用较为明确合理的库存管理，精确记录每件产品和配件，包括产品的品种、数量和日期，形成完整的库存现状，这也省去繁杂的人工作业，节省人力、提高效率，降低库存风险和库存成本。

总结这 7 周，我对自己有肯定，在这 7 周中，我从不迟到，绝不旷工，不轻易地请假。负责人安排的任务、交代的事情，我都尽力完成，难忘师傅在走的时候对我说的："再接再厉，好好发展"！我知道，我没有令我的老师们失望，我很自豪我的态度和成绩。这 7 周，我对自己也有反省，我是不是对每件事情都全力以赴做到最好，是不是有的时候我的认识太过偏激或肤浅。这 7 周，我有所收获。

最后，感谢老师们。校外的老师在自己多年工作经验的基础上给我指导，对于我初来乍到的冒犯给予宽容，对我傻乎乎的问题给予详细的解答，对我细节做得不到位时候进行严厉的批评和指正，谢谢这些给予我帮助的前辈；校内的老师，不辞劳苦地联系了各种类型的企事业单位，提供了各种类型的岗位，让我们根据自己的职业倾向选择自己感兴趣的岗位；在实习期间，又不厌其烦、苦口婆心地提醒我们谨记自己的职责，认真遵守实习单位的各项规章制度；实习后，又通过实习总结会来给予我们指导。谢谢老师们，你们真的是世界上最可爱的人！

7 周的实习结束了，我想我这段时间所获得的知识以及根据这些知识总结的自己的观点，必将督促我在未来的求学道路上更加有目的性地去学习，丰富自身的综合实力，成为一个优秀乃至卓越的人才！

天道酬勤　笑书人生
——我在××的这些日子

我在××公司进行了为期 7 周的毕业实习，作为一名××专业的学生，通过实习，我一方面将所学的基础理论、基础知识和基本技能运用于社会实践之中，培养了实际工作与管理、科研能力；另一方面巩固了专业思想，粗浅的掌握了现代信息技术手段与运用能力及提供信息服务的实际技能；除此之外，我也对大中型企业和各类信息中心的实际工作情况有所了解，对企业信息化现状与现代化管理的实际情况有了一定的认识。

这 7 周的时间里，我阅读相关销售类的书籍，学习相关案例并汇报读书心得；跟随部门负责人进行市场调研，掌握市场动态，了解公司的销售目标；有幸参与聆听了部门会议，了解上级公司下达的销售任务，并进行相关记录；跟随负责人收集、归纳、整理客户资料，了解客户群的分布，制作各类表格，建立客户档案，并进行分析。我发现其实打杂也可以信心满满，饶有生趣。而跟随负责人跑业务的时候，我也改变了销售只是运气使然，死皮赖脸，遇到一个心情好的就成交的错误认识，在前辈不断地向顾客介绍推销的过程中，我发现销售不仅需要高度的激情和恒心，还需要有不俗的表达能力和交际能力，更是需要有一定的技巧，细节决定成败！

这7周的时间里，我渐渐学会了自我调节，学会在重复的事情里寻找乐趣来充实自己。我时刻提醒自己，在不久的将来，我也是必须从基层的业务做起，任何单位都不会把一件有挑战性的事情交给一个没经过磨炼的稚嫩菜鸟。耐得住寂寞，才能守得住繁华。

这7周的时间里，我总结了公司的一些有待改进之处。首先，由于公司规模较小，正处于发展阶段，在员工管理上较为混乱，职责不够明确，公司没有一个有效地激励机制，造成一些员工的工作积极性和效率不高。其次，公司产品库存繁杂，很多配件没有明确的数据，更没有销售预测和较为合理的库存管理，这也造成大量的产品积压和库存成本，由于电子产品更新较快，一些产品甚至积压后成为淘汰品，造成大量的资金浪费。公司在库存管理方面，应该用较为明确合理的库存管理，精确记录每件产品和配件，包括产品的品种、数量和日期，形成完整的库存现状，这也省去繁杂的人工作业，节省人力、提高效率，降低库存风险和库存成本。

这7周，我对职场有了更多的了解与认识：

1. 对于我们来说，面临的最大阻碍就是缺乏工作经验，但是在最基层，我们往往会抱怨每天都在打杂，但是殊不知对我们最有用的经验启示可能恰恰是在最基层培养起来的，基层工作只是提供了一个环境，能够学到东西在于你自己。难忘一个故事：说的是有三个抄写员，第一个所有的文件照抄不误，一丝不苟，第二个认真抄写，发现错误及时订正，而第三个则是不仅抄写和订正，还将其系统地整理，并且从中感悟些东西。第一个做了一辈子还是抄写员，默默无闻；第二个是郭沫若，著名诗人；第三个是毛泽东。基层的东西谁都会做，谁都能做，但是不是谁都可以把它做到最好，在最基层的角度去发觉基层事务的联系并考虑其对组织、对公司运作和发展产生深远的影响，学会站在总经理的角度来看待事物和分析问题，这就是成功。抱怨什么用处都没有，只会徒增烦恼。

2. 我们其实一无是处，要向所有人学习。山外有山、人外有人，自以为了不起的人，眼高手低的人是最愚蠢的人。对于就业，早你一天进来的人就是前辈，就需要向他学习，别觉得干杂事是屈才，而是该反思：干杂事我们真的能干好么？社会在不断发展，市场在不断变化，整个世界的知识在不断地更新，尤其是市场和技术行业，只有不断扩充自己的知识储备以及完善自己的个人素质，才能赶上并超越别人，否则就只有被淘汰。社会并不残酷，社会知识在遵循自然选择，如果你想成功，就没有理由懈怠自己，因为机会只有一个，你永远需要从别人手里抢过来。

3. 责任心问题。约定的时间你是不是及时赶到，需要上交的作业你是不是及时上交，交代的事情有没有因为私事而耽误，这都反映了个人的责任心。学会承担起责任，对于自己做错的就要勇敢地承认错误，只有坦诚才会赢得大家的好感。

4. 学会学习与反思，一个人的成就，与岁月无关，与学历无关，与经历有关，最根本的是跟经历之后做什么——有没有去思考、去感悟有关。每天问问自己学了什么改善了什么，我是不是对每件事情都全力以赴做到最好，是不是有的时候我的认识太过偏激或肤浅等。多想想，比和别人抱怨来得充实有趣得多。

最后，谢谢老师。帮助我们联系了各种类型的企事业单位，提供了各种类型的岗位，在自己多年工作经验的基础上给我指导，对于我初来乍到的冒犯给予宽容，对我傻乎乎的问题给予详细的解答，对我细节做得不到位的时候进行严厉的批评和指正，难忘你们对我的谆谆教导。

最后的最后，也感谢学校给我们提供的这个实习机会，给我们大学四年的学习画上了圆满的句号，结束了四年的学习后，我们将带着这些感情、经验和激情迈入正式的工作岗位，我们收获很多！

【评析】这是一份较完整的实习手册，手册中记载着实习计划和具体内容，以及实习生的实习体会。反映了实习生实习态度谦虚，认真投入实习过程，并用心观察实习过程，及时总结实习心得，感受真实。

四、答疑解惑

阅读实习报告例文4，找出该报告不完善的部分。

【例文4】

编辑工作实习报告（文字部分）

编辑工作需要激情、耐心和细心。

编辑部的工作者们每天都要争分夺秒地修改、编辑，还要经常加班，有时每天只能睡四五个小时。但我从来没在他们的脸上看到疲惫和厌烦，他们总是精神饱满地投入自己的工作中。我想，正是这份对工作的激情支持着他们。如果没有激情，他们不可能为此付出如此巨大的精力。

激情让我们对工作充满热情，愿意为共同的目标而奋斗；耐心又让我们细致地对待工作，力求做好每个细节；细心让我们严把每一份稿件，做到精益求精。

编辑部的工作既烦琐又枯燥无味，无论严寒酷暑，他们都得静下心来慢慢地阅读稿件。如果没有耐心，他们不可能坐在办公室不厌其烦地工作着。细心同样很重要，因为这关系到新闻播出效果的好坏。哪怕一个字、一个小小的标点符号，都会影响到新闻播出的质量。所以，即便他们再累也得提起精神、仔细检查，宁可多看几遍，也不愿意放过一个错误。如果不细心，他们不可能做出如此高质量的新闻节目。

在编辑部工作也有很闲的时候。没稿件的时候，编辑们都会看看杂志和报纸打发时间，或是聊聊天，说说笑。而此时，我总会很自觉地抓紧时间多看些新闻编辑的书籍或是拿出之前改好的稿件，学习和总结一些常见的稿件编辑错误。

总之，编辑部是一个既充满欢乐气氛又可以学习和拓展知识面的地方。

实习让我收获了很多，无论是理论上的知识，还是实际生活中的知识，这些知识都让我受益匪浅。我认识到在学校学好本专业知识的同时，还应该多参加些社会实践，拓展自己的知识面，提高自己的综合素质，不断学习、多思考、多练习、多听多看。同时要学会与人相处和沟通，处理好人际关系。

任何事情都要对自己有信心。相信在我们的努力下，"有志者事竟成"。

【评析】这篇编辑部实习报告能体现出实习生有参加实习的事实,实习生观察到编辑们的工作状态,感受到编辑部的工作氛围。但在自己具体的实习内容方面和遇到的问题困难没有体现出来,因此,还有待进一步补充完整。

评估反思

实习报告学习评价表

项 目	自 我 评 估	自我反思
认知层面	你对实习了解哪些方面	
	实习报告由哪些内容组成	
理解层面	实习的收获有哪些	
	实习中遇到的困难是什么	
发展层面	在下一次的实习中,能否迅速进入角色	
	实习报告与其他报告的区别	

任务演练

根据即将到来的实习进行前期实习计划的设计,实习期间进行实习日记撰写,实习结束后撰写实习报告一份,并进行实习总结大会交流活动。

拓展阅读

实习报告根据内容不同可以分为教学实习报告、生产实习报告、课程实习报告,以及毕业实习报告。本任务所讲的主要是毕业实习报告,毕业实习报告与其他类型的实习报告区别如下:

(1)教学实习报告主要用于师范生或者是从事教学实习的实习报告。这类实习报告要求撰写实习教案、实习听课记录表、课堂教师行为观察表、课堂学生行为观察表、班主任工作计划、主题班会记录、重点学生了解情况记载、家访提纲和记录、教育行政实习工作报告、教育调查与研究报告。

(2)生产实习报告是指学生以工人、管理员等身份到企业一线进行实习撰写的报告。生产实习计划一般由指导老师和企业管理人员共同制订,在企业实习主要由企业的管理人员进行指导学生实习。实习期间要撰写实习日记,实习报告一般包括技术报告和实习总结两部分。

(3)课程实习报告与教学实习报告的不同点在于课程实习是学生一边学习理论课程一边到企业进行实习。课程实习也被称为"实训",实训是企业培养员工的一种途径。课程实习报告与生产实习报告相似,但内容侧重点不同。

任务四　毕业论文

毕业论文的结构模板

标题	论文的名称，可以由正副标题组成
摘要与关键词	摘要是对论文的主要观点和创新之处进行概述，不超过300字为宜，是独立完整的一篇短文，包括论文的主要成果和结论性意见。关键词是用于电子检索的词条，一般3~5个，能覆盖论文的主要内容
正文 — 开头（绪论）	主要是提出问题，说明研究这一问题的原因、意义、背景、方法，说明研究的目的或目标，对他人的研究成果进行评价、发表自己的见解，可以简要回顾这个研究主题的历史
正文 — 主体（本论）	毕业论文的核心部分，是展开论题、表达作者研究成果的部分，把论点、论据、论证三者有机结合起来
正文 — 结尾（结论）	对整篇论文的总结，包括对整个研究工作进行归纳和综合而得出的总结；所得结果与已有结果的比较，以及在本课题的研究中尚存在的问题；对进一步开展研究提出见解与建议
致谢	对课题研究和论文写作中给予帮助的人员进行答谢
注释	对论文中有些字、词、句加以必要的解释和注明来源出处
参考文献	参考书目，是为撰写或编辑论文和著作而引用的有关文献信息资源。高职毕业生一般要求查阅文献不少于10篇，置于文尾，与正文空出一行

任务描述

毕业论文是高校应届毕业生在教师指导下，综合运用所学知识完成的带有科研性质的理论性文章。它具有一定学术价值，是对学习成果的综合性总结和检阅，是大学生从事科学研究的最初尝试，是在教师指导下所取得的科研成果的文字记录，也是检验学生掌握知识的程度、分析问题和解决问题基本能力的一份综合答卷。通过学习了解毕业论文的基本组成和格式，学会撰写与专业学习相关的毕业论文。

任务布置

选定毕业论文的主题，并围绕主题进行毕业论文的开题报告设计，要求如下：

（1）召开一次毕业论文的小组研讨会，学会确定主题。将全班分为若干小组，小组成员每人出至少一个主题，进行讨论，帮助成员之间选定毕业论文的大致主题。

(2) 邀请已经完成毕业论文的毕业生进行交流，了解毕业论文写作的全过程。

写作提示

一、毕业论文的结构和写法

毕业论文一般需要以下步骤方可完成：选定题目，搜集资料，撰写开题报告，进行开题答辩。通过答辩后，开始正式的论文写作。一般学校会给出论文写作的具体要求。论文的结构一般可分为六部分：标题、摘要与关键词、正文、致谢、注释，以及参考文献。论文的撰写要求最大程度上做到科学、创新、专业、应用性强。

▶ 1. 标题

标题要简洁、准确，让人眼前一亮，可以由正副标题组成。

▶ 2. 摘要与关键词

摘要是对论文的主要观点和创新之处进行概述，不超过300字为宜，是独立完整的一篇短文，包括论文的主要成果和结论性意见。关键词是用于电子检索的词条，一般3~5个，能覆盖论文的主要内容。

▶ 3. 正文

正文是论文中的最重要部分，一般包括开头、主体、结尾和致谢，也有的用绪论、本论、结论来表述。

(1) 开头(绪论)。绪论也称为序论、前言、引言、导语，是论文主体部分的开头。主要是提出问题，说明研究这一问题的原因、意义、背景、方法，说明研究的目的或目标，对他人的研究成果进行评价、发表自己的见解，可以简要回顾这个研究主题的历史。多采用概述方式，开门见山，提出主要论点。绪论放在关键词下面，空一行。

(2) 主体(本论)。本论是毕业论文的核心部分，是展开论题、表达作者研究成果的部分。写作本论时，可以借鉴议论文的写作方法，把论点、论据、论证三者有机结合起来。本论的结构形式有以下几种：

① 并列式。各个分论点相提并论，各个层次平行排列，分别从不同的角度，不同的侧面对问题加以论述，使文章呈现出一种齐头并进式的局面。具体可以采用先总述后分述，或者先总再分最后总的形式，如图6.1所示。

② 递进式。各分论点、各层次的内容步步深入，后一层次内容是对前一层次的发展，后一个分论点是对前一个分论点的深化，如图6.2所示。

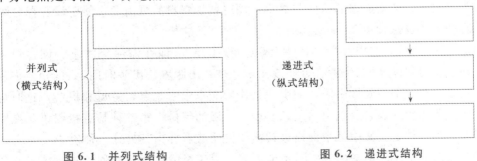

图6.1 并列式结构　　　　图6.2 递进式结构

③ 综合式。即把以上两种模式相结合，或先提出论点进行多方论证，进而通过分析

论证再得出结论。采用这种结构的论文往往是以某一种形式为主,中间结合另一种形式,适合问题较为复杂、篇幅比较长的毕业论文,如图6.3所示。

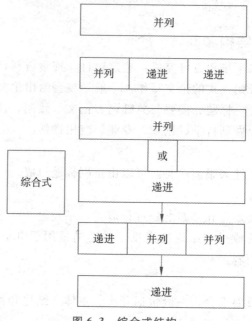

图6.3 综合式结构

(3) 结尾(结论)。结论又称结语、结束语,是对整篇论文的总结。包括对整个研究工作进行归纳和综合而得出的总结;所得结果与已有结果的比较,以及在本课题的研究中尚存在的问题;对进一步开展研究的见解与建议。

▶ 4. 致谢

致谢是指对课题研究和论文写作中给予帮助的人员,例如指导教师、答疑教师及其他人员,公开表示自己的谢意的文字,以示对别人劳动的尊重,也是一种谦逊品质的体现。文字较简短,通常位于正文之后。

▶ 5. 注释

注释是作者对论文中有些字、词、句加以必要的解释和注明来源出处。与参考文献是有所区别的。注释分为两类:一类是论文作者对文章中的一些字、词、句所作的解释、说明或补充,以便读者对被注释的对象有更好的理解;一类是对引文的来源出处所作的说明,以表示对他人劳动成果的认同与尊重,同时增加资料的可信度,便于读者查对原文。

注释的方式有三种:

(1) 夹注,也称"文中注"、"段中注"或"行中注"。即在需注释的字、词、句后加括号,在括号中写明注文(如作者、著作或文章名称、出版者、出版时间、页码)。夹注有三种情况:第一种是采用间接引语,如引用某作者文章中的观点、意见和提法,这时可以在引语后面注明作者的姓名及该引语文章发表、出版的年份;第二种是直接引语,在引语后注明出处;第三种是对文中某个词语进行简要说明或者标出其另外一种说法或提法。

需要注意的是一篇论文的"夹注"不能太多,以免影响文章结构的美观,读者阅读起来也吃力,甚至还会产生误解,认为该论文是用别人的观点代替自己的论证。

(2) 脚注，也叫"页下注"或"页末注"。即在需要解释的对象的页码下端加注。一页中只有一段引文的，在引文末端的右上角注上"注"字样；一页中引文在两端以上的，则要标明序号，必须以页为单位，其写法格式与"夹注"一样。

(3) 尾注，也叫"篇末注"。即将注释全部集中于文章的末尾。但一定要在被注释对象的后面加上①、②、③或"注1"、"注2"、"注3"字样的注码，以与篇末注文对应。

需要注意的是，一篇论文最好不要在文尾既写"参考文献"又加"注释"，以免影响论文外形的美观。

▶ 6. 参考文献

参考文献即参考书目，是为撰写或编辑论文和著作而引用的有关文献信息资源。在论文的撰写过程中，作者大都要翻阅查看大量的有关书籍、报刊，甚至要引用或借鉴其中某些观点、数据。为了反映论文的科学依据，尊重他人的研究成果，向读者提供有关信息，作者在论文正文结束后，需列出主要书刊和文章的目录。参考文献是不可缺少的组成部分，它反映取材来源，材料的广博程度及材料的可靠程度。一份完整的参考文献也是向读者提供的一份有价值的信息资料。高职毕业生一般要求查阅文献不少于10篇，置于文尾，与正文空出一行。

参考文献排序一般有以下几种方法：按在论文撰写中参考价值的大小；按论文参考引用的先后顺序；按文献时代的先后顺序；按作者姓氏笔画或外文字母的顺序。

参考文献按次序列于文后，以"参考文献"（左顶格）或"[参考文献]"（居中）作为标识，以[1]、[2]……按序排列。如遇多个主要责任者，以","分隔。一般在主要责任者后面不加"著、编、主编、合编"等词语。参考文献的字体字号一般与摘要相同。

参考文献的主要类型标识为：专著—M，期刊—J，报纸—N，论文集—C，学位论文—D，报告—R。

常见的参考文献书写格式如下：

(1) 专著：[序号]主要责任者．文献题名[M]．出版地：出版者，出版年．起止页码．

如：[1]杨文丰．高职应用写作[M]．北京：高等教育出版社，2008.16-28.

(2) 期刊：[序号]主要责任者．文献题名[J]．刊名，年，卷（期）：起止页码．

如：[1]洪威雷．高职应用文写作教材应以提升应用写作能力为主[J]．应用写作，2009，(7)：4-6.

(3) 报纸：[序号]主要责任者．文献题名[N]．报纸名，出版日期（版次）．

如：[1]于文秀．仿制的贫困：对"文学新人类"的写作批评．[N]．文艺报，2000-06-27(4).

(4) 引用特种文献，如论文集、学位论文、报告、内部资料等，其格式与专著相似。

(5) 电子文献：[序号]主要责任者．文献题名．电子文献的出处或网址．

如：[1]张红斌．银行不良资产及其处理的战略选择．http：//www.sina.com.cn.

二、例文分析

【例文1】

区档案馆档案数字化工作调查与分析

[摘要]随着计算机技术的快速发展，档案信息技术的推广应用，档案的信息化对档案

管理产生了深远的影响,电子档案逐渐取代了以往的纸质档案。本文以某区档案馆为例,主要介绍其各类型档案的数字化工作,特别是纸质档案数字化的工作流程及其 OCR 文字识别、DJVU 彩色文件转化、PDF 文件格式转化等专业配套技术,照片档案数字化的具体工作流程,并分析档案数字化工作中存在的硬软件不足,档案管理人员综合素质欠缺等问题,以此提出解决问题的相应对策。

[关键词]档案管理　数字化　问题　对策

　　　　　Survey and Analysis of document digitalization in ×××Bureau

[Abstract]省略

[Key Words]File management　Digital File　issue　solutions

区档案馆档案数字化工作调查与分析

进入信息化社会后,计算机使用日益普及,电子数据存储、网络通信技术不断推陈出新,依托计算机技术管理、存储、发布各类数字信息资源已成为全社会普遍使用的一种手段。档案数字化管理与传统档案管理相比,有其无可比拟的先进性和科学性,它将改变纸质档案的搜集方式、管理方式和利用方式,冲破纸质档案的局限性,发挥信息资源的优越性,促进档案管理从纸质档案的保管、利用向信息采集、信息管理和信息服务的根本转变。但在当前档案数字化过程中,通过调查发现在档案数字化过程中还存在一些亟待解决的问题,需要研究相应的对策。档案数字化是利用计算机数据库技术、数据压缩技术、高速扫描技术等技术手段,把纸质文件材料、声像文件材料等传统介质的文件材料和归档保存的电子档案材料,系统地组织成具有有序机构的档案信息库。纸质档案数字化是当前以及未来馆内对档案处理利用的重中之重,这不仅仅是丰富和改变馆藏结构的需要,更主要是利用网络技术实现了档案信息资源共享和提高了档案的保存效率和利用率。

在××区档案局实习期间,我有幸了解了当前纸制档案的数字化进程和电子档案利用的方式方法,参与了档案数字化工作若干个环节,同时从馆内档案数字化的历史、建设现状及成效、工作环节、人员配置、制作标准几个方面着手进行了调查。

一、档案馆档案数字化现状及成效

(一)档案数字化现状

区档案馆的数字档案馆建设较早,已有多年建设经验,工作已经基本规范化,处于省内领先水平,"十一五"期间,档案馆在原先已有的基础上,充分发挥优势,加快档案信息化工程建设,依靠规划牵引、数字化牵引、科研牵引,不断提高区的档案工作信息化研究水平和服务水平。

档案馆还在课题准备过程中争取到了省档案局的支持和与北京量子伟业计算机技术公司、市信息中心等单位的合作。现有微软培训中心教室1个、计算机房1间,输入文件级条目190余万条,实现所有馆藏档案检索计算机化。档案信息网站2002年开通后,访问量已达3万多人次。到目前为止,全区共有62家单位完成了室藏档案的数据库输入工作,占应建设单位89家的67%。其中区级机关各部门45家约78%的单位已全部完成室藏档案的数据库录入,镇街道也有17家约65%的单位完成室藏各类档案的数据库录入。并且数字档案室已延伸到村社区项目。

(二)档案数字化利用情况

目前,已经建立了卷宗级数据库结构、文件级数据库结构、照片档案数据库结构、声像档案数据库结构、磁性载体档案数据库结构。档案查询范围、种类包括个人档案、现行文件、开放文件库、开放案卷库、转发印发通知、民国档案、照片档案、馆藏资料、文章、家谱,等等。

……

二、各类档案数字化工作

(一)纸质档案数字化工作流程

纸质档案的数字化是档案馆档案数字化工作的重中之重。工作包括以下三阶段:

第一阶段:四种情况下的工作流程:

1. 无数字档案、无电子目录:鉴定—整理—扫描—建库—质检—案卷整合;
2. 无数字档案、有电子目录:鉴定—整理—扫描—质检—案卷整合;
3. 有数字档案、有电子目录:扫描—质检—图像优化;
4. 有数字档案、无电子目录:建库—质检。

由于××区档案馆内的档案是由各级单位经过鉴定、整理后的具有储存价值的档案,所以工作主要集中在第三个"扫描—质检—图像优化"阶段。纸质档案数字化成果主要由扫描图像所组成,与文本类电子文件相比较,扫描图像文件内容比较单纯,结构比较简单,背景信息和元数据也比较少,因此,受计算机系统环境制约因素也少得多,比较适宜脱机保存。同时,扫描图像文件体积比较大,不利于远程传输。如果在线移交,占用网络资源厉害,成本高,时间长。

第二阶段:成批制作

OCR汉字识别(通过它可以识别文件中需要修改的字词,以保证字词的正确)→PDF文件格式转化(调阅人员可以通过网络用Adobe Reader打开,并能看到纸质档案通过扫描质检后的图像文字)→DJVU彩色文件转化(可选)→上传至数据库。数字化成果以扫描图像为主,但是光有图像是不完整的,也不利于成果的管理、检查与利用。所以馆内实行的《暂行办法》对移交进馆的档案,明确包含了三方面的内容,即目录数据、图像数据和OCR识别形成的文件。目录数据、图像数据和OCR识别形成的文件还必须有机统一。所谓有机统一,就是三者之间必须是有机联系的:一条目录对应一个多页TIFF文件和一个TXT文件,联系三者的纽带就是档号;一条目录的档号,即是相应的这份TIFF文件的文件名,又是相对应的这份经OCR识别的TXT文件的文件名。

第三阶段:定期操作全文索引—全文挂接—定期备份

建立具有查看全文的检索系统,通过大容量的光盘作为储存介质来与检索系统相挂接。由于档案案卷特别冗杂,为了储存信息的安全可靠,必须定期进行备份。××区档案馆的定期备份是通过专业人员操作,运用独立于其他计算机的电脑设备每周进行一次。通过把每台计算机中的档案拷贝到超大容量的光盘中,再把光盘中的内容统一备份到总服务器上。

(二)影像和照片档案数字化工作流程

当前,数字化的文件特别是影像和照片不断形成,影像照片的清晰度越来越高,存储空间越来越大,相应的数字化也越来越难。特别是在一些老照片的数字化工作中有着一定的难度。在馆内做接待工作时,曾接待过一些文化程度不高,识字不多的农村老农。他们大多都是想要了解××区本地几十年的变化,想要看看老照片、老录像,听听老的录音。所以,影像和照片档案的数字化也成为了档案馆的工作重点之一。

1. 影像档案数字化

××区档案馆采用了"佳影系统"进行影像档案的储存、输入、查阅等一条龙流程。工作流程如图6.4所示。

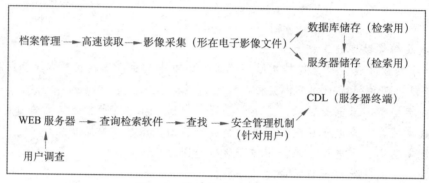

图 6.4 影像档案数字化流程

其中,上面一条线中在形成电子影像文件后的两步处理是同时存入数据库和服务器,对内是储存于数据库;对外是服务器。下面一条线是针对客户服务的,在这一流程中有一个至关重要的环节,就是"用户安全管理机制",是要由专门的档案管理人员对客户进行全程的权限管理,对客户进行监督、服务,这是为了对部分档案的安全保密负责。这项工作对档案管理人员的个人技能、素质有着很高的要求。但据我了解,现在馆内并没有专门负责此项工作的人员,往往是一个技术员身兼多职,既要管理各部门电脑问题,又要监督网站客户,还要维持网站安全。长久下来,往往会顾此失彼,给档案数字化工作带来不利。

2. 照片档案数字化

照片档案数字化流程如图6.5所示。

归档	藏画	入库	发布	备份
价值鉴定 ↓ 分类 ↓ 文件夹 ↓ 文件命名 ↓ 图像处理	→相册设立 ↓ 输入 ↓ 文字说明 ↓ 检索查询	→图像、数据入库	→档案管理系统包括:数字档案室、网站、幻灯演示、可执行文件、图像打印等。	→相册文件 图片文件 数据文件 浏览器复制文件

图 6.5 照片档案数字化流程

在电子照片的数字化过程中必须把原先的纸质照片和现有的数字照片分开进行数字化。原有的纸质照片需要先进行电子扫描,再进行图像清晰,最后对应相应文件名同时进行电子入库;对于现有的数字照片就比较方便,可以直接进行核对入库。

三、档案数字化工作存在问题

档案数字化显示出强大的先进性和科学性，它将改变档案的搜集方式、管理方式和利用方式，冲破传统档案的局限性，发挥数字化档案资源的优越性，促进档案管理从纸质档案的保管、利用向信息采集、信息管理和信息服务的根本转变。但在当前档案数字化过程中，还存在一些亟待解决的问题，需要研究相应的对策。

(一)档案数字化硬件严重不足

……

(二)档案数字化软件开发滞后

……

(三)档案数字化缺乏统一标准

……

(四)档案数字化人员素质不高

……

四、档案数字化相应对策

(一)加大档案数字化硬件投入力度

档案数字化首先是档案硬件现代化。目前，全球范围的高新技术飞速发展，电子通信设备日新月异，档案数字化离不开高技术来支撑。为此，在信息搜集环节，要本着"硬件求实"原则，购置必备的文字采集、图片采集、音像采集设备，如照相机、录像机、扫描仪等；在信息储藏环节，购置必备的磁带、磁盘、光盘及相配套的磁盘阵列和光盘库，并按照"防尘、防潮、防静电、防强光、防辐射、防震、防雷、防盗、防火"和"恒温、通风"的标准建设；在信息利用环节，购置必备的计算机、打印机、复印机，并建立互联网，注意设备更新换代，从而确保档案数字化不因硬件出现梗阻。

(二)加大档案软件推广力度

……

(三)规范档案数字化标准

……

档案信息资源数字化建设是一个国家信息基础性建设项目，数字档案馆是档案馆在信息技术发展和社会利用需求下的必然发展方向，它的建设既是一项技术工程，又是一项民族文化工程，它将与数字图书馆一起成为未来社会的公共信息中心和枢纽。随着对数字档案馆的理论研究深入，同时借鉴数字图书馆的开发建设经验，必将形成一套具有中国特色的数字档案馆发展模式，更好地推动我国档案事业发展。档案信息数字化技术是档案事业发展的必然趋势，我们应注意这方面的发展，利用先进成熟的计算机科学技术，让档案资料更好地服务于工作和社会。档案数字化建设必将引发档案管理模式的变革，最终将实现：一是档案信息的数字化与网络化；二是档案信息资源的高度共享；三是档案信息接收、传递、存储和提供利用的网络一体化；四是服务对象及需求扩大化。但档案数字化不是一朝一夕可以完成的工作，它不只是档案工作业务流程的计算机化，而是一种网络环境下档案信息资源的整体处理模式，涉及一系列问题，需要我们认真加以解决。

参考文献

[1] 吴宝康. 档案学概论[M]. 北京：中国人民大学出版社，1988.

[2] 刘国能. 档案管理利用学[M]. 北京：中国档案出版社，1996.

[3] 梁佩群. 试论档案计算机信息安全[J]. 档案学通讯，2001，3.

[4] 张真. 档案馆图书馆数据信息安全保障工作[J]. 浙江档案，2005，11.

[5] 谭必勇. 论数字档案馆的信息资源建设[J]. 档案时空，2003，8.

[6] 陈文英. 当前档案数字化存在的问题及对策[J]. 科技信息，2007，15.

[7] 程晋南. 档案信息数字化问题思考[J]. 商品储运与养护，2007，4.

[8] 薛卫东. 数字档案馆及其建设[J]. 山西档案，2003，1.

【评析】该例文是××职业技术学院文秘专业一位同学的毕业论文。他在实习中调查了××区档案局档案数字化工作，了解了现代化档案数字化的工作流程、工作分类、规范要求、功能体现、具体运作等方面专业知识和技术操作，在此基础上写作了该篇论文。文章格式规范，论述清晰，从现状、存在问题和解决措施三个方面入手，进行了简要而贴近实际的分析，有一定的学术价值和应用价值，值得初学论文写作的同学学习。

三、答疑解惑

例文2是篇存在不足的小论文，试从内容和形式两个方面进行分析，找出其中的不足，争取在自己的论文写作中避免。

【例文2】

办公室秘书的电话礼仪

摘要：在我们现在的人际交往或者是商务工作当中电话扮演着越来越重要的角色，电话礼仪不仅仅反映我们的情绪、修养、礼貌礼节，同时也代表了整个公司形象和工作人员的形象，所以本文的研究是有实际意义和价值的。

关键词：电话 礼仪 修养 声音 技巧

电话礼仪是商务礼仪的基本功之一，所以一定要引起足够的重视。打电话的礼仪主要包括通话时间、通话长度、通话内容、通话过程等四个方面的内容。此外，打电话时还应该注意方方面面的细节，如说话声音、表达方式、接听技巧等各个细节。掌握打电话的基本礼节，有利于提高公司的良好企业形象，为公司带来更大的效益。在我们现在的人际交往或者是商务工作当中电话扮演着越来越重要的角色，电话礼仪不仅仅反映我们的情绪、修养、礼貌礼节，同时也代表了整个公司形象和工作人员的形象，所以本文的研究是有实际意义和价值的。

我在××活动策划公司上班的时候，主要的工作就是联系客户，很多时候都是去公司拜访，当然去之前一定要用电话和客户联系，所以这时候电话礼仪就起着非常重要的作用。

当你给他人打电话前，你应调整好自己的思路。当你的电话铃响起时，应该尽快集中自己的精力，暂时放下手头正在做的事情，以便大脑能够清晰地处理电话带来的信息或商务。当然，上述过程应该迅速完成，如果让电话铃响的时间过长，对方会挂断电话，便会失去得到信息或生意的机会。以下几点是在接电话时可以参考和借鉴的技巧：

一、随时记录

在手边放有纸和铅笔，随时记下你所听到的信息。如果你没做好准备，而不得不请对方重复，这样会使对方感到你心不在焉、没有认真听他说话。

二、自报家门

一拿起电话就应清晰说出自己的全名，有时也有必要说出自己所在单位的名称。同样，一旦对方说出其姓名，你可以在谈话中不时地称呼对方的姓名。

三、避免将电话转给他人

自己接的电话尽量自己处理，只有在万不得已的情况下才能转给他人。这时，你应该向对方解释一下原因，并请求对方原谅。例如，你可以说："××先生会处理好这件事的，请他和您通话好吗？"在你作出这种决定之前，应当确保对方愿意你将电话转给他人。例如，你可以说："对于这件事，我们很快会派人跟您联系的。"

四、避免电话中止时间过长

如果你在接电话时不得不中止电话而查阅一些资料，应当动作迅速。你还可以有礼貌地向对方说："您是稍候片刻，还是过一会儿我再给您打过去？"

让对方等候时，你可以按下等候键。如果你的电话没有等候键，就把话筒轻轻地放在桌子上。如果查阅资料的时间超过你所预料的时间，你可以每隔一会儿拿起电话向对方说明你的进展，如，你可以说："××先生，我已经快替您找完了，请您再稍候片刻。"当你查找完毕，重新拿起电话时，可以说："对不起，让您久等了"，以引起对方的注意。

除了这些之外，我们要向一个公司的领导人宣传自己的活动的话，要记得以下几个要领：

1. 力求谈话简洁，抓住要点。
2. 考虑到交谈对方的立场。
3. 使对方感到有被尊重、重视的感觉。
4. 没有强迫对方的意思。

成功的电话预约，不仅可以使对方对你产生好感，也便于活动工作的进一步进行。很多人在主动给别人打电话时会注意这些细节，但在自己接电话的时候就什么都不在乎了。不要以为接电话没有什么，其实里面还是有很深的学问的。一定要等电话响两声之后再接。为什么？你要利用这段时间平静自己的情绪，在你不知道来电人是谁、来电内容是什么之前，不要将你的情绪带给将要和你对话的那个人，哪怕你此刻是欢快的，你怎么知道对方一定就希望听到你欢天喜地的声音？当然，把你的坏心情不加掩饰地传递给对方就更不应该了。电话总是由各种各样的人打来，他们总会带来一些好消息、坏消息或者一些不好也不坏的消息，将你的情绪信号毫无保留地传递给对方，不免偶尔也会表错情。

接电话，有时就像看待人生，要有宁静、平和的心态。电话响两声，对打电话的人来说，是完全可以接受的等待时间，也是他期待你拿起电话的最佳状态。对接电话的人来说，在短短的一声电话铃声里，你的焦躁和不安可能已经瞬间平息，你才可以不惊不惧地面对任何事，宠辱不惊地面对任何人。世上很多事情，需要一个小小的停顿和转折，别那么急着拿起电话。记住，铃声响两下后，再接。

另外，还要记一点，那就是，如果你的办公室里有客户，不要接电话。这种情况很常见，却很少有人意识到，这时接电话是一种不礼貌的行为。这样做其实是告诉你的客户，电话那端的人比他更重要。除非你是在等一个非常重要的电话，否则就让语音信箱留信息。如果你要接电话，应该让客户知道你为什么接这个电话，比如说"我正在等老板的电话"。

评估反思

毕业论文学习评价表

项　　目	自　我　评　估	自我反思
认知层面	怎样确定毕业论文选题	
	你是否撰写过开题报告	
理解层面	你觉得写论文的主题是怎么来的	
	你写论文是先搜集材料还是先确定题目	
发展层面	独立完成毕业论文	

任务演练

撰写一篇毕业论文。

拓展阅读

【例文3】

学会开题报告写作

一、认识毕业论文（设计）开题报告内涵

开题报告是指当毕业论文的选题确定之后，毕业论文写作者在调查研究的基础上撰写的报请指导教师批准的选题计划。

开题报告用于说明论文选题研究的必要性，研究方案的可行性以及如何开展研究等，开题报告也是对毕业论文选题的论证和设计。

开题报告是提高选题质量和水平的重要环节，主要以研究方案的形式出现。研究方案是在正式开展论文写作之前，所制订的论文写作的工作计划，规定了论文研究各方面的具体内容和步骤。

二、了解毕业论文（设计）开题报告特点

（一）标志性

所谓开题，即意味着研究准备阶段结束，正式研究过程开始。大多数学生在选题时并未完全介入进来，对课题的了解和把握并不全面。因此，对于毕业生和指导教师来说，开题报告写作是一个关键信号，标志着毕业设计相关教学活动正式实施。为了进行开题论证，学生和指导教师必须进行若干次研讨，在原选题的基础上，修改和完善研究计划和内容。而这一过程，可以使学生迅速地进入研究状态，明确自己在该课题研究中的任务，同时也使每个学生能够在课题研究的最初阶段，特别是在课题需求、设计上充分发挥作用。

（二）明确性

开题报告是对课题如何进行的具体化构思。为了使研究设计更加科学、合理、可行，一般的开题报告需要教师的多次指导。因此，指导教师可以根据开题报告的内容，及时作出判断此课题能否实施；指导教师对课题研究的指导意见，特别是对课题有关理论的阐述及研究设计中问题的分析，可以大大拓宽学生的视野，使研究思路更加清晰，研究目标、范围、目标更加明确。尤其是同一个大系统的各个子系统完成者之间观点的交流与碰撞，更有助于提高毕业设计的全面性和科学性。有了清晰的研究思路，就可以保障课题研究的方向，使课题组成员按计划有步骤地、系统地开展研究工作。

（三）具体化

开题报告的重要目的是对选题进行初步设计，要有具体化、操作化的处理，使其成为一个可以指导课题研究全过程的蓝图。按照这个蓝图施工，就可以使研究达到预期的目标。撰写开题报告需要经过反复讨论、修改，这个过程就是设计蓝图的过程，如此才可能使那些在课题申请时并不十分清晰的想法变成具体的思路和研究计划。这是课题研究能够得到落实的最重要的保障。毕业生可以在批准后按开题报告的安排沿着既定目标开展工作。

三、区分毕业论文（设计）开题报告种类

毕业论文（设计）任务书大体上可分为论文任务书、应用方案任务书、设计作品任务书、实物制作任务书、调研报告任务书和实习报告任务书。相应地，毕业论文（设计）开题报告也可以划分为论文开题报告、应用方案开题报告、设计作品开题报告、实物制作开题报告、调研报告开题报告和实习报告开题报告。

四、学会毕业论文（设计）开题报告写作

学生接到指导教师下达的任务书，并完成论文（设计）工作方案后，认真填写《毕业论文（设计）开题报告》。开题报告经指导教师认可后，方可进入开题程序。开题报告通常包括以下内容：

（一）选题名称

毕业论文（设计）开题报告的选题名称即是毕业论文（设计）的选题名称。

（二）选题的缘由、目的和意义

大多数学生都是初次涉及学术研究领域，关于怎样做课题，怎样开展研究工作，不是很清楚。毕业论文（设计）教学这个环节是整个学习阶段的升华。开题报告的这一部分的写作恰恰是这个阶段的起点。一般来说，课题研究的目的、意义，以及写作的思路如下。

1. 先从现实需要方面去论述，指出现实世界中存在这个问题，需要去研究、去解决，本课题的研究有什么实际作用。

2. 再写课题的理论和学术价值。要写得具体、有针对性，注重资料分析基础，注重时代、地区或单位发展的需要，不能漫无边际地空喊口号。主要内容包括以下方面：

（1）研究的有关背景，即根据什么，受什么启发而开展这项研究。

（2）通过分析，指出为什么要研究该课题，指出研究的价值和要解决的问题。应该着重说明选定此课题的出发点以及主观与客观条件是什么，选题的独创性、完成的可能性及其实际意义（实用性）如何。

（三）课题研究的历史和现状及相关课题的研究情况

国内外研究现状，即文献综述，要以查阅的文献为前提，所查阅的文献应与研究课题相关，但又不能过于局限。过于局限违背了学科交叉、渗透原则，使视野狭隘，思维窒息。但又不能过于宽泛，与课题无关则流散无穷。

这一部分既要综合某一学科领域在一定时期内的研究概况，还要评述自己的独特见解。要注重分析研究,善于发现问题,突出选题在当前研究中的位置、优势及突破点;要摒弃偏见。除了综述观点外,还可以是材料与方法。此外,这里所引用的主要参考文献应在开题报告中的参考文献一节进行记录,一方面可以反映立论的真实依据,另一方面也是对原著者创造性劳动的尊重。

归纳起来该部分重点讲述本课题在国内外研究的广度、深度和已取得的成果,寻找进一步研究的问题,从而确定本课题研究的平台(起点)、研究的特色或突破点。写作时需注意:

1. 国外现状与国内现状应分别叙述,不要忽外忽内搅在一起。
2. 先简要交代一下有关问题的历史沿革,但没有必要做过多的久远追溯。
3. 文字不宜过长,不必把前人的话都重复一遍,重点是介绍有关这一问题最近几年的研究进展和状况。
4. 把握好本项内容的关键在于"全"和"新"两个字。即全面掌握情况,除日常所见到的一些资料外,在拥有大量资料的基础上,通过时间上和认识深度上的比较,还可以了解到哪些成果或结论是新的和最新的,这就是现状。
5. 有些学生常常是随便找几篇近期文献,便以此为据作为"国内外现状"加以介绍。由于文献的查阅面和收集范围很窄,所了解到的情况必然具有一定的局限性,比较的余地也不会太多,自己选定的课题是在创新还是在重复他人早已做过的工作,自己也难以把握。

因此,要求毕业生要大量阅读有关文献,只有充分了解国内外相关领域的新动态、新进展,才能掌握前人的成果、吸取前人的教训,寻找课题设计的科学依据和思路,选择自己的切入点,避免不必要的重复。

(四)课题研究的基本内容

有了课题的研究目标后,就要根据目标来确定这个课题具体要研究的内容,相对研究目标来说,研究内容要更具体、明确。毕业生在确定研究内容的时候,往往考虑的不是很具体,写出来的研究内容特别笼统、模糊,把研究的目的、意义当作研究内容,这将对课题的研究十分不利。因此,要学会把课题进行分解,一点一点地去做。

基本内容一般包括以下三个方面。

1. 从课题名称的角度,应尽可能明确三点,即研究的对象、研究的问题和研究的方法。

(1) 具体的研究方法可从下面选定:观察法、调查法、实验法、经验总结法、个案法、比较研究法、文献资料法、类比法、讨论法等。

(2) 确定研究方法时,要叙述清楚"做些什么"和"怎样做"。如要用调查法,则要讲清楚调查的目的、任务、对象、范围、调查方法、问卷的设计或来源等,最好能把调查方案附上。

(3) 提倡使用综合的研究方法。一个大的课题往往需要多种方法,小的课题可能主要是一种方法,但也要利用其他方法。

(4) 在应用各种方法时,一定要严格按照方法的要求,不能混淆不清,仅仅凭经验、常识去做。例如,要通过调查了解情况,如何制定调查表,如何进行分析,不是随随便便发张表,填写一些分数、平均数就行了。

2. 从与本课题研究有关的理论、名词、术语、概念的角度。
3. 明确选题的范围，即哪些方面是属于应该做的，而哪些是不应该包括在项目之内的。

（五）课题研究的目标及其可行性

课题研究的目标就是课题最后要达到的具体目的，要解决哪些具体问题，即本课题研究的目标定位，包括阶段和最终的目标，即该项研究工作的段落和终点。因此，在此项中应着重说明这一研究课题最后要解决一个什么样的问题。为了解决这个问题，在研究中将分作几个步骤，都需要做些什么，拟从何处入手，重点研究哪个侧面，主攻方向是什么，到达哪一步或什么程度算是完成，将出现什么样的预期效果等。确定目标时要紧扣课题，用词要准确、精练、明了。相对于目的和指导思想而言，研究目标是比较具体的，不能笼统地讲，必须清楚地写出来。只有目标明确具体，才能知道工作的具体方向是什么，才知道研究的重点是什么，思路就不会被各种因素所干扰。总之，要目标明确，内容具体，十分清楚地规定出自己的研究任务。

常见的问题有：不写研究目标；目标扣题不紧；目标用词不准确；目标定的过高，对预定的目标没有进行研究或无法进行研究。确定课题研究目标，一方面是课题本身的要求，另一方面要考虑课题开展的实际的工作条件与工作水平。作为专科生毕业设计（论文）的选题，在短短的几个月时间内，课题的目标一定要明确而且不宜过深或过宽，以有一定的理论价值或者应用价值、有充足的工作量为前提，以保证完成毕业设计（论文）教学任务为根本。

（六）课题研究的方法、措施和步骤

研究方法是确保论文写作顺利进行的重要条件，从大的来说，一般包括实证分析法和规范分析法；从具体的研究方法来说，包括观察法、调查法、实验法、经验总结法、个案法、比较研究法、文献资料法等。学生应根据选题方向、研究内容和实现目标的需要，选择确定合适的方法加以应用。

研究的主要措施是要学生确认在接下来的具体研究过程中，如何确保写作任务的完成。

课题研究的步骤，也就是课题研究在时间和顺序上的安排。研究的步骤要充分考虑研究内容的相互关系和难易程度。课题研究的主要步骤和时间安排包括：整个研究分为哪几个阶段；阶段的起止时间各阶段要完成的研究目标、任务；各阶段的主要研究步骤；毕业设计的日程安排等。

（七）成果形式

管理类专业的毕业论文形式主要有学术论文调查报告、研究报告、可行性分析研究等，其中调查报告、研究报告、论文是最主要的表现形式。

（八）参考文献

在开题报告的前面几小节中常须引用一些重要的观点、数据、结论等，对此必须注明其出处，以便于审查时进行核对。

开题报告参考文献的格式与毕业设计（论文）参考文献的格式要求一样，详见毕业设计（论文）撰写一章的格式要求。

开题报告写作格式参考如下附表。

毕业论文开题报告表

学生姓名		院、系		专业	
班级		学号		方向	
指导教师	姓　名		职　称		
	姓　名		职　称		
开题报告内容	题目：				
	选题的目的和意义：				
	拟研究的内容、思路与重点：				
	文献资料（包括与本课题相关的国内、外研究现状的资料）：				
	进度安排：				
指导教师意见				指导教师： 年　月　日	
开题报告小组意见				组长： 年　月　日	
毕业论文指导小组意见				组长： 年　月　日	

注："开题报告内容"部分由学生填写，其余各项由相关教师分别填写。

任务五　毕业设计

毕业设计的结构模板

标题		毕业设计的名称，可以由正副标题组成
摘要		摘要内容包括毕业设计的研究目的、方法、结果、结论四部分。摘要分中文摘要和外文摘要，中文摘要在前，一般300字左右，外文摘要另起一页，内容应与中文摘要对应
正文	前言	主要是说明设计项目的性质、目的、过程
	主体	毕业设计的核心部分，对设计原理与设计方案进行论证，选择何种技术参数，工作流程和技术性能如何，设计适用于什么范围，附上资金预算
	结论	对毕业设计进行总结，包括对整个研究工作进行归纳和综合而得出的总结，如所用的原理、规律、难以解决的问题，与同类研究的异同点，还可以提出建议
致谢		对研究和写作中给予帮助的人员进行答谢
注释		对毕业设计中有些字、词、句加以必要的解释和注明来源出处
参考文献		参考书目，是为撰写或编辑论文和著作而引用的有关文献信息资源。高职毕业生一般要求查阅文献不少于10篇，置于文尾，与正文空出一行

任务描述

毕业设计报告，也称为毕业设计说明书，是理工科、艺术类毕业生对其作品设计进行解释和说明的文书。文科类的毕业论文通常不作图纸设计的要求，而理工类、部分艺术类则以毕业设计为主，也有的理工类只要求作毕业论文，因此要根据专业类型的不同来进行选择。毕业论文与毕业设计的共同点在于都有开题报告和正文，毕业设计还另外增加了设计图纸、任务书、实习报告等内容。毕业设计主要考核毕业生是否具备专业设计的初步能力。

通过学习了解毕业设计报告的基本组成内容，学会撰写与专业学习相关的毕业设计报告。

任务布置

选定毕业设计的主题，并围绕主题进行毕业设计进度安排，要求如下：

（1）召开一次毕业设计的小组研讨会，学会确定主题。将全班分为若干小组，小组成员每人出至少一个主题，进行讨论，帮助成员之间选定毕业设计的大致主题。

（2）邀请老师对自己的毕业设计进行指导。

写作提示

一、毕业设计的结构和写法

完整的毕业设计主要包括毕业设计图纸、开题报告、任务书、实习报告、说明书正文。其中，说明书正文是毕业论文。下面重点对毕业设计说明书的结构进行分解。由于毕业设计的学科类别较多，无法统一结构。多数的毕业设计说明书由标题、摘要、正文、注释及参考文献组成。要求写作重点放在设计的关键部分和技术性强的部分。

▶ 1. 标题

标题通常是由设计项目加上"设计"或"毕业设计说明书"构成。标题下面写毕业设计作者的姓名、专业等信息，再下一行写上指导老师及姓名。

▶ 2. 摘要

摘要是毕业设计主要信息的简要陈述，具有独立性和完整性。摘要内容包括本论文研究目的、方法、结果、结论四部分。摘要分中文摘要和外文摘要，中文摘要在前，一般300字左右，外文摘要另起一页，内容应与中文摘要对应。

▶ 3. 正文

毕业设计正文部分包括前言、主体、结论和致谢。

前言包括四个部分：①设计项目的性质。一般写明毕业设计是专业学习的一门最重要课程，是将所学专业理论和技能应用于实践，是对自己专业能力的考核。②设计项目的目的。简述该设计用于解决什么问题，有什么作用。③设计项目的原理。简述该设计运用了什么原理。④设计过程。简述该设计项目所用时间，遇到的困难等。前言不用详细展开。

主体是毕业设计的核心部分，占主要篇幅。以工科类毕业设计为例，涉及五个部分：①设计原理与设计方案的论证。说明利用什么原理进行设计，设计方案是否可行，可以用图示和文字解释相结合。②主要技术参数。选择何种技术参数及有关参数的计算公示与结果。在具体表述时，常用公式、表格和文字解释方式。③工作流程及技术性能。这部分多用图纸说明、模型展示或实验结果验证说明。④适用范围。以文字进行说明。⑤资金预算。开展毕业设计所需经费。

结论是整个毕业论文的最后总结，完整、准确、简洁地指出以下内容：①毕业论文得到的结果所揭示的原理及其普遍规律；②研究中有无发现例外或本文尚难以解释和解决的问题；③与同类研究工作的异同；④进一步深入研究本课题的建议。

结尾是对毕业设计报告中的内容进行补充说明，若无补充内容，可以省略结尾部分。

致谢是对指导和帮助过自己的老师、有关单位和个人表示感谢。

▶ 4. 注释与参考文献

注释又称为脚注，对毕业设计中出现的引文、术语等进行解释说明，方便读者理解。当文章引用或借用的资料所在的著作第一次出现于注释中时，需要将该书作者姓名、书名、出版地、出版者、出版年代及引用资料所在的页码一并注出。如果是专业术语也应该在注释中进行解释说明。计算机语言的代码通常也要进行注释。

参考文献。毕业设计要求有 10 篇以上的中外文参考文献，其中至少有一篇与设计内容相关的外文文献。毕业设计引用的文献应以发表的与毕业设计直接有关的文献为主。凡引用本人或他人已公开或未公开发表文献中的学术思想、观点或研究方法、设计方案等，不论借鉴、评论、综述，还是作为立论依据，都应编入参考文献目录。各条文献按在论文中的文献引用顺序排列。

(1) 关于专著的写法如下：

［1］夏小华，高为柄，程勉，（等）. 非线性控制系统［M］. 第 2 版. 北京：科学出版社，2004.

［2］D. Dubois and H. Prade. Fuzzy Sets and Systems：Theory and Applications［M］. New <? xml：namespace prefix=st1 ns="urn：schemas-microsoft-com：office：smarttags"/>York：Academic Press，2002.

(2) 关于期刊的写法如下：

［3］蔡幸生. 非线性控制系统的发展［J］. 自动化学报，2003，17(4)：513～523.

［4］L. A. Zadeh. The concept of a linguistic variable and its application to approximate reasoning，Part Ⅲ［J］. Information Sciences，2000，(8)：199-202.

(3) 关于论文集的写法如下：

［5］Fox R L. 不等式约束的连杆曲线最优化设计［A］. 见：机构学译文集编写组. 机构学译文集［C］. 北京：机械工业出版社，2005.232～242.

［6］Precott-Allen. The Barometer of Sustainability：a method of assessing progress towards sustainable societies［A］. Gland, Switzerland and Victoria, BC：International Union for the Conservation of Nature and Natural Resources and PADATA［C］. Switzerland：IUCN，1999.

(4) 关于技术标准写法如下：

［7］GB3100～3102—93 量和单位

(5) 关于学位论文写法如下：

[8] 陈淮金. 多机电力系统分散最优励磁控制器的研究：[D]. 北京：清华大学电机工程系，2004.

毕业设计通常也有固定的手册或模板，学生只要参照具体的要求进行撰写即可。

二、例文评析

【例文1】

DOAJ 开放期刊平台服务优化研究

××学院 ××专业

×× 指导教师 ××

【摘要】DOAJ 开放存取目录平台的质量评估体系及界面友好度方面都存在进一步完善的空间。因此，本文首先从定性与定量两个方面对质量评估展开分析，并将分析结果整合，提出体系构建与模型设计。其次，在提高界面友好度方面，本项目从交互功能、检索功能、个性化功能三个方面出发，针对 DOAJ 的特点提出有针对性的优化建议与方案。

【关键词】DOAJ；服务优化；质量评估；交互功能；检索功能；个性化功能

1. DOAJ 概况

1.1 简介

DOAJ(Directory of Open Access Journal)是由瑞典的隆德大图书馆为开放存取期刊(OAJ：Open Access Journal)资源创建和维护的 OA 期刊列表，即目录系统。他设立于 2003 年 5 月，在 OSI(The Open Society Institute)的支持下，隆德大学图书馆与 SPARC 联合创建了 DOAJ，最初仅收录 350 种期刊，其宗旨是增加开放存取学术期刊的透明性、可用性、易用性，提高期刊的使用率，扩大学术成果的影响力。截至 2012 年 4 月，该列表已经收录 7623 份期刊 790519 篇 OA 论文，包括了以农业为主的 17 类学科领域。其中很大一部分是由传统期刊转变为 OA 期刊。该系统收录的均为学术性、研究性期刊，一般都经过同行评审或有编辑做质量控制的期刊，具有免费、全文、自由存取、质量高等特点，对学术研究有很高的参考价值。

1.2 特点

及时性。开放存取是通过在网络平台为学术研究成果提供交流与共享的渠道。通过这样直观与便捷且低成本的传播方式，使各类学术研究成果的发型时效性得到很好的提高。

经济性。……

传播性。……

然而对于开放存取期刊宣传力度不够，其在部分地区仍存在认知度较低的情况。此外，开放存取期刊的分布较为分散，难以被集中利用。

2003 年 5 月，瑞典兰德大学(Lund University)图书馆负责创建 DOAJ(Directory of Open Access Journals)，直译为开放存取期刊目录，其实质是关于建立在互联网上并通过互联网可免费获取全文的实施质量控制的学术性电子期刊目录。DOAJ 的建立为开放存取期刊的搜索和使用提供了一个便捷的平台。

2. 存在问题剖析

2.1 开放存取期刊的质量

DOAJ 所收录的开放存取期刊，采用同行评价的方法。学者的个人知识水平对评估对结果的影响比较大。而且，同行评价主观因素较重，无法测得精准和确切的结果。此外，虽然开放存取这样的知识传播途径越来越被认可，但由于其自身出版制度的问题，导致期刊的质量不可控制。

2.2 界面友好度

作为学术性开放期刊数据库，DOAJ的界面秉持了学术型数据库一贯简洁的概念，然而不只界面简洁，功能亦较为简单，如图1所示。除了关键部分的文章检索和类目目录，DOAJ为使用者额外提供的仅有服务器维护更新报告、数据量统计、DOAJ简介以及意见和建议窗口。

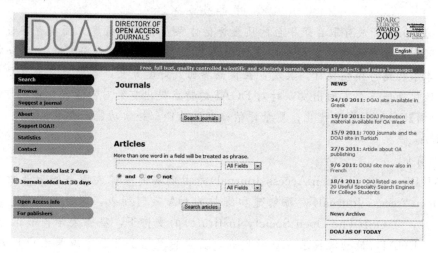

图1

2.2.1 语言环境

出于用户等因素考虑，DOAJ从原先的单一英文环境升级为多语言环境（最多时达8语言），然而现在仅剩下英语、法语、土耳其语和阿拉伯语四种语言，对于众多其他语系的使用者造成了许多不便，这点不仅体现在数据库界面，也体现在检索系统对多种语言的不佳表现上。如图2所示。

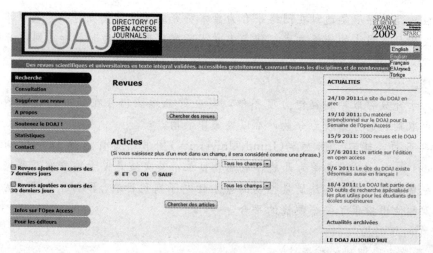

图2

2.2.2 用户指南

用户指南的缺失，使许多初次使用者无法有效或高效地使用检索系统，而相比之下，几大数据平台如斯坦福大学的 HighWire 等都拥有完备的用户指南，包括使用方式、投递方法、检索使用等方面一应俱全。DOAJ 在这方面仍有待改进。

2.2.3 其他

……

2.3 检索特性

……

3. 优化方案

（1）DOAJ 个性化服务的类型

用户可根据自己的兴趣和需求，对 DOAJ 的具体功能和服务方式进行个性化，从而提高自己的检索效率。具体包括内容个性化、检索个性化、界面个性化和信息推荐这几种类型。

1) 内容个性化

用户可按自己的需求与喜好设定所获取信息。其范围可以由信息来源、信息显示方式、服务功能、服务形式等构成。个性化后 DOAJ 将能够根据用户的具体情况提供信息内容服务，信息服务将按需所取，各具所长。

2) 检索个性化

不同用户只有提供多样化的检索方式才能满足他们的检索需求。检索个性化就是为用户提供检索策略、方法以及结果处理上的个性化，包括：语言、模块、工具、方式、关键词、范围、结果等各方面的个性化。个性化的检索对于用户使用 DOAJ 检索文献、提高检索效率会有很大的帮助。

3) 界面个性化

可允许用户向 DOAJ 申请账号，选择界面的结构布局、内容显示方式、外观等描述文件和检索策略提交给 DOAJ，然后 DOAJ 为用户提供个人数据空间。用户的数据空间中有"My library"、"My search engine"、"Reference"等。网站检索或更新的信息会自动发送到该账号中。

4) 信息推荐

DOAJ 可以根据具体情况选择合适的推荐系统和方法，通过聚类、分类、协作推荐等方法为用户提供信息推荐。信息推荐是个性化服务中很重要的一部分，通过主动向用户推荐可能需要的信息与服务，大大减少用户的检索负担。

（2）DOAJ 个性化服务具体内容

DOAJ 可提供个性化服务模式主要是通过个人个性化或系统预测的方式来实现。

1) 页面个性化服务

页面个性化允许用户自主选择从服务器端发来的信息，包括内容、风格、发送形式等。DOAJ 也应该允许有这些选择，例如辅助工具的个性化，允许在检索列表出现后，可在每条结果后面附上工具快捷键，如延伸查询、pdf 档阅览、html 档阅览和详细资料等多种选择。

再如，在用户检索过程中，提供用户自由选择各种视觉化呈现检索结果的分布方式。

用户通过自由选择表格、柱状图或者折线图等的方式,反应检索结果的分布。使检索结果分布的区间状态更为明了。并且允许其根据需要,点选不同的年代,检视相应的检索结果。使检索过程更为友好。如图3所示为检索结果的柱状分布图.

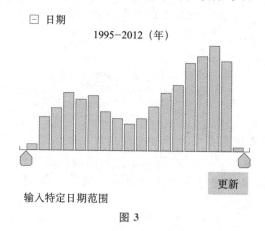

图3

2)网页功能个性化服务

DOAJ也可以开发相应的功能,方便用户使用。读者可以通过填写资料,申请专属于自己一个数据空间。这个空间记录了读者的浏览记录。此外,读者还可以将检索结果保存在这个空间里,通过这个空间获得新知通报、进行相关文献的订阅。个人数据空间中的"My library"、"My search engine"、"Reference"等为用户提供个性化专属信息服务。

3)信息推送服务

按照用户的需求,通过特定的系统,将用户所需信息数据自动推送到指定处。通过这种方式用户只需输入一次请求,便能定期不间断的收到系统提供的最新信息。并且通过邮件、"频道"推送、预留网页等途径将信息送给用户。DOAJ可在每次信息更新之后系统自动实现信息推送服务功能。

另外,DOAJ应该可以提供新知通报功能。读者使用该功能后,一旦有与这个之前一定时间内的检索结果相关的新的文章出现,网站便会自动发送通知到用户个人数据空间,告知读者。读者便可以及时获取信息,并且不用重复之前的检索步骤。该功能可极大提高文献的时效性,节省读者时间,更为友好与智能,为读者提供针对性强的优质高效的信息服务。

4)分享及参考文献

分享功能。读者可以将检索结果的文章链接,在社群网站、论坛上进行分享。

参考文献。向读者提供参考文献功能,提供更多同类文章,以便读者进行延伸参考。

综上,DOAJ的个性化服务方向总的来说应该是从用户目标和环境出发,进行内部、外部知识的跟踪与捕获、知识的积累与传递、知识挖掘与再生以及知识利用与评价,充分支持各种以用户为中心的个性化、专题化和智能化服务。

4. 结语

本项目按照原定的项目实施计划,完成DOAJ界面的深度剖析与研究。系统分析了该平台在服务方面的不足。并在界面友好度上,提出交互功能、检索功能、个性化功能三个方面的优化建议和方案。此外，本项目研究小组还在原有的计划以外提出了DOAJ开放存取期刊质量评估的优化方案，并构建体系和设计模型，从更深层次对DOAJ提出服务优化方案。希望能对DOAJ开放存取平台提供优质服务有所帮助。

【参考文献】

[1]郭少友. OAI—PMH框架内的全文获取研究[J]. 情报理论与实践，2006，29(3)：353-354，379.

[2]张红芹，黄水清. 期刊质量评价指标研究综述. 图书馆理论与实践，2008(3)：20-23.

[3]Michael J Kurtz. Worldwide Use and Impact of the NASA Astrophysics Data System Digital Library. Journal of the American Society for Information Science and Technology，2005；56(1).

[4]马景娣. ISI引文数据库收录的开放存取期刊 http：//zgkjqkyj. periodicals. net. cn/ 中国科技期刊研究，2005，16(5).

[5]邱均平. 信息计量学. 武汉大学出版社，2007.

[6]Michael J Kurtz. Worldwide Use and Impact of the NASA Astrophysics Data System Digital Library. Journal of the American Society for Information Science and Technology，2005；56(1).

[7]庞景安. 中文科技期刊下载计量指标与引用计量指标的比较研究[J]. 情报理论与实践，2006，29(1)：44-480.

[8]陶霈，等. 开放存取期刊质量评价方法研究[J]. 图书情报工作，2006(10)：72-75.

[9]Ingwersen P. The Calculation of Web Impact Factors[J]. Journal of Documentation，1998，54(2)：236-243.

[10]Alastair G Smith. Citation and link as a measure of effective of online LIS journals[J]. IFLA Journal，2005(1)：76-84.

[11]徐速. 数字图书馆门户的用户界面友好性评价. 科技情报开发与经济，2010，20(3)：1-3.

[12]郭华庚. 跨语言信息检索研究与应用. 现代情报，2008(9)：14.

[13]Nahum D Gershon. Stephen G Eick. Information Visualization. IEEE Computer Graphics and Applications. 1997；(7-8).

[14]石明芳. 数字图书馆中的信息可视化技术. 情报杂志，2005(7)：29-31，35.

【评析】这篇图书馆学专业的毕业设计，将专业所学的知识运用到实践中的案例，文章结构合理，思路清晰，格式规范，论证合理。

三、答疑解惑

阅读毕业设计例文2，找出该设计的优点和不足。

【例文2】

主题婚宴设计

摘要：21世纪的今天，我们对生活的质量也有所需求，对于一对即将步入婚姻殿堂的新人来说，结婚是他们一生中最重要的一次，也是唯一的一次，当然要办一场浪漫的、新颖而具有美好回忆的婚礼。

明年是××结婚的日子，整个婚宴的过程中，都是结合××的意愿来进行设计与策划的，是以××为主题的婚宴。根据××提供的主题的要求和其他要求，婚宴都是紧紧围绕这一主题来设计的。室内、室外的场景的布置和台型台面的设计布置都有图片进行描述，同时婚宴在××酒店里举行，婚宴的设计也结合酒店的实际情况进行策划，并查阅相关资料，整个婚宴的程序都已包括，实用性还是挺高的。

关键字：酒店、婚宴策划、浪漫

Abstract：The 21st century, our quality of life will be demand for a pair of the married couple speaking, marriage is the most important thing in their life once, and only one, of course, to do a romantic, novel and has good memories of the wedding.
……

Keywords：hotel、Wedding planning、romantic

目　录

一、宴会设计的背景介绍 ……………………………………………………………… 373
二、宴会设计的具体介绍 ……………………………………………………………… 373
　（一）宴会主题 ………………………………………………………………………… 373
　（二）婚宴目的 ………………………………………………………………………… 373
　（三）婚宴时间 ………………………………………………………………………… 373
　（四）婚宴地点 ………………………………………………………………………… 373
　（五）预计参与的人数 ………………………………………………………………… 373
　（六）婚宴场景设计 …………………………………………………………………… 373
　（七）宴会菜单和酒水单设计 ………………………………………………………… 376
　（八）宴会进程设计 …………………………………………………………………… 376
　（九）现场可能出现问题的解决方案 ………………………………………………… 377
三、宴会预算 …………………………………………………………………………… 377
参考文献 ………………………………………………………………………………… 377
辞谢 ……………………………………………………………………………………… 377

主题婚宴设计

学生姓名：××
指导老师：××××

一、宴会设计的背景介绍

21世纪的今天，我们对生活的质量也有所需求，对于一对即将步入婚姻殿堂的新人来说，结婚是他们一生中最重要的一次，也是唯一的一次，当然要办一场浪漫的、新颖而具有美好回忆的婚礼。

……所以此次婚宴是以大自然神奇色彩的绿色为主色调，和亲人好友们分享着大自然给他们带来的朝气与活力以及分享他们的幸福时光，绿色也代表生长着的爱情。……接下来在详细说具体的设计。

二、宴会设计的具体介绍

（一）宴会主题：××

（二）婚宴目的：举办一场难忘的独特的婚礼

（三）婚宴时间：××：00—××：00

（四）婚宴地点：××酒店

（五）预计参与的人数：250人左右

（六）婚宴场景设计

1. 室外场景布置（图略）

室外场地是举行婚礼仪式的地方，有签到台、舞台、香槟台花柱、主持台、花门等。下面再说说它们的详情：

签到台位于舞台的右侧，是用两张1.5米长的长桌搭建的，设计小巧精致，为符合主题色调，在白色的台布上用一张绿色纱布来装饰，给人清新、舒畅、醒目，便于参加婚礼的客人顺利进行签到。台面的左边摆一插花作为装饰，以避免单调，并放有签到簿及签到笔，当然颜色也为绿色，签到簿上有两位新人的相片。

室外场地是举行仪式的地方，选在酒店的草坪上。婚礼所选用的主花是百合花。选百合花是因为百合花在中国具有百年好合美好家庭、伟大的爱之含义，有深深祝福的意义。受到百合花的花语祝福的人具有青春天真的性格，集众人宠爱于一身。花门是用百合花为主花来装饰的，花门高为2米，宽为1.5米，是新人进入舞台所要走过的幸福之门，即祝两位新人百年好合。

新人走的地毯设计新颖，不是用红色的，为符合主题色是用白色的地毯上面铺上一张绿色的小地毯，代表纯洁而有活力。地毯的两边有六根花柱，也主要选用百合花，挨着花柱的是椅子，椅子是为参加婚礼的客人提供的，椅套为白色，椅背上拴有打着蝴蝶结的绿色丝带，当然丝带上还插有两朵百合花做点缀。

场地的舞台的地面是根据新人的要求设计的，主要由两颗红色的心形组合一起，心上有"love"的英文字样，love分成两个写在两个心形上即"lo""ve"，心形、字样组合在一起代表新人在一起才叫爱。舞台的左边有放着香槟塔、蛋糕塔和交杯酒的酒杯的桌子，与主题相搭都选用绿色的，蛋糕为绿色，香槟的瓶子为绿色，交杯酒的杯子也选用绿色的。舞台上还放有LED的显示屏，以显示一些视频，比如仪式进行时要播放前奏，播放之前录好的亲朋好友的祝福语等。

司仪的主持台的设计与接近大自然主题相符，再加上是在室外的草坪上举行，所以设计简洁而大方，是由百合花及绿色的藤蔓装饰的，使其主持台融入这个场景中。

场地的左手边也就是嘉宾坐的左边放有以绿色植物为背景的墙，植物墙上贴有新人的照片，这些照片是两位新人从认识—交往—结婚这一路所记录下来的美好时光，与亲朋好友们分享他们的快乐，并为他们忠贞不渝的爱情作见证。

闯关路的布置是此次婚礼的亮点与新颖创新，是根据新人的意愿布置的，同时也是为衬托主题而设置的，即勇护霞光，新郎娶新娘当然要有保护妻子的能力和勇气，也算是考验新郎一关卡。闯关路是新郎出发地到举行仪式的地点的闯关通道，通道是早先准备好了的，一路上有指示牌，共设计了3处关卡，关卡的设置是由新人的亲朋好友组成的，路大概设为300米的长度，每100米设一关卡。新郎沿着准备好的路线向着婚礼仪式的举办地,来到舞台与新娘会合。

2. 室内场景布置

(1) 台型设计

室内场地是客人进餐的地方,选在酒店二楼的白金汉宫,因当天在酒店举行宴会的客人还有好几场,为了让客人顺利到达用餐地点和避免客人走错地方导致尴尬的场面,上楼梯的位置放有"某某的婚礼进餐"指示牌。一楼到二楼的白金汉宫有一楼梯,在楼梯两边的扶栏上用白色纱幔缠绕,并且在每隔0.5米的白色纱幔上用绿色的丝带系成蝴蝶结的形状,指引客人进入白金汉宫。

参加婚礼的客人大约250人,客人进餐安排在酒店的白金汉宫,此厅的面积刚好适合摆放27桌餐桌的厅,两红色的代表主桌,绿色的代表23桌为副桌及酒店提供的两桌备用桌。两主桌放置于靠舞台的地方,即过道的两边,同时主桌正对着厅的大门,客人进入厅内可以直接看到。还备有服务员工作的操作台。为了方便客人走动及用餐过程中服务员上菜,桌与桌之间距离为1.5米,桌与墙的位置保持在1.2米的宽度,为客人营造良好的就餐环境。

(2) 台面设计

餐桌选用的是10人桌,主桌为两桌,其桌布、椅套、餐巾颜色都为红色,筷套的包装也为红色,代表以后新郎新娘的日子越过越红火,椅套上用红色丝带系成蝴蝶结的形状,主桌的中间放百合花等装饰花,待上菜时会把装饰花撤走。为区分主桌和副桌,其余25桌副桌为与主题相辉映,其桌布是用白色的桌布和椅套,餐巾为绿色折叠成竹笋的植物花,贴近自然,椅背上用纱幔系成蝴蝶结的形状做装饰,筷套用绿色包装。为了突出这次宴会的主题,在筷套的设计上,我们特别花心思设计了独具特色的筷套,主桌和副桌的筷套上都印有婚宴主题,为婚宴台面的设计提高了一个档次。

所有桌面上的餐具都以统一标准摆放,采用统一的餐具,包括汤碗、汤匙、骨碟、筷架、筷子、白酒杯、红酒杯、饮料杯、餐巾、牙签、喜糖等,它们的摆放是汤勺放于汤碗里,汤勺柄位于汤碗的左侧,方便客人使用,汤碗放在骨碟的左边,骨碟上放折好的餐巾花。呈45°斜角的三个杯子,分别是白酒杯、红葡萄酒杯、饮料杯,红葡萄酒杯位于离骨碟正上方3cm处,其杯子之间的距离为1cm,筷架位于骨碟的右侧1cm处,筷子放在筷架正中并与骨碟平行,与桌边垂直,牙签在筷子的左边和筷子平行。还有一处设计就是喜糖的包装盒,喜糖是两块,像黑色西服的喜糖包装代表新郎,白色婚纱服的包装代表新娘,里面各装有两颗巧克力,形象的突出西式婚礼的特点。

宴会菜单和酒水单设计

1. 菜单设计……

菜单创意说明:……

2. 酒水单设计……

酒水单设计说明:……

(八) 宴会进程设计(时间安排)

1. 9:30—11:00

参加婚礼的客人陆续到室外婚礼仪式签到台签到,之后可以坐在嘉宾座上等候仪式的开始。

2. 11：30—11：50

新郎准备闯关到达草坪地。

3. 12：00—12：40

(1) 司仪开场白后婚礼进行曲响起时，新人入场。

(2) 交换信物礼仪：新人交换结婚信物仪式时，由一名服务员用垫着红垫巾的托盘将信物呈上。

(3) 交杯酒仪式：新人交杯酒仪式时，由一名服务员用垫着红垫巾的托盘将两杯交杯酒呈上；等候在一边，新人喝完交杯酒后将空酒杯带回。

(4) 切蛋糕仪式：新人切蛋糕仪式时，由一名服务员点燃蛋糕车上的两根冷焰火，然后慢慢推出蛋糕车，新人切完蛋糕后将蛋糕车推到一边。

(5) 新人新郎发言，父母代表发言，朋友代表发表祝福语。

(6) 活跃气氛的活动：亲人朋友组织安排的唱歌和表演节目的活动三项，以提高喜庆的氛围，同时LED显示屏显示视频画面。

4. 13：00—14：00

客人进餐时间（进餐在酒店室内）

现场可能出现问题的解决方案：

当天在酒店举行的婚礼有3场，要避免客人走错地方造成尴尬，并及时帮助走错的客人在短的时间内到达目的地。因婚礼仪式在室外的草坪上举行，所以要考虑天气的原因做好相应的工作，比如下雨要准备帐篷。在草坪上放有提醒的牌子，同时服务员也要提醒客人，特别是老人和小孩易摔伤，穿高跟鞋的女性如果不注意的话可能会扭伤脚，若有客人摔伤、扭伤应送往酒店的医务室。

在宴会前期准备几个烟灰缸以备客人需要时取用。在室内用餐服务期间，服务员上菜时要注意避开老人和小孩坐的位置，以免被菜烫伤。如不小心把酒水或菜汤之类洒在桌上或客人衣服上，要及时道歉并帮客人处理，以保证客人拥有愉快的进餐环境。还有对于有餐具酒杯摔碎时，要及时处理摔坏的餐具以防止客人被划伤，同时把缺的给补上，如有被划伤的根据伤口的具体情况进行处理。

三、宴会预算

……

四、参考文献

……

致谢

三年的大学时光很快就完了，这三年来我学到了很多知识和做人的道理，非常感谢在这三年里对我谆谆教导的每一位老师，是他们辛苦的付出、正确的引导才会使我在大学里收获了很多，同时感谢我可爱的同学们，在三年的学习和生活中给我很多帮助，我成长了很多。

在这里我特别感谢指导老师……在写论文方面给了我指导和帮助，并认真地批阅我的论文，使我更好地完成我的毕业论文。在此，谨向……表示崇高的敬意和衷心的感谢！

评估反思

毕业设计学习评价表

项 目	自 我 评 估	自我反思
认知层面	你对自己的毕业设计的结构有了基本了解吗	
	是否撰写过开题报告	
理解层面	毕业设计和毕业论文之间的联系与区别	
	毕业设计的难点在哪里	
发展层面	独立设计毕业项目的能力需要哪些	

任务演练

自选难度适中的毕业设计，在项目完成后撰写一份毕业设计报告。

拓展阅读

【例文3】

某高校毕业论文(设计)工作程序

阶段	要求	工作程序及要求	完成时间
第一阶段（前期工作）	一	确定课题和指导教师： 1. 学院成立领导小组，制订毕业论文(设计)工作计划，由专业组织教师拟题，拟题教师填写"毕业论文(设计)选题审核表"，报学院领导小组审批。 2. 确定题目，学院公布备选题目一览表，做好指导教师及学生的动员工作。 3. 学生报名，选定题目，各院汇总报表，报教务处备案	第七学期期中
	二	师生沟通课题任务。 指导教师向学生传达毕业论文(设计)要求及有关管理规定，师生沟通交流课题任务，使学生正确理解课题，为开题做准备	毕业论文开始前二周
	三	进行开题报告： 指导教师指导学生阅读文献做好开题报告（要求书面，含方案论证、设计思路、进程计划等），学院检查开题情况，教务处抽查	毕业论文第1～3周

续表

第二阶段（中期工作）	四	进行毕业论文（设计）指导、检查工作： 1. 指导教师定期检查学生的工作进度和质量，及时解答和处理学生提出的有关问题； 2. 学院随时了解、检查各专业毕业论文（设计）的工作进展情况，及时研究协调处理本单位毕业论文中的有关问题	毕业论文第4~8周
	五	毕业论文（设计）中期检查：学生须向指导教师汇报工作进度和工作质量，学院毕业论文（设计）工作领导小组检查毕业论文（设计）工作，做好记录及中期检查自评报告，教务处组织检查	毕业论文第4~8周
第三阶段（后期工作）	六	答辩资格审查： 学院、指导教师根据规范要求做好毕业论文（设计）的资格审查工作，对达不到要求的学生，令其重做重写。不能按期完成或达不到答辩资格要求的学生，不准参加答辩	第八学期第十二周
	七	教师审阅毕业论文（设计）： 答辩前一周，学生将毕业论文（设计）交指导教师和评阅教师，教师需认真审阅，写出评语和评分后，交答辩委员会或答辩委员会小组	第八学期第十二周
	八	答辩委员会（或答辩小组）审阅毕业论文（设计）： 答辩委员会或答辩小组应详细审阅每个学生的毕业论文（设计），为答辩做好准备	
	九	组织答辩： 答辩委员会或答辩小组组织学生毕业论文（设计）公开答辩，并做好答辩记录。答辩日程安排通知教务处，教务处随机抽查	第八学期第十三周
	十	成绩评定： 学院组织专门人员检查评分标准执行情况，进行成绩审定和统计；毕业论文（设计）成绩及时报送教务处	答辩后立即进行
	十一	优秀论文（设计）评选和推荐工作： 每个专业按每30个学生推荐一篇（基地班可推荐1~2篇）优秀毕业论文（设计），填写推荐表并报送有关材料	第八学期第十五周
	十二	毕业论文（设计）工作总结： 各学院进行毕业论文（设计）工作总结，如实填写有关工作总结报告表。学院书面工作总结报送教务处	第二学年初
	十三	毕业论文（设计）质量抽样检查： 教务处组织专家组评审校级优秀毕业论文（设计），汇编优秀毕业论文（设计）集	第二学年初
	十四	学生毕业论文（设计）资料管理： 学院上交的毕业论文（设计）及有关资料，由学院负责整理归档，留存学院	第二学年初

备注：毕业论文（设计）工作三个阶段时间安排可根据各专业特点适当调整。

参考文献

[1] 王大江. 新编现代实用文写作教程[M]. 天津：天津大学出版社，2010.

[2] 江永海. 新世纪办公室管理规范全书·中[M]. 长春：吉林大学出版社，2001.

[3] 李翔宇. 应用文写作[M]. 苏州：苏州大学出版社，2012.

[4] 何晖，梁松林. 应用文写作[M]. 上海：华东理工大学出版社，2007.

[5] 黄红. 应用文写作[M]. 北京：中国农业出版社，2008.

[6] 曹培强. 应用文写作[M]. 北京：中国传媒大学出版社，2007.

[7] 刘国胜. 行政公文写作指要[M]. 北京：中国经济出版社，2012.

[8] 戴盛才. 中文应用写作教程[M]. 上海：复旦大学出版社，2011.

[9] 田光哲等. 360职业生涯——职业指导教学训练指导手册[M]. 北京：中国劳动社会保障出版社，2006.

[10] 马寅初. 马寅初全集·第7卷[M]. 杭州：浙江人民出版社，1999.

[11] 老舍. 老舍全集·第15卷[M]. 北京：人民文学出版社，1999.

[12] 孙本文. 孙本文文集·第8卷[M]. 北京：社会科学文献出版社，2012.

[13] 朱琪颖. 海报设计[M]. 北京：中国建筑工业出版社，2009.

[14] 罗萤. 大学生职业发展与就业指导[M]. 福州：福建人民出版社，2012.

[15] 陈庆元，高兰. 应用文写作[M]. 北京：北京师范大学出版社，2011.

[16] 李书生主编. 高职应用文写作[M]. 北京：经济日报出版社，2010.

[17] 郭冬. 秘书写作[M]. 北京：高等教育出版社，2007.

[18] 张宝忠，岳海翔. 最新公文写作规范[M]. 北京：中国言实出版社，2012.

[19] 范兰德，张少元. 行政公文实操大全[M]. 广州：广东人民出版社，2012.

[20] 施新. 应用文写作[M]. 北京：中国财政经济出版社，2014.

[21] 张芹玲，宋菲. 会议策划组织与会议文书[M]. 北京：科学出版社，2012.

[22] 张玲英. 新编办公应用文全书[M]. 哈尔滨：黑龙江科学技术出版社，2011.

[23] 王云奇. 会议文书写作规范与实用例文全书[M]. 北京：中国纺织出版社，2011.

[24] 张文英. 新编应用文写作教程[M]. 天津：南开大学出版社，2010.

[25] 张大成. 现代礼仪文书写作[M]. 北京：首都经济贸易大学出版社，2004.

[26] 刘锡庆、吕志敏、王秋梅. 应用写作[M]. 北京：外语教学与研究出版社，2014.

[27] 李春. 应用文写作[M]. 北京：科学技术文献出版社，2013.

[28] 朱利萍. 应用写作实务[M]. 北京：机械工业出版社，2013.

[29] 周俊玲. 商务文书写作[M]. 北京：机械工业出版社，2012.